Semnificat şi cunoaştere

I0138513

Jesús Gerardo Martínez del Castillo

Semnificat şi cunoaştere

Semnificaţia adjectivelor subiective

Traducere de
Andreea-Nora Pop

deauno.com

Martínez del Castillo, Jesús G.
  Semnificat și cunoaștere. Semnificația adjectivelor subiective. - 1a ed. - Ciudad Autónoma
de Buenos Aires: Deauno.com, 2014.
  290 p.; 15x21 cm.

  Traducido por: Andreea-Nora Pop
  ISBN 978-987-680-087-7

  1. Ensayo. 2. Lingüística. I. Pop, Andreea-Nora, trad. II. Título
  CDD 410

Titlu original: Jesús Gerardo Martínez del Castillo, Significado y conocimiento. La significación de los adjetivos subjetivos, Granada lingvistica, Granada, primera edición 2002, directores de la colección: Juan de Dios Luque Durán y Antonio Pamies Bertrán.

© 2014, Jesús Gerardo Martínez del Castillo
© 2014, Traducción al rumano por Andreea-Nora Pop
© 2014, Deauno.com (de Elaleph.com S.R.L.)

contacto@elaleph.com
http://www.elaleph.com

Primera edición

ISBN 978-987-680-087-7

Hecho el depósito que marca la Ley 11.723

Impreso en el mes de julio de 2014 en
Bibliográfika de Voros S.A.
Bucarelli 1160, Buenos Aires, Argentina.

Pentru María del Mar

CUPRINS

CUVÂNT ÎNAINTE

Autorul cărții este profesor la Universitatea din Almería, Spania, în cadrul Catedrei de filologie engleză și germană. Din paleta bogată a domeniilor disciplinare pe care le deservește, amintim: Introducere în lingvistica limbii engleze, Istoria limbii engleze, Lingvistică aplicată, Lexicologie și semantică, Traductologie. În calitate de cercetător, Martínez del Castillo este, de asemenea, responsabil al grupului de cercetare HUM-602 *Lenguaje y pensamiento: relaciones de significación en el léxico y obras literarias,* care are ca linie directoare studiul minții umane, filosofia limbajului și studiul semiotic al operelor literare. Lingvist prin vocație, autorul a organizat cea de-a treia ediție a Congreselor dedicate lui Eugeniu Coșeriu, intitulată Congresul Internațional *E. Coșeriu, lingüista entre dos siglos.* Totodată, profesorul spaniol are o bogată activitate de cercetare, publicând numeroase cărți și studii: *Sobre las categorías* (Despre categorii, 2011), *La lingüística cognitiva. Análisis y revisión* (Lingvistica cognitivă. Analiză și revizuire, 2008), *Los fundamentos de la teoría de Chomsky. Revisión crítica* (Fundamentele teoriei lui Chomsky. Revizuire critică, 2006), *La lingüística del decir: el logos semántico y el logos apofántico* (2004), carte publicată și în limba română sub traducerea și îngrijirea lui Cristian

Paşcalău (Lingvistica rostirii. Logosul semantic şi logosul apofantic, 2011), *Hablar inglés o el problema de la competencia lingüística* (A vorbi engleza sau problema competenţei lingvistice, 2001), *La intelección, el significado, los adjetivos* (Intelecţiunea, semnificatul, adjectivele, 1999).

Volumul de faţă a fost publicat în anul 2002 sub titlul original *Significado y conocimiento. La significación de los adjetivos subjetivos,* încadrându-se într-o abordare integralistă a limbajului. Constitutivă şi esenţială pentru definirea perspectivei de cercetare este filosofia lui Ortega y Gasset, pe care autorul o conjugă cu teoria lingvistică a lui Coşeriu. Pentru Ortega y Gasset, omul este „dramă", „întâmplare", „fiinţă vorbitoare" care interpretează lucrurile în mijlocul cărora se află; limba este un mediu activ, supus intenţionalităţii vorbitorilor. Omul îşi asumă interpretarea, libertatea sa decizională fiind incontestabilă. Potrivit lui Coşeriu, omul este un subiect liber şi istoric, iar limbajul are statutul de activitate creatoare a vorbitorilor, finalitatea sa fiind creaţia de semnificate. Remarcăm abilitatea profesorului Martínez del Castillo de a polemiza cu abordarea lui Whorf (căruia îi reproşează faptul că a omis perspectiva semnificatului în studiile sale), cu cea a lui Chomsky (în opinia profesorului spaniol, semnificatul depăşeşte abordarea naturală a gramaticii generativiste) şi, respectiv, cu cea a cognitiviştilor (aceştia nu iau în considerare operaţiile intelective în studiul limbii). Lingvistul îi acuză pe cognitivişti că nu dau o definiţie satisfăcătoare procesului de cogniţie şi, totodată, că studiile lor se fundamentează pe presupuneri psihologice.

Martínez del Castillo refundamentează studiul semnificatului pe o teorie a rostirii pe care o interpretează ca teorie a cunoaşterii. Această concepţie se înscrie în perspectiva limbajului ca activitate creatoare şi a limbii ca manifestare a istoricităţii umane. Lingvistul ne propune în acest studiu o abordare care mizează pe un mecanism dublu de articulare a teoriei sale: în primul rând, subiectul gânditor, care își manifestă gândirea prin vorbire, și, în al doilea rând, problema cunoașterii din perspectiva procesului de intelecțiune. De fapt, teoria intelecțiunii reprezintă aportul lingvistului în traseul de cercetare integralist:

> *Intelecțiunea este procesul manifestat în vorbire, când vorbitorul vrea să se apropie de lucrurile din lume ce reprezintă circumstanțele vorbirii. Subiectul vorbitor recurge la acele aspecte exterioare pe care le captează cu ajutorul simțurilor, pe care le transformă în conținuturi de conștiință și în cuvintele unei limbi (infra, p. 27).*

Problematica operațiilor intelective (selecția, stabilirea unei designații, definirea unei clase sau esențe, relația, numirea) este situată în orizontul valorii semnificatelor. Totodată, structurile mentale investigate de cognitiviști sunt percepute ca o manifestare a libertății omului, acestea fiind create în momentul gândirii. Ele nu sunt însă universale, ci istorice.

Demersul profesorului Martínez del Castillo urmărește modelele de analiză tradiționale folosite în studiul semnificatului: definiția conferită de dicționar, analiza lexematică a lui Coșeriu, analiza valorii predicative a lui Aarts și Calbert și analiza funcțională a lui Dik, abordări care se află într-o relație complementară cu analiza propusă. Lingvistul ia în considerare concluziile legate de semnificat la care se ajunge prin aceste metode, ducând însă studiul mai departe înspre modul în care se constituie gândirea.

În prezentul studiu, distinsul autor analizează relațiile de semnificare cu care se operează în combinațiile formate dintr-un adjectiv și un substantiv, combinații care aparțin limbii reale. În opinia sa, la nivel semantic, nu adjectivul depinde de substantiv, ci invers, deoarece în preajma adjectivului sensul substantivului este alterat; conținutul semantic al substantivului diferă în funcție de adjectivul cu care se combină. Între cele două cuvinte ale combinației sunt implicate relații de semnificare întemeiate în conținutul adjectivului, iar obiectul semantic rezultat în urma combinației cu adjectivul este un obiect semantic nou. Vorbitorii trebuie adesea să intervină la nivel intelectiv pentru a conferi un sens combinației; ei cunosc relațiile de semnificare și le aplică în interpretarea limbii. Astfel, limbajul și gândirea se făuresc în vorbire.

Martínez del Castillo propune structurarea lexemelor adjectivale din limba engleză și a câmpurilor lor lexicale în funcție de valoarea acestora și în funcție de legătura lor cu gândirea umană. Relațiile de intelecțiune sunt configurate atât la nivelul fiecărui adjectiv, cât și la nivelul câmpului lexical din care fac parte adjectivele. La rândul lor, câmpurile lexicale sunt considerate în conexiune, astfel încât parametrii cunoașterii generează o legătură între toate semnificatele unei limbi. Autorul își va ordona matematic analiza semantică, urmărind o logică argumentativă în structurarea câmpurilor semantice și în interrelaționarea acestora:

Analiza procesului de intelecțiune ne permite să vedem cum s-au format semnificatele din punct de vedere intelectiv, cum unele semnificate se formează prin intermediul altora și cum trebuie abordate semnificatele în cadrul analizei semnificației conferite de semnificatele în sine și în cadrul relaționării semnificației cu gândirea (infra, p. 77).

În analiza intelectivă se disting câteva mecanisme clasificatoare: perspectiva subiectului creator sau a obiectului cunoscut, dimensiunea abstract/ concret, relevanța conceptelor precedente în înțelegerea semnificatului, opozițiile paradigmatice cu alte semnificate. Semnificația conferită de adjectiv poate fi subiectivă sau obiectivă; prima categorie cunoaște, la rândul său, diferențieri: ea poate fi concretă (categorie care nu cunoaşte alte dimensiuni de structurare) sau abstractă (în funcţie de dimensiunile *intellection, occurrence* şi *valuation*). Aceste structuri de semnificaţie diferă în ceea ce priveşte gradul lor de complexitate.

Adjectivele concrete exprimă vârsta, locaţia, mişcarea, direcţia, poziţia şi vremea, definind şi influenţând direct obiectul semantic selectat. Ele sunt descriptive şi au o capacitate de designare specifică. Obiectul semantic se individualizează în cadrul clasei sale prin intermediul adjectivului.

Adjectivele abstracte modifică în mod indirect obiectul semantic prin inserarea unor relaţii de semnificare absente din expresie. Adjectivul este cel care introduce evaluarea subiectului cunoscător, iar obiectul semantic pare mereu modificat. Clasa este influenţată înaintea obiectului semantic.

Adjectivele de intelecţiune sunt cele mai complexe şi cele mai abstracte, implicând operaţii intelective superioare. Ele creează relaţii semantice având la bază obiecte semantice şi nu au o capacitate definită de designare. Câmpurile lexicale structurate de dimensiunea *intelecţiunii* sunt numeroase: adjective de intelecţiune, de compoziţie, de înţelegere, de corectitudine, de distincţie, de expresie, de raţionament, de relaţie. Aceste câmpuri lexicale sunt direct relaţionate cu operaţia intelectivă a descrierii unei relaţii, cunoscând însă în fiecare caz o specificare distinctă.

Adjectivele de ocurenţă nu sunt definite în ceea ce priveşte capacitatea de designare, iar obiectul semantic pe care îl selectează este văzut ca un eveniment. Remarcăm existenţa unei triple perspective: faptul de a avea loc (*occurrence*), evenimentul propriu-zis sau întâmplarea (*event*) şi modalitatea de manifestare a acestui eveniment (*factuality*). Câmpurile lexicale structurate de această dimensiune accentuează una dintre cele trei trăsături. Adjectivele din categoria *occurrence* pot fi adjective ale duratei sau ale circumstanţei, iar adjec-

tivele din categoria *factuality* pot fi adjective ale factualită-
ții, ale divertismentului, ale întâmplării, ale pericolului, ale
adecvării sau ale adevărului.

Adjectivele de evaluare au o structură de semnificație
bine determinată, prezentând atitudinea vorbitorilor față de
obiectul semantic selectat și față de relația de semnificare
denotată.

Lucrarea de față reprezintă rodul unei cantități impresio-
nante de muncă, numărul mare de adjective cu care autorul
a operat în analiza sa contribuind la obținerea unor rezultate
bine documentate și argumentate. În plus, expunerea clară și
edificatoare, argumentația și demonstrația fără fisură în logi-
că și exactitate sunt de un real ajutor pentru cei care doresc
să abordeze semnificația adjectivelor subiective. Efervescența
abordării lingvistului se materializează însă în inițierea trase-
ului investigațional din perspectiva unei teorii a cunoașterii.
În concluzie, analiza intelectivă a semnificatului este îndrep-
tățită să devină un model de încredere în studiul semnificatu-
lui, fiind un adevărat câștig teoretic și practic.

Andreea POP

NOTA TRADUCĂTORULUI

Prezenta versiune în limba română reproduce ediția din 2002, *Significado y conocimiento. La significación de los adjetivos subjetivos*, Granada: Granada Lingvistica, seria *Arjé kaí Lógos*.

Spre deosebire de original, am întocmit un indice de autori cu scopul de a-i ușura cititorului periplul lecturii. În plus, pentru a asigura o mai mare fluență în consultarea prezentei lucrări, am modificat sistemul de citare folosit în versiunea din limba spaniolă, oferind trimiterile bibliografice în notele de subsol.

Pe această cale, doresc să îmi exprim gratitudinea față de domnul profesor Jesús Gerardo Martínez del Castillo pentru oportunitatea deosebită pe care mi-a oferit-o propunându-mi să traduc această carte. Îi mulțumesc pentru sugestiile și clarificările terminologice oferite pe parcursul traducerii. Un sincer cuvânt de mulțumire îi datorez și domnului prof. univ. dr. Mircea Borcilă pentru suportul științific. Nu în ultimul rând, doresc să îmi exprim recunoștința față de colegul meu Cristian Pașcalău pentru ajutorul necondiționat în revizuirea traducerii și pentru sfaturile de folos care au adus lumină în anumite chestiuni de nuanță.

Această lucrare a fost posibilă grație sprijinului financiar oferit prin Programul Operațional Sectorial Dezvoltarea Resurselor Umane 2007-2013, cofinanțat prin Fondul Social European, în cadrul proiectului POSDRU/107/1.5/S/77946, cu titlul „Doctoratul: o carieră atractivă în cercetare". Traducerea a fost realizată în timpul stagiului de cercetare la Universitatea din Almería, între ianuarie și iunie 2012.

Andreea POP

Introducere

Când abordează problema limbajului, a limbilor şi a gândirii, precum şi manifestarea lor în comportamentul uman, Benjamin Lee Whorf ajunge la concluzia că fiecare limbă ascunde în ea o metafizică, un ansamblu de idei, de principii şi de concepte despre realitate şi lume, fapt care determină ca fiecare vorbitor, în calitate de vorbitor al unei anumite limbi, să gândească, să perceapă lumea şi să se orienteze într-un mod specific. Pentru Whorf, limba se manifestă latent în mintea umană, care este aceeaşi pentru toţi vorbitorii. Limba se impune individului, este obiectivă şi există în sine şi pentru sine. Metafizica limbii este aspectul misterios care „face" fiecare limbă (fiind un fel de textură a limbii) şi este acceptată de vorbitori în mod necesar, chiar involuntar.

Pentru Coşeriu, problema nu se pune din perspectiva limbii, a metafizicii limbii sau a minţii umane. Problema este cea a individului care vorbeşte şi gândeşte, care este liber şi creativ, fiinţă istorică, şi nu absolută. Limba nu se impune individului, ci este manifestarea libertăţii şi a inteligenţei, a creativităţii şi a istoricităţii omului. Limbajul este creaţie de semnificate, iar limba – manifestarea istoricităţii umane. Limbajul este creaţie (*enérgeia*), iar limba este *lucrul deja făcut*, servind ca bază şi cunoaştere creaţiei individului. Aşa cum limbajul este creație de semnificate, limba este λόγος σημαντικός.

Cu alte cuvinte, limbajul este creație fundamentată pe temeiul a ce a fost creat, făcut deja, într-o tradiție lingvistică. El este cunoaștere a ceea ce s-a făcut deja și realizarea permanentă și în orice loc a acestei cunoașteri. Limbajul nu *există*, ci, fiind cunoaștere, *se realizează*. Fiecare vorbitor îl realizează în vorbire. Nici limbile nu există. Sunt doar obiecte istorice virtuale, date, care se mențin într-o comunitate de vorbitori. Vorbitorii le cunosc pentru că le-au învățat prin tradiție și și le-au însușit, ajungând să se identifice cu ele. Ei fac din aceste obiecte virtuale modele ale vorbirii și ale gândirii, ale rostirii și ale modului lor de a trata lumea în circumstanțele în care sunt implicați.

Prezenta lucrare este dedicată analizei complexului de semnificate virtuale (λόγος σημαντικός), ce servesc drept model semnificatelor realizate permanent de către vorbitori în nenumăratele acte lingvistice care compun vorbirea. Titlul și obiectivele acestei cărți au un caracter aproape intangibil, deoarece presupun studiul tuturor semnificatelor unei limbi. Mă voi opri însă asupra semnificației subiective a adjectivelor. Vor urma probabil alte cărți despre semnificația obiectivă a adjectivelor și despre semnificația substantivelor, a verbelor etc., pentru a cuprinde amploarea teoretică a conceptului de λόγος σημαντικός.

Acest demers investigațional se bazează pe o mostră dintr-un corpus care reunește un număr de 2108 adjective, distribuite în câmpuri lexicale în funcție de semnificația lor. Mă voi opri asupra unui număr de cel mult două adjective din fiecare câmp. Intenția mea este să realizez o analiză intelectivă, și nu una descriptivă a unui complex de semnificate istorice. Pentru a ajunge la analiza intelectivă a semnificatelor este necesar să pornesc de la analize anterioare ale semnificatelor. Concret, mă refer la analize lexematice (potrivit teoriei lui Coșeriu), analize ale valorii predicative (potrivit teoriei lui Aarts și Calbert) și analize funcționale ale corpusului (potrivit teoriei lui Simon C. Dik). Fundamentată pe aceste trei abordări, cartea are ca scop analiza intelectivă a modalității de formare a adjectivelor, descriind seria de operații intelective ale vorbitorului în realizarea semnificației tradiționale date într-o limbă. În ceea ce privește acest ultim aspect, mă bazez pe teoria lingvisticii vorbirii[1].

Analiza pe care o voi întreprinde își găsește justificarea în trei lucrări anterioare care îmi aparțin (și care vor fi citate la momentul oportun) și, desigur, în operele lui Coșeriu și ale lui Ortega y Gasset, gânditori față de care doresc să îmi exprim adânca gratitudine.

Cartea de față are o structură ușor sesizabilă. Capitolul 1 este dedicat justificării analizei semnificatului care urmează a fi realizată, încadrând semnificatul într-o teorie a cunoașterii. Finalitatea studiului propus este cunoașterea operațiilor intelective care se produc odată cu realizarea semnificatului unui adjectiv.

În capitolul 2 voi propune o radiografie a posibilităților și a carențelor analizei lexematice, a valorii predicative și a decompoziției lexicale graduale operate de gramatica funcțională. Încă de acum doresc să precizez că analiza adjectivelor va fi realizată în întregime prin încadrarea lor inevitabilă în combinații de cuvinte, adică în contextul imediat. Voi evita analiza unui adjectiv în limba abstractă, axându-mă pe analiza uzului real în cadrul limbii utilizate de toți vorbitorii, i.e. în limba reală.

---

[1] Martínez del Castillo, 2004. Cartea autorului *La lingüística del decir. El logos semántico y el logos apofántico* a fost publicată la șapte ani după apariția primei ediții a acestei cărți (vezi *Lingvistica rostirii. Logosul semantic și logosul apofantic,* trad. Cristian Pașcalău, Scriptor & Argonaut, 2011; pasajele citate din această carte vor fi preluate din această traducere).

În capitolul 3 voi reprezenta ierarhic adjectivele limbii engleze încadrate în câmpuri lexicale. Voi menționa parametrii care permit încadrarea diferitelor adjective în câmpuri lexicale, luând în considerare o ierarhie stabilită pe baza concepției semnificatului ca o manifestare a teoriei cunoașterii pe care mă bazez. În capitolul 4 voi motiva doi dintre parametrii care încadrează adjectivele în teoria cunoașterii, aspect care presupune o structurare intelectivă a adjectivelor. Aceste două capitole vor servi ca ghid în analiza pe care o realizez în capitolele 5, 7, 9, 11. În capitolele 6, 8, 10, capitole care poartă titlul *Recapitulare,* voi stabili contribuția adjectivelor din punct de vedere intelectiv.

Doresc să precizez încă de acum traiectoria dublă de argumentare pe care o urmăresc: în primul rând, o direcție argumentativă și teoretică (în capitolele 1, 4, 6, 8 și 10), iar în al doilea rând, o traiectorie analitică și demonstrativă (în capitolele 2, 5, 7, 9, 11).

În ceea ce privește modalitatea de a cita, trebuie să fac o precizare. Citez întotdeauna anul ediției utilizate, fără să menționez anul primei apariții a cărții. Cu toate acestea, în cazul operei lui Ortega y Gasset citez atât anul ediției consultate, cât și anul în care s-a publicat pentru prima dată cartea la editura respectivă. Aceasta se datorează faptului că utilizez ediții ale operei acestui filosof care aparțin mai multor edituri, iar faptul că multe dintre acestea au fost publicate în același an poate crea confuzie.

1

Semnificatul, cunoașterea și structurile mentale

1.1. Limbajul, limbile, semnificatul

Limbajul, în manifestarea sa determinată istoric, este o activitate culturală, adică liberă și orientată spre un scop. Cu alte cuvinte, în esența sa, limbajul este o activitate a unui subiect liber și absolut care se manifestă istoric prin intermediul limbilor. Vorbitorul este un subiect istoric care își creează propriile obiecte istorice, care creează limba în ansamblul ei și semnificatele limbii în mod special. Limbajul este creație de semnificate, iar limbile – sisteme de semnificate tradiționale și istorice[2].

Structurile mentale nu sunt verificabile în mod empiric. Nici mintea, nici structurile mentale și nici limbile nu există ca realități obiective. Structurile mentale și mintea își găsesc finalitatea în subiectul istoric vorbitor și gânditor care, pentru că vorbește, gândește și care creează și concepe realitatea după bunul plac. Limbajul nu depinde de minte sau de o facultate specifică. Limbajul nu este cogniție sau orice altceva care să își aibă fundamentul în psihologie sau în

---

[2] Coșeriu, 1985; 1988.

biologia umană[3]. Ființa umană nu vine pe lume dotată cu cogniție. Limbajul nu este o competență din punct de vedere lingvistic. Limbajul este creație de semnificate, activitate liberă (ενέργεια) manifestată istoric în semnificatele limbii particulare (λόγος σημαντικός)[4]. Semnificatul și așa-zisele structuri mentale sunt obiecte culturale create de un subiect absolut, care se realizează pe el însuși ca subiect istoric[5].

Semnificatele și structurile mentale se produc în tradiția istorică a tehnicii vorbirii. Semnificatele istorice se manifestă în conștiința indivizilor, care, în calitate de subiecți istorici, acceptă tradiția ca fiind personală. Semnificatul, așadar, nu este altceva decât conținutul de conștiință al unui subiect istoric, subiect care își creează propria istoricitate[6]. Limbajul nu este obiectiv, nu există în sine și pentru sine și nu poate fi studiat empiric. Limbajul, văzut prin prisma competenței, trebuie studiat empiric din punct de vedere filogenetic în cadrul unor discipline nonlingvistice. Ființa umană are întotdeauna o manifestare inteligentă sub multiple forme istorice, aceasta fiind zona în care se manifestă lingvistica, studiul semnificatului și studiul gândirii.

1.2. Premise

Punându-se astfel problema limbajului și a manifestării lui (limbile), studiul semnificatului pornește de la două premise: mai întâi, de la o concepție originară despre ceea ce este subiectul vorbitor și gânditor, subiectul care pentru că

---

[3] Pe de-o parte Chomsky și, pe de altă parte, cognitiviștii percep cunoașterea umană ca având fundamentul în psihologie (Chomsky, 1965, 1992; Lakoff, 1990; Langacker, 1991).

[4] Coșeriu, 1985: cap. I.

[5] Coșeriu, 1988.

[6] Coșeriu, 1985; 1988.

vorbeşte, gândeşte; în al doilea rând, de la o teorie a cunoaşterii sau, cu alte cuvinte, o teorie despre felul în care omul
ajunge să cunoască, să gândească şi să vorbească. De fapt,
ambele premise sunt una şi aceeaşi: nu poate exista o teorie
despre cunoaştere fără o concepţie anterioară despre omul
care vorbeşte, gândeşte şi cunoaşte.

Punctul de plecare al acestei lucrări este concepţia fundamentală despre om potrivit căreia acesta se creează pe sine
liber şi istoric, concepţie ale cărei implicaţii lingvistice sunt
dezbătute şi explicate pe larg de Coşeriu[7]. Pe de altă parte,
faptul că vorbim despre o teorie a cunoaşterii ne determină
să facem referire la filosofie şi la problema sa esenţială tratată de mulţi filosofi începând cu Descartes, dar o abordare în
perspectivă strict filosofică, în acest context, ar fi inadecvată. Teoria cunoaşterii pe care o susţin în studiul limbajului,
al limbii şi în special al semnificatului a fost explicată în cadrul problemei *intelecţiunii* sau al *procesului de intelecţiune*[8].
Intelecţiunea este procesul manifestat în vorbire, când vorbitorul vrea să se apropie de lucrurile din lume ce reprezintă
circumstanţele vorbirii. Subiectul vorbitor recurge la acele
aspecte exterioare pe care le captează cu ajutorul simţurilor,
pe care le transformă în conţinuturi de conştiinţă şi în cuvintele unei limbi. Procesul de intelecţiune vizează individul
care vorbeşte şi gândeşte, condiţia lui istorică şi realitatea
care îl înconjoară. Problema intelecţiunii este problema limbajului, a limbii, a gândirii şi a realităţii, aspecte care se manifestă toate în semnificatele unei limbi, semnificate istorice

---

[7] Mai ales în Coşeriu, 1988. Pentru Ortega y Gasset, omul este dramă,
pură întâmplare: *„Omul nu este ceva anume, ci o dramă - viaţa sa, o pură
şi absolută întâmplare care i se petrece fiecăruia şi prin care fiecare nu
este, la rândul său, altceva decât întâmplare. Omul nu găseşte lucruri, ci
le transpune şi le presupune"* (Ortega y Gasset, 1971 [1935]: 41) [apud
Martínez del Castillo, 2011: 51].

[8] Martínez del Castillo, 1999.

şi comune care funcţionează într-o comunitate de vorbitori. Subiecţii vorbitori acceptă semnificatele comune în vorbire şi şi le însuşesc în expresia lingvistică.

Deşi fundamentale, aceste aspecte sunt adesea lipsite de importanţă pentru cei care studiază semnificatul şi structurile mentale. În acest sens, aducem în discuţie abordarea ideilor înnăscute de către Chomsky şi continuatorii săi, explicaţia semnificatului şi a gândirii reducându-se, pentru aceştia, la o premisă naturală: trăsăturile gândirii se datorează moştenirii genetice. Ne putem referi, de asemenea, la cognitiviştii care au studiat *cogniţia,* acea dimensiune a fiinţei umane care are în vedere cunoaşterea, aceasta din urmă fiind redusă la sfera tangibilului[9]. Menţionăm, de asemenea, ponderea mai mare oferită în structuralism dimensiunii sociale a limbajului în comparaţie cu dimensiunea sa individuală, socialul găsindu-şi fundamentul în masa vorbitorilor, care se impune subiectului vorbitor[10]. În ultimul rând, precizăm excluderea semnificatului de către Whorf din investigaţia lingvistică şi fundamentarea limbajului în psihologie prin stabilirea dualităţii *minte inferioară* vs *minte superioară,* pe de o parte, şi prin faptul de a îi conferi gândirii obişnuite statutul de manifestare a gândirii vorbitorilor, pe de altă parte[11].

1.3. Procesul de intelecţiune

Procesul de intelecţiune este un proces implicit al vorbirii. Vorbitorul realizează o serie de operaţii intelective care îi definesc cunoaşterea, gândirea, limba şi manifestarea acestora în expresia lingvistică. Procesul de intelecţiune presupune

---

[9] Toate aceste aspecte au fost analizate în Martínez del Castillo, 1999: cap. 1 şi 2, capitole la care fac trimitere.

[10] Coşeriu, 1992.

[11] Martínez del Castillo, 2001.

crearea de lumi de către individul istoric, transformarea a ceea ce acesta percepe prin simţuri în conţinuturi de conştiinţă sau semnificate, transformarea concretului în abstract, utilizarea conţinuturilor de conştiinţă ca modalitate de apropriere a lumii. Procesul de intelecţiune se poate descrie după cum urmează: perceperea şi captarea realităţii exterioare de către subiectul vorbitor, delimitarea şi selecţia unor aspecte percepute, designaţia, abstragerea, reprezentarea simbolică a aspectelor abstrase, numirea reprezentării simbolice, atribuirea unei esenţe şi a unei capacităţi infinite de desemnare aspectului reprezentat simbolic, determinarea şi aplicarea acestora lucrurilor[12]. În procesul de intelecţiune se manifestă libertatea individului, care selectează din realitate în mod absolut liber ceea ce doreşte şi care aplică realităţii selectate esenţa dorită[13]; se manifestă, de asemenea, istoricitatea individului, care acceptă sau refuză formele şi semnificatele comune prezente în comunitatea sa lingvistică (tradiţia lingvistică). Procesul de intelecţiune defineşte omul în lume şi constituie modalitatea prin care fiinţa umană domină lumea. Analiza lui implică descrierea acelor operaţii intelective care făuresc fiinţa omului în lume. Omul, ca răspuns la fiinţarea sa în lume[14], la vieţuirea sa în această lume[15], realizează o

---

[12] Pe parcursul acestei lucrări voi folosi adesea cuvântul *esenţă*, fără a-i conferi însă o valoare filosofică. Semnificaţia acestui termen trimite la ceea ce vorbitorul consideră baza creaţiei conceptelor sale. Valoarea de adevăr şi de fundamentare a acestor aspecte nu va fi tratată aici.

[13] *„Omul este liber de a interpreta lucrurile în cadrul cărora în mod fatal (= nu liber) este inserat"* (Ortega y Gasset, 1992 [1958]: 132) [apud Martínez del Castillo, 2011].

[14] Heidegger, 1970.

[15] *„Viaţa este, înainte de toate, ceea ce putem fi, viaţă posibilă, şi, de asemenea, faptul de a decide ceea ce efectiv vom fi... A trăi înseamnă a ne simţi* **fatalmente** *forţaţi să ne exercităm libertatea, să decidem ce anume vom face în această lume. Nicio clipă activitatea noastră de decizie nu se află*

serie de operații intelective care reprezintă felul său de a se relaționa cu lucrurile care constituie lumea lui. Procesul de intelecțiune are ca finalitate dominarea lumii de către om, care tinde să se făurească pe sine însuși în contextul în care a fost pus ("aruncat" – în termenii lui Heidegger – N. trad.) să existe[16].

Aceste operații pe care le-am denumit operații intelective sunt în esență operații lingvistice și sunt reprezentate istoric în multe sau în anumite limbi, inclusiv prin mijloace specifice. Se evidențiază ca fundamentală și implicită în toate celelalte operații intelective, abstragerea. Forma umană genuină de a cunoaște, de a crea și de a accede la lucrurile înconjurătoare, nu în ele însele, ci prin creația unor mijloace (constructe abstracte) care facilitează accesul la lucruri și aproprierea lor. Alte operații intelective sunt stabilirea unei designații, numirea, definirea, descrierea și relația[17].

În analiza semnificatelor istorice, determinarea operațiilor intelective realizate reprezintă factorul decisiv în cunoașterea semnificatului în sine și a valorii acestuia, ca rod al creației umane. Astfel, studiul semnificatului pune în lumină ceea ce este esențial și hotărâtor pentru ființa umană: mintea, structurile mentale, gândirea, modalitatea de formare a gândirii, cunoașterea în cele din urmă. Toate acestea nu reprezintă entități în sine: sunt funcții sau, mai ales, forme tradiționale, comune, proprii unei comunități de vorbitori.

în repaos. Chiar și atunci când ne abandonăm disperați în fața a ceea ce urmează să vină, am decis să nu decidem" (Ortega y Gasset, 1966 [1937]: 62) [apud Martínez del Castillo, 2011].

[16]*„Omul [...] este în mod esențial și inevitabil descifrator de enigme"* (Ortega y Gasset: 2001 [1957]: 148).

„Atunci omul își va îndrepta privirea asupra unui lucru, va încerca să afirme conceptul unei relații, al unei organizări interne" (Wilhelm von Humboldt, apud Di Cesare, 1999: 56) [Traducere proprie].

[17] Martínez del Castillo, 1999: subcap. 3.3.5.

Ele ne vorbesc despre cum se comportă omul care vorbeşte şi gândeşte, subiectul care, pentru a vorbi, trebuie să gândească, individul care, pentru a vorbi şi a gândi, trebuie să cunoască. Elementul germinativ comun generaţiilor unei comunităţi lingvistice este cunoaşterea. Conceptele pe care le utilizăm – concepte precum *minte, structuri mentale, limbă, limbaj, gândire* – sunt constructe tradiţionale, adică istorice, sau, cu alte cuvinte, proprii unei limbi. Utilizarea lor de către lingvişti sau analişti nu le conferă obiectivitate, fiind în sine constructe abstracte ca toate semnificatele unei limbi.

Partea inovatoare a analizei semnificatului pe care urmează să o realizez constă în relaţionarea operaţiilor intelective cu valoarea semnificatelor analizate.

1.4. Semnificatele unei limbi, λόγος σημαντικός

Semnificatele unei limbi revelează atât la nivel individual, cât şi la nivel de ansamblu, procesul de intelecţiune. Ele sunt structurate într-un fel sau altul de parametri care ne descoperă operaţiile intelective utilizate în formarea lor. Aceşti parametri de structurare a semnificatului istoric apar la nivele diferite, ceea ce permite studierea relaţiei semnificatelor definite de parametri, gruparea şi structurarea lor. Semnificatele unei limbi sunt manifestarea primară a cunoaşterii umane, cunoaştere care aparţine unei limbi şi care face parte din tradiţia lingvistică în tehnica vorbirii, adică a vorbirii şi a rostirii, a vorbirii şi a gândirii. Ele reprezintă manifestarea înţelegerii fiinţei deja realizate istoric de către o comunitate de vorbitori. Semnificatele constituie, astfel, λόγος σημαντικός, expresia înţelegerii istorice a fiinţei de către un subiect istoric[18].

---

[18] Coşeriu, 1985: 49.

Problema studiului semnificatului cunoaşte două direcţii. Mai întâi, studiul semnificatului în sine, studiul semnificaţiei elementelor unei limbi. Aceste elemente sunt semnificate deja realizate, care au o semnificaţie dată, adică istorică. De acest aspect s-au ocupat, într-un fel sau altul, toate teoriile semnificatului. Apoi, studiul semnificatelor în relaţia lor cu cunoaşterea, studiu care poate fi privit ca o teorie a cunoaşterii. Prima direcţie este de bază şi fundamentală. Ea este studiul semnificatelor unei limbi realizat la nivelul semnificatelor înseşi şi al relaţiei unuia cu celălalt. Cea de a doua direcţie priveşte semnificatele şi, prin urmare, expresiile, împreună cu gândirea care le-a generat. Primul demers este punctul de plecare, iar cel de-al doilea este fundamentul ultim al semnificatelor. Primul este investigaţia care nu iese din contextul lingvistic, iar al doilea priveşte gândirea, cunoaşterea, concepţia originară despre natura cunoaşterii şi a fiinţei umane generatoare de cunoaştere.

Studiul semnificatului nu poate fi parţial. Semnificatul ne revelează mintea care l-a produs. Semnificatul istoric ne conferă ceea ce o comunitate lingvistică a ajuns să creeze cu privire la lumea şi la universul său, dezvăluindu-ne, pe de o parte, propriul proces de creaţie. Pe de altă parte, semnificatul ne dă posibilitatea de a analiza mijloacele pe care se bazează creaţia zilnică a vorbitorului actual în actul lingvistic. Semnificatul ne revelează creaţia elementelor care servesc vorbirii, rostirii, înţelegerii fiinţei de către individul istoric. De asemenea, ne descoperă chiar logosul, adică vorbirea, crearea şi interpretarea limbii şi a lucrurilor, gândirea şi realitatea. Finalitatea ultimă a studiului limbajului este gândirea.

În realitate, ambele direcţii au aceeaşi esenţă: studiul semnificatului istoric realizat de un subiect istoric ca rod al creaţiei sale, al înţelegerii fiinţei, al trăirii într-o comunitate de vorbitori. Studiul acestui semnificat ne conduce mai întâi la descrierea fiecăruia dintre semnificate şi, în al doilea rând, la înţelegerea conexiunii acestora cu subiectul vorbitor şi gânditor, subiectul care, pentru că vorbeşte, gândeşte şi care, pentru a gândi, înţelege realitatea şi o transformă în conţinuturi de conştiinţă şi în cuvinte specifice unei limbi.

Studiul semnificatului ne conduce la gândire, a cărei descoperire reprezintă finalitatea întregii semantici. Semnificatul semnifică, deoarece este manifestarea cunoaşterii, adică a gândirii. În acest sens, îmi însuşesc cuvintele lui Ortega y Gasset referitoare la filosofie:

> *Principiul negativ, static şi vigilent al autonomiei, care ne invită să fim prudenţi, dar nu să umblăm, care ne orientează şi ne dirijează dezvoltarea, nu este suficient. Nu ajunge să nu greşeşti; e necesar să descoperi, e inevitabil să căutăm rădăcina problemei fără odihnă şi, cum aceasta presupune definirea întregului [...], fiecare concept [...] va trebui să fie fabricat în funcţie de întreg, spre deosebire de disciplinele particulare, care se limitează la parte ca element izolat[19].*

1.5. Limba, realitatea, cunoaşterea

Această abordare globală a semnificatului nu este altceva decât studiul cunoaşterii. Şi aceasta este abordarea pentru care optează Whorf plecând de la premise pozitiviste. Lingvistul şi-a propus să ajungă să cunoască realitatea, dar s-a izbit de impedimentul gândirii umane. Gândirea depinde de limbă şi, astfel, impedimentul se extinde asupra limbii fiecărui vorbitor. Whorf a încercat să înlăture acest obstacol pentru a ajunge să cunoască adevărata realitate, nu cea conferită de fiecare limbă. Pentru el, soluţia se află în studiul lingvistic, prin intermediul căruia se poate cunoaşte realitatea, gândirea şi ceea ce el numeşte *metafizica unei limbi*.

---

[19] Ortega y Gasset, 1994 [1957]: 84 [Traducere proprie].

În realitate, Whorf şi-a propus să facă o teorie a cunoaşterii, căutând să afle ce cunoaştem, cum cunoaştem şi de ce cunoaştem. Greşeala lui a constat mai exact în faptul că nu a studiat semnificatul, prezentându-l ca un fapt dat, obiectiv[20]. Din acest motiv l-a aşezat în afara limbii. Semnificatul nu mai reprezintă obiectul de studiu al lingvisticii, ci un criteriu de ghidare în studiul limbii. Prin conceperea semnificatului ca un aspect obiectiv, limba în sine devine obiectivă, fiind văzută ca un lucru găsit de om. Dacă atât semnificatul, cât şi limba sunt obiective, realitatea trebuie să fie, de asemenea, dată înaintea cunoaşterii. Whorf propune experienţa umană ca bază sigură a cunoaşterii realităţii, care, din principiu, trebuie să fie comună tuturor oamenilor, indiferent de limba lor. Ceea ce lingvistul numeşte experienţă este capacitatea umană de a cunoaşte prin intermediul simţurilor. Experienţa umană, argumentează Whorf, trebuie să fie comună tuturor fiinţelor umane şi să confere aceeaşi cunoaştere tuturor. Experienţa reprezintă o bază sigură pentru a cunoaşte realitatea. Pe de altă parte, Whorf a conceput baza limbii[21] şi a gândirii într-o realitate obiectivă, în ceea ce a numit *minte,* diferenţiată în "minte superioară" şi "minte inferioară". Cu alte cuvinte, Whorf a încercat să facă o teorie a cunoaşterii plecând de la premise pozitiviste, a încercat să explice cunoaşterea umană fără să se întrebe mai întâi ce este fiinţa umană şi vorbirea sa. Whorf nu a ajuns niciodată să se întrebe dacă persoana care vorbeşte şi gândeşte este o fiinţă liberă şi istorică sau să accepte caracterul imaterial şi lipsit de obiectivitate al lucrului de care el însuşi era foarte interesat: cultura, faptele de cultură create de omul care înţelege, gândeşte şi vorbeşte, de omul care creează şi recreează, de omul

---

[20] Whorf se referă la semnificat, definindu-l ca „*that golden something, that transmuting principle*" (Whorf, 1956: 73).

[21] Whorf nu face distincţia între limbaj şi limbă, utilizând cuvântul *language* cu ambele sensuri.

care înţelege fiinţa în calitate de subiect istoric[22]. În consecinţă, abordarea problemei semnificaţiei semnificatelor unei limbi era fără rezolvare. Whorf vorbea de mister, de semnificaţie ascunsă, dovadă a faptului că el însuşi a ajuns să nu mai spere la găsirea unei soluţii a problemei pe care a ridicat-o.

1.6. Categoriile, structurile mentale

Semnificatul definit drept conţinut de conştiinţă constituie gândirea umană. Aşa-numita lingvistică cognitivă urmăreşte tocmai aceste aspecte. Lakoff şi cognitiviştii şi-au propus să ajungă să cunoască gândirea umană pornind de la semnificat, într-o abordare care este însă una *sui-generis*. Se pune problema studiului minţii umane pornind de la faptul că structurile se petrec în minte, fiind realităţi obiective. Structurile mentale îşi găsesc finalitatea în categorii sau în modul în care „noi" categorizăm[23]. Toate acestea nu sunt altceva decât o parte a cogniţiei umane, o realitate superioară minţii şi vorbirii, care înglobează tot ce constituie mintea, gândirea, comportamentul fiinţei umane şi însăşi fiinţa fiinţei umane. Cognitiviştii pretind să ajungă la structurile mentale prin metoda experimentală, având în vedere faptul că structurile mentale sunt realităţi obiective. Odată cunoscute structurile mentale, vom şti ce este mintea; şi odată cunoscută mintea, vom şti ce este cogniţia, comportamentul uman şi însăşi fiinţa umană. Metoda lor exclusivă este inducţia. Pornim de la nişte fapte, aspect care reprezintă modalitatea (după exprimarea lui Lakoff) de a categoriza, pornim de la structuri mentale pentru a ajunge la om[24].

---

[22] Pentru o analiză a gândirii lui Whorf, a se consulta Martínez del Castillo, 2001.

[23] Lakoff, 1990: 6.

[24] Afirmă Lakoff: „*An understanding of how we categorize is central to any understanding of how we think and how we function, and therefore central to an understanding of what makes us human*" (Lakoff, 1990: 6).

Această abordare se dovedeşte însă eronată, deoarece conţine mai multe greşeli *ab initio*. În primul rând, Lakoff porneşte de la categorii, care vor conduce apoi la categoriile cognitive[25]. Se presupune că acestea reprezintă gândirea[26]: ce vom şti dacă pornim de la categorii şi ajungem la categorii? Care este legătura categoriilor cu gândirea dacă se va ajunge la cogniţie? În al doilea rând, în măsura în care categoriile sunt, ele însele, structuri mentale, de ce este nevoie să le studiem, presupunând că plecăm de la cunoaşterea lor, *id est* cunoaştem structurile mentale de dinainte? În al treilea rând, dacă gândirea este parte a cogniţiei umane, ce este cogniţia umană, în măsura în care ea include atât gândirea, cât şi percepţia, atât acţiunea, cât şi vorbirea? În al patrulea rând, dacă metoda aleasă este experimentală, adică *a posteriori*, se înţelege de la sine că structurile mentale şi categoriile au o realitate obiectivă, există prin ele şi astfel se pot verifica.

Pe de altă parte, studierea limbii pentru a cunoaşte structurile mentale nu reprezintă un aspect justificabil în sine, ci are mai degrabă o tentă oportunistă şi lesnicioasă:

> *Because language has such a rich category structure and because linguistic evidence is so abundant*[27].

După Lakoff, categoriile se definesc prin aspectele comune ale lucrurilor şi prin efectele prototipice, o serie de principii care extind aceste aspecte comune. Cu alte cuvinte, categoriile şi lucrurile coincid şi, pentru a şti ce sunt categoriile, trebuie să ne fixăm pe lucruri. Adică, pentru a rezolva problema relaţiei dintre semnificatele unei limbi şi cunoaş-

---

[25] *„Evidence about the nature of linguistic categories should contribute to the general understanding of cognitive categories in general"* (Lakoff, 1990: 58).

[26] *„There is nothing more basic than categorization to our thought, perception, action and speech"* (Lakoff, 1990: 5).

[27] Lakoff, 1990: 58.

tere, pentru Lakoff şi cognitivişti, nu există o altă abordare. Dacă privim lucrurile, presupunem că acestea există, presupunem că ele există aşa cum le cunoaştem şi presupunem că ele există pentru că le cunoaştem, determinând categoriile. Este aceasta o teorie a cunoaşterii?

Aceeaşi concepţie de bază o întâlnim şi la Ronald W. Langacker, alt fondator al aşa-numitei lingvistici cognitive. Concepţia sa fundamentală[28] coincide cu cea a lui Lakoff, în ciuda faptului că elaborează o teorie bine structurată şi minuţioasă a analizei lingvistice. Această analiză porneşte, de asemenea, de la fenomenul cogniţiei, pe care nu îl defineşte, dar care se subînţelege ca fiind un ansamblu de factori condiţionaţi reciproc, care restrâng şi limitează cunoaşterea umană. Aceşti factori sunt fiziologici, biologici, comportamentali, psihologici, sociali, culturali şi comunicativi. Limba emerge în mod organic ca o faţetă a cogniţiei. Limba (*language*) are un caracter universal, deoarece mulţi dintre factorii cognitivi sunt identici sau similari pentru toţi vorbitorii, şi este, în acelaşi timp, predispusă unei caracterizări prototipice[29].

Cu alte cuvinte, limba depinde de factorii externi; subiectul vorbitor nu participă la limba pe care o vorbeşte şi gândeşte potrivit unor factori externi. Pe de altă parte, Langacker ignoră orice aspect care indică o concepţie reflexivă despre limbă:

> *Though agnostic on the question of innateness, and the extent to which linguistic structure reflects special evolutionary adaptations*[30].

Dacă adoptăm o poziţie agnostică în studiul pe care îl realizăm fără a ne pronunţa într-un fel sau altul, spunem

---

[28] Langacker, 1991.

[29] Langacker, 1991: 1.

[30] Langacker, 1991: 1.

deja multe despre atitudinea noastră: acceptăm ca adevărate conceptele care sunt convingeri referitoare la aspectele fundamentale despre obiectul nostru de studiu. Astfel, nu mai facem știință, ci orice altceva[31].

Cum susțineam mai sus (subcap. 1.2.), nu se poate vorbi de o teorie a semnificatului dacă acesteia nu îi precedă o teorie a cunoașterii și nu există o teorie a cunoașterii fără o teorie sau o concepție originară despre om, despre ființa umană care vorbește, care, pentru că vorbește, gândește și care, pentru a vorbi și a gândi, înțelege realitatea, o creează, o recreează și o transformă în funcție de propriul interes. Mai exact, nu există lingvistică dacă aceasta nu se fundamentează pe o concepție filosofică despre om și cunoaștere.

1.7. Cele două abordări ale studierii semnificatului

Lucrarea de față urmărește structurarea lexemelor adjectivale și a câmpurilor lor lexicale în cadrul unei teorii a cunoașterii. Scopul meu nu este să studiez doar semnificatul adjectivelor și să le încadrez pe acestea într-un câmp lexical determinat. Acest efort corespunde primei abordări a studiului semnificatului (subcap. 1.4.). Doresc să clarific esența acestor câmpuri lexicale și relația dintre adjective și câmpurile lexicale cu privire la funcția îndeplinită de ele în cadrul semnificatului istoric al limbii engleze. Îmi propun să descopăr esența câmpurilor lexicale, a valorii care le definește și semnificația lor în cadrul cunoașterii istorice. Astfel, scopul acestei lucrări nu se limitează doar la analiza semnificatelor istorice ale unei limbi, ci urmărește analiza conexiunii semnificatelor cu ele însele, pentru a determina relaționarea acestora cu gândirea umană, gândire care este în mod necesar istorică. Ca atare, pentru a realiza cea de-a

---

[31] Ortega y Gasset, 1997 [1986].

doua abordare a studiului semnificatului, mă voi baza pe te-oria cunoaşterii pe care am formulat-o şi pe care o numesc *proces de intelecţiune*[32].

Spunem, spre exemplu, că adjectivele *dangerous, safe* şi *secure* aparţin aceluiaşi câmp lexical, deoarece se opun unul altuia la nivel paradigmatic, ocupă zone de semnificare di-ferite şi complementare şi au o valoare semantică comună. Spunem că aparţin câmpului lexical care defineşte semni-ficatele lexicale adjectivale cu privire la valoarea semnifi-cativă pe care o numim *danger*. Această semnificaţie, care în mod normal nu se explică şi care defineşte un ansamblu de lexeme, *adjectives of danger,* trebuie explicată în termenii unei teorii a cunoaşterii pentru a ajunge la fundamentul ei. Nu este suficient să spunem că anumite lexeme adjectivale aparţin unui anumit câmp semantic. Primul pas în studiul semnificatului este studiul semnificatului în sine, adică al adjectivelor în interiorul câmpurilor lexicale. Urmează apoi studiul semnificatelor date în relaţia cu ceea ce constituie gândirea umană actuală într-o limbă.

Semnificatele unei limbi sunt în totalitate istorice. Gândi-rea vorbitorilor acelei limbi este, de asemenea, istorică. Re-laţia acestora este directă, deoarece nu există gândire care să nu depindă de o limbă şi nu există semnificat care să se realizeze în afara gândirii. Preocuparea lui Whorf era tocmai explicarea a ceea ce el numea *metafizica* unei limbi, după cum am văzut deja. Preocuparea lui Chomsky era aceeaşi în căutarea structurilor mentale într-un proces abstractiv, până să descopere prin ele universaliile gândirii[33]. Şi acesta este, de asemenea, scopul cognitiviştilor: încadrarea limbii şi a lingvisticii în ceea ce ei numesc *cogniţia umană*[34].

---

[32] Martínez del Castillo, 1999.

[33] Chomsky, 1992, 1965.

[34] Lakoff, 1990; Langacker, 1991.

Semnificatele tradiționale sunt potențialități oferite vorbitorilor[35]. Aceştia îşi manifestă libertatea expresivă executând ceea ce au învățat în viaţa reală prin utilizarea mijloacelor, a cuvintelor şi a conţinuturilor istorice ale unei limbi[36]. Limba nu este un simplu tezaur de semnificate istorice, λόγος σημαντικός. Este creaţie de semnificate, ενέργεια, fiind realizată de un subiect istoric[37]. Cu toate acestea, analiza semnificatului trebuie îndreptată în mod necesar înspre ceea ce s-a făcut deja, adică înspre semnificatele tradiționale. În descrierea semnificatului trebuie să se explice parametrii care structurează semnificatele istorice: expresia şi manifestarea gândirii. Astfel, semnificatele se pot relaţiona cu însăşi cunoaşterea umană.

În această lucrare îmi propun să aflu dacă ceea ce am stabilit ca valoare comună a unui număr determinat de adjective, dacă ceea ce reprezintă un câmp lexical este, în realitate, o valoare a acestor adjective şi, mai mult, o valoare a ansamblului de semnificate istorice care compun semnificatele unei limbi. Astfel, putem demonstra cum ajung semnificatele să formeze modul de gândire al indivizilor care vorbesc o limbă, λόγος σημαντικός al lui Coşeriu sau "metafizica" lui Whorf.

1.8. Teoria cunoaşterii şi semnificatul

Diferitele tipuri de analiză aplicate în mod normal semnificatelor unei limbi (descrierea dicţionarelor, analiza lexematică, analiza valorii predicative şi analiza funcţională, prezentate în subcap. 2.1. şi 2.4.) ne conferă semnificaţia generală a lexemelor într-un mod mai mult sau mai puţin exhaustiv. Aceste analize semnalează determinate tipuri de

---

[35] Coşeriu, 1988.

[36] Coşeriu, 1988: 69; 71-72.

[37] Coşeriu, 1985; 1988; 1992.

relații de semnificare care nu sunt însă explicate. Există o carență a analizei conexiunii semnificației date de către lexeme cu concepția unitară a semnificatului în calitate de creație și expresie a înțelegerii ființei, adică în conexiunea semnificatului istoric cu gândirea umană. Limbajul este înțelegerea ființei de către un individ istoric, λόγος σημαντικός, dar acest λόγος σημαντικός a fost generat ca o creație a unei intuiții individuale, ca realizare a unei intuiții inedite, materializate în actul lingvistic. Prin urmare, finalitatea studierii acestui λόγος σημαντικός trebuie să fie înțelegerea conexiunii dintre semnificat și cunoașterea istorică, propria lui formare. Fundamentul analizei se află, prin urmare, în actul lingvistic.

Referitor la actul lingvistic, Coșeriu afirmă:

> *Actul ligvistic [...] este simultan fapt individual și fapt social: fapt individual, fiindcă individul vorbitor exprimă într-un mod inedit o intuiție inedită care îi aparține exclusiv; și fapt social, deoarece individul nu își creează integral expresia sa, ci mai curând o recreează în conformitate cu modele anterioare[38].*

Pentru Coșeriu, actul lingvistic este în mod fundamental un act individual. Și acesta reprezintă un aspect de bază. Actul lingvistic este creație, creație de semnificate care există în mod real, create de subiectul locutor în cadrul vorbirii. Actul lingvistic este fundamentul a tot ceea ce este lingvistic. El ne permite să vorbim despre semnificat, limbă și limbaj. Limbajul emerge și există în actul lingvistic, limba se realizează în actul lingvistic și semnificatul se creează în actul lingvistic. Actul lingvistic este intuiție inedită, intuiție a subiectului locutor în momentul vorbirii. În actul lingvistic se făurește ceea ce este lingvistic și uman. În actul lingvistic se produce înțelegerea ființei și se naște, de asemenea, semnificatul is-

---

[38] Coșeriu, 1986: 31.

toric. În actul lingvistic se produce instituirea realității și a lumii omului. Realitatea și lumea există, deoarece vorbitorul le creează în vorbire. Și le creează indiferent dacă ajunge să exprime în cuvinte ceea ce concepe sau dacă el concepe realitatea fără cuvinte, la nivelul gândirii. În ambele cazuri subiectul vorbitor utilizează mijloacele oferite de tradiție, de semnificate, de cuvinte și de mecanismele creației de semnificate care aparțin tradiției în tehnica vorbirii, care aparțin limbii istorice. Actul lingvistic nu este absolut, ci limitat, deoarece, fiind individual, este și istoric.

În consecință, pentru a explica structurile mentale trebuie evitată abordarea minții ca fiind obiectivă în relaționarea cu psihologia umană, cu ideile înnăscute sau cu factorii exteriori care condiționează vorbitorii în așa-numita cogniție. Trebuie făcută o analiză lingvistică. Trebuie analizate semnificatele unei limbi, acel λόγος σημαντικός al lui Coșeriu sau *metafizica* lui Whorf. Trebuie să se supună analizei activitatea creatoare, ενέργεια, și subiectul creator. Trebuie să relaționăm semnificatele unei limbi cu o teorie a cunoașterii. O teorie care, plecând de la om, explică modul în care acesta înțelege, extrage, reprezintă simbolic, denumește, relaționează și transformă creația sa interioară în cuvintele unei limbi, făurind astfel lucrurile și realitatea.

Prin studiul semnificatului istoric vom ajunge să cunoaștem mijloacele pe care vorbitorul le folosește. Trebuie să recurgem la creativitatea subiectului vorbitor. Prin studiul actului creator vom ști cum operează ceea ce prin abstracție numim minte umană și care sunt structurile mentale.

Mintea umană și structurile minții umane își păstrează mereu statutul de minte și de structuri istorice. Mintea este istorică, deoarece nici ea și nici structurile acesteia nu sunt obiective. Mintea și structurile mentale nu există, se produc în vorbire. Există ființa umană vorbitoare care, pentru că vorbeşte, utilizează şi recreează modelele tradiţionale în conceperea realităţii. Deoarece omul creează şi concepe realitatea doar când vorbeşte, când spune ceva despre un anumit lucru, indiferent dacă are un interlocutor sau dacă îşi vorbeşte lui însuşi, când gândeşte. Şi atunci când omul spune cum concepe realitatea, o spune mereu altei persoane, chiar dacă modalitatea în care acesta percepe realitatea este absurdă. Spre exemplu:

> Not from the stars do I my judgment pluck;
> And yet methinks I have astronomy,
> But not to tell of good or evil luck,
> Of plagues, or dearths, or seasons' quality;
> Nor can I fortune to brief minutes tell,
> Pointing to each his thunder, rain, and wind,
> Or say with prices if it shall go well,
> By oft predict that I in heaven find:
> But from thine eyes my knowledge I derive,
> And, constant stars, in them I read such art
> As 'Truth and beauty shall together thrive,
> If from thyself to store thou wouldst convert;
> Or else of thee this I prognosticate:
> Thy end is truth's and beauty's doom and date.

Shakespeare, Sonetul XIV

Potrivit cunoaşterii lucrurilor, este absurd şi incongruent ca cineva să îşi organizeze judecata după stele sau să creadă în astronomie. Incongruenţa provine din ceea ce ştim despre lucruri ca furtuna, ploaia şi vântul, fiind imposibil ca acestea să ne influenţeze pe fiecare în parte. Dar chiar şi aşa, chiar dacă ceea ce se spune este incongruent, modul de a concepe ceea ce se rosteşte este o modalitate de făurire a realităţii. În acest sens, când susţine că poezia este adevăr, Ortega y Gasset afirmă că poezia e o formă de cunoaştere a lumii[39].

---

[39] Ortega y Gasset 2001 [1957]: 91; 1985 [1925].

Însă nu doar poezia este adevăr. Limba însăși este poezie și, prin urmare, adevăr:

[...] unitatea intuiției și a expresiei, [...] pură creație de semnificate (care corespund ființei lucrurilor)[40].

Și aceasta, deoarece

Poezia nu este [...] o deviere în comparație cu limbajul „curent" [...]; de fapt, mai degrabă „limbajul curent" reprezintă o deviere față de totalitatea limbajului[41].

Și deoarece

Ca și poezia, limbajul este obiectivarea conținutului intuitiv al conștiinței; și, la fel ca poezia, este anterior distincției dintre adevăr și minciună și dintre existență și inexistență. Limbajul absolut este [...] poezie[42].

În acest sens, Ortega y Gasset definește limba istorică drept obiectivarea poeziei:

Toată limba este o metaforă. [...] Toată limba se află într-un proces continuu de metaforizare[43].

Rezultatul rezidă în faptul că omul trăiește într-o lume creată de el însuși:

Omul trăiește într-o lume istorică pe care o creează el însuși ca ființă istorică[44].

Așadar, lumea în sine nu există, fiind concepută istoric de fiecare subiect vorbitor. Lucrurile pe care le întâlnim în lume sunt lucruri pe care omul însuși le pune în fața lui. Și

---

[40] Coșeriu, 1985: 205-206 [Traducere proprie].

[41] Coșeriu, 1985: 203 [Traducere proprie].

[42] Coșeriu, 1985: 31 [Traducere proprie].

[43] Ortega y Gasset, 1992 [1958]: 285 [Traducere proprie].

[44] Coșeriu, 1985: 32-33 [Traducere proprie].

conceptele în jurul cărora se structurează lucrurile sunt concepte ideatice create de omul însuşi. După Ortega y Gasset:

> *Omul nu este ceva anume, ci o dramă – viaţa sa, o pură şi absolută întâmplare care i se petrece fiecăruia şi prin care fiecare nu este, la rândul său, altceva decât întâmplare*[45].

De fapt, realitatea, aşa cum ne-o explicăm, nu există prin sine. Este creată în actul lingvistic şi de către actul lingvistic. Nu are niciun sens să ne gândim că, fiind capabili să concepem conceptele ca diferite de lucruri, asemenea concepte desemnează realităţi existente. Timpul, de exemplu, nu se manifestă în lucruri, ci în structurarea modului în care facem lucrurile în calitate de subiecţi istorici, membri ai unei istoricităţi date. Spaţiul, de asemenea, nu designează nimic obiectiv. Este intuiţia vorbitorului care creează timpul şi spaţiul prin mijloace tradiţionale. De fapt, aşa cum semnalează Whorf, aceste concepte nu se manifestă în limba hopi[46].

În consecinţă, nu putem realiza o descriere sigură a semnificatului dacă nu ne referim la o teorie a cunoaşterii, dacă nu ne bazăm pe o filosofie determinată. Întreaga explicaţie a semnificatului unei limbi trebuie să se bazeze pe însuşi actul care l-a determinat să existe. Semnificatul istoric se descrie aşa cum este şi se fundamentează pe ceea ce îi dă sens, cum ar fi existenţa sa semnificată sau conţinuturile de conştiinţă create într-un act lingvistic şi acceptate într-o comunitate de vorbitori.

O descriere sigură a semnificatului unei limbi trebuie să analizeze relaţiile de intelecţiune care se manifestă în actul lingvistic. În plus, trebuie să facă referire la gândirea umană şi să se bazeze pe o teorie a cunoaşterii. Gândirea precedă limbajul la fel cum individul precedă limba, limbajul şi vor-

---

[45] Ortega y Gasset, 1971 [1935]: 41 [apud Martínez del Castillo, 2011].
[46] Whorf, 1956.

birea. Dar gândirea este deja limbaj, inclusiv înainte de a se materializa în cuvintele unei limbi. Pe de altă parte, gândirea și individul nu există fără vorbire:

> Gândirea și limbajul sunt funcții inseparabile și, nici mai mult nici mai puțin, izvorâte amândouă din sociabilitate. Din acest punct de vedere, între ele nu există nicio diferență esențială. Dar în individ, vorbirea intimă, rostirea a ceva către propria persoană precedă operația de comunicare propriu-zisă. [...] Este necesar să recunoaștem prioritatea vorbire – gândire față de vorbire – conversație[47].

Indiferent de situație însă, mereu vor exista vorbirea, creația de semnificate fie pentru propria persoană, fie pentru ceilalți. Și de fiecare dată când se vorbește, se vorbește într-un act lingvistic. Astfel, limbajul, creația de semnificate și cunoașterea sunt relaționate:

> [Limbajul este] un act de cunoaștere realizat prin simboluri [...]. Este o formă de cunoaștere. Și aceasta nu doar în momentul în care se realizează pentru prima dată în istorie un semn lingvistic [...], ci în toate momentele sale[48].

---

[47] Ortega y Gasset, 1992 [1984]: 81 [Traducere proprie].

[48] Coșeriu, 1985: 72.

2

ANALIZA UNUI SEMNIFICAT TRADIȚIONAL:

ADJECTIVUL *SAFE*

În continuare, voi analiza adjectivul din exemplele 1 și 2, urmărind modelele de analiză cele mai eficiente aplicate în studiul semnificatului, și anume definiția conferită de dicționar, analiza lexematică a lui Coșeriu (2.2.), analiza valorii predicative a lui Aarts și Calbert (2.3.) și analiza funcțională a lui Dik (2.4.). Am în vedere aspectele evidențiate în aceste analize și descoperirile lor în privința gândirii. Finalmente, voi ilustra modalitatea în care se poate analiza un semnificat istoric plecând de la implicațiile sale în formarea gândirii și operațiile intelective specifice acestuia (2.5.).

Când folosim expresii precum:

1. *We're safe. Nothing serious can affect us.*

2. *They are safe, in spite of the continuous rains.*

Starea de lucruri denotată poate fi analizată în moduri distincte. Putem realiza o descriere a conținutului semnificatului elementelor care intră în expresie, asemănătoare cu cea conferită de dicționar, descriere care, de altfel, este foarte importantă, deoarece servește ca punct de referință pentru vorbitorii și utilizatorii unei limbi. Definițiile din dicționar nu menționează însă multe aspecte pe care analiza lexematică și analiza funcțională (printe altele) le scot în evidență.

2.1. Definiția din dicționar

Adjectivul *safe* poate fi definit astfel, după dicționarul Collins-Cobuild:

*1 You describe something as **safe** when it cannot cause physical harm. 2 You are **safe** from something when you cannot be harmed by it. 3 If you have a **safe** journey or arrival, you reach your destination without being harmed. 4 If there is a **safe** delivery of goods, equipment etc, they reach their destination without being damaged, harmed or lost. 5 A **safe** place is a place where you cannot be harmed or from which something cannot be lost or stolen. 7 A **safe** course of action is one in which you do not have to take any risks. 8 If it is safe to say something, you can say it with very little risk of being wrong or of getting into trouble for saying it.*

Așadar, semnificatul unui cuvânt este definit ca o potențialitate de exprimare utilizată în situații lingvistice determinate, potențialitate care se aplică unor obiecte semantice determinate și cu o semnificație determinată. Cu toate acestea, situația reală, actul de creație al lui *safe* rămâne neobservat în descrierea conferită de dicționar, chiar dacă actul de creație se află în descriere. Aplicabilitatea lexemului este menționată în mod concret, iar relațiile lexemului la nivel paradigmatic și sintagmatic de abia dacă sunt aduse în discuție. Pe de altă parte, mai important este faptul că semnificația cuvântului nu are o conexiune directă cu elementul căruia i se aplică. Vom reveni asupra acestor chestiuni în subcapitolul 2.5.2.

2.2. Analiza lexematică

Când analizăm semnificatele concrete ale unei limbi, semnificate istorice, care se manifestă în cuvinte formate din expresie şi conţinut, considerăm aceste cuvinte lexeme, cuvinte purtătoare de funcţie lexicală[49]. Adjectivele care constituie prezentul nostru obiect de studiu sunt *lexeme* sau *cuvinte lexematice*. În calitate de lexeme sau cuvinte lexematice, adjectivele sunt formate din mănunchiul *{lexem+ categorem+ morfem}*. Lexemele se pot descompune într-un ansamblu de trăsături sau relaţii de semnificare sau *seme*. Între seme putem distinge unele trăsături generice sau trăsături care definesc lexemul ca purtător al unei valori lexicale şi ca membru al unui câmp lexical căruia îi aparţine şi seme specifice sau relaţii de semnificare care definesc lexemul în sine ca o semnificare distinctă de celelalte. Printre semele specifice lexemelor adjectivale se numără trăsătura care defineşte aplicabilitatea adjectivului, trăsătura care în general denotă o clasă lexicală sau un aspect al acesteia şi care se numeşte *clasem*. Lexemele menţin cu alte lexeme relaţii de semnificare sintagmatică şi paradigmatică, având la bază relaţiile de combinare şi de opoziţie semantică. Printre structurile lexematice de tip sintagmatic se află clasa lexicală sau clasemul, deja menţionat, şi câmpul lexical[50].

În calitate de lexem sau cuvânt care îndeplineşte o funcţie lexicală, adjectivul *safe* s-ar putea analiza astfel:

3. *Safe* = *{/for Human Beings/ + /something happening/ + /involving risk/ + /not causing any harm/}*.

În analiza lexematică, semnalăm semnificaţia lexemului în sine, scoţând în evidenţă relaţiile de semnificare din care este formată semnificaţia. Pornim de la faptul că semnifica-

---

[49] Coşeriu, 1981: 89.

[50] Coşeriu, 1981: 170.

ția în sine este unică, dar se poate descompune în relații de semnificare. Semnalăm aplicabilitatea proprie lexemului și îl definim pe acesta ca un mănunchi semic sau ca un ansamblu de trăsături care se definesc prin opoziția paradigmatică cu alte lexeme care au o semnificație echivalentă sau asemănătoare. Evidențiem faptul că lexemul este un element care își îndeplinește funcția lexicală aplicându-se unei clase de obiecte semantice determinate, care constituie, la rândul lor, o clasă lexicală. În fasciculul semic pe care îl compune semnificația lexemului, semnalăm ambele tipuri de relații de semnificare sau trăsături sau seme, semele care compun semnificația specifică lexemului (*semantem*) și clasa lexicală la care se aplică semele specifice în clasem. Clasa lexicală în sine nu este definită, constatându-i-se doar prezența. Mănunchiul clasem și semantem compun *sememul* lexemului[51].

Această analiză ne determină să descriem adjectivul *safe* ca un lexem specific ființelor umane, un lexem care descrie o caracteristică aplicată ființelor umane. În exemplele 1 și 2 aplicăm semnificația lexemului la obiectul semantic pe care îl reprezintă ființele umane. Astfel, putem să considerăm obiectul semantic menționat ca un clasem al lexemului *safe*. De aceea spunem că acesta reprezintă sensul propriu al adjectivului și că acest adjectiv semnifică ceva privitor la ființele umane.

Totuși, uzul limbii contrazice analiza pe care tocmai am indicat-o: *safe* se aplică în multe alte situații, fără să fie exclusiv caracteristic ființelor umane, ca în exemplele următoare:

4. *It's not safe travelling alone under these circumstances.*

5. *UPS is safe and reliable.*

6. *The road is quite safe; the car is safe.*

---

[51] Pottier, 1976: 24.

7. Travelling is safe.

8. This town is safe.

9. The goods are safe now.

10. This method is safe. My practising is safe.

În niciunul din aceste exemple nu aplicăm adjectivul *safe* fiinţelor umane. În exemplele date, aplicăm aceeaşi semnificaţie specifică (acelaşi semantem) unor obiecte semantice distincte, unele constituind chiar claseme distincte. În exemplul 6 îl aplicăm obiectelor semantice pe care le putem numi în mod simplu lucruri; în exemplul 7 îl aplicăm unei activităţi, obiect semantic care nu reprezintă mai mult decât o abstractizare; în exemplul 8 îl aplicăm unui loc; în exemplul 9 îl aplicăm din nou unor lucruri şi în 10 – unor practici sau tipuri de activităţi. Totuşi, în toate aceste cazuri, în ciuda analizei noastre, adjectivul *safe* îşi conferă propria semnificaţie. *Safe* înseamnă acelaşi lucru, indiferent dacă îl aplicăm fiinţelor umane sau lucrurilor, elemente diametral opuse.

Problema care se ridică rezidă, aşadar, în determinarea tipului de clasă lexicală care se aplică. După menţionarea acestuia cu exactitate, se poate determina tipul de adjectiv avut în vedere. Am menţionat mai sus că adjectivul analizat se aplică fiinţelor umane.

Acest aspect este esenţial, în primul rând, pentru definirea adjectivului în sine. În al doilea rând, pentru înţelegerea legăturii pe care conţinutul adjectivului o menţine cu subiectul cunoscător şi creator de limbaj, cu limba şi cu semnificatele istorice.

Totuşi, dacă abordăm problema cu mai multă atenţie, observăm că în toate exemplele de mai sus obiectul semantic al fiinţelor umane, clasem specific al lui *safe,* e prezent întotdeauna în semnificaţia exprimată de adjectiv, după cum am menționat deja. În toate cazurile, adjectivul *safe* se manifestă prin clasemul propriu și se aplică unor obiecte semantice diferite, dar stabilind întotdeauna o relație cu clasemul său. Cu alte cuvinte, obiectul semantic prin care se manifestă adjectivul se relaționează în toate situațiile, într-un fel sau altul, cu obiectul semantic pe care l-am definit ca fiind clasemul specific adjectivului. Obiectul semantic căruia i se aplică *safe* păstrează fără excepție o relație cu ființele umane.

Astfel, exemplul 4 se subînțelege ca „it is not safe for travellers (that is human beings) travelling alone (under these circumstances)"; exemplul 5 e înțeles de vorbitori ca „UPS is safe and reliable for users (who are human beings) to trust on them", iar exemplul 6 ca „The road is safe for its users (who are human beings)" etc. Fără să fie nevoie de o parafrazare, vorbitorii înțeleg clasemul lui *safe* din toate exemplele ca referindu-se la ființele umane în anumite circumstanțe.

Pe scurt, clasemul lui *safe* are în vedere ființele umane, dar adjectivul menționat se poate aplica multor altor obiecte semantice, denotând astfel relația pe care aceste obiecte semantice o au cu obiectul semantic ființe umane. Putem vorbi astfel despre o semnificație centrală și multe alte expansiuni de semnificat. Expansiunile de semnificat sunt utilizate de vorbitor indiferent dacă sunt tradiționale sau realizate pentru prima dată de către vorbitorul însuși. Cu alte cuvinte, lexemul se extinde schimbându-și aplicabilitatea, dar menținându-și atât clasemul, cât și semantemul. Clasemul propriu este întotdeauna prezent într-o formă sau alta. În cazul sensului propriu, adjectivul spune ceva despre clasemul în sine, iar în cazul expansiunilor de semnificat trimite la alte obiecte semantice, inclusiv la clase lexicale care nu au nicio relație cu cea inițială, stabilindu-se o relație conceptuală cu propriul clasem.

Toate aceste aspecte au determinat reprezentarea analizei semice ca un mănunchi de trăsături schematice şi reprezentarea clasemului unui lexem în expansiunile sale de semnificat ca o clasă lexicală restrânsă la un aspect determinat. Astfel, specificăm mănunchiul semic reprezentat în 3 prin aplicarea lui la exemple precum 4, 7 sau 10, după cum urmează:

11. *Safe* = {*/+Human: activity/* + */something happening/* + */involving risk/* + */not causing any harm/*}.

În modul acesta, devine mult mai clar faptul că lexemul se aplică obiectului semantic propriu (fiinţelor umane) şi se extinde prin aplicaţii distincte ale aceluiaşi obiect semantic. Cu alte cuvinte, conţinutul semantic al lexemului este întotdeauna acelaşi, dar are o aplicabilitate diferită. În consecinţă, lexemul este înţeles ca potenţialitate de aplicare a unor obiecte semantice multiple (subcap. 2.3.).

Pentru a completa analiza lexematică este necesară relaţionarea paradigmatică a mănunchiului semic al adjectivului *safe* şi comparaţia lui cu alte lexeme care au o semnificaţie identică sau asemănătoare. *Safe* se opune lui *chancy, dangerous, dicey, fateful, hazardous, ill-omened, ill-starred, ominous, perilous, risky, secure* şi *threatening.* Toate aceste adjective sunt integrate în câmpul lexical al adjectivelor din categoria *danger.*

Aşadar, în cadrul analizei lexematice, am scos în evidenţă două elemente specifice conţinutului lexemului *safe.* Pe de o parte, aplicabilitatea lexemului, care denotă uneori o clasă lexicală şi alte relaţii de semnificare idiosincratice în natura lor şi mai puţin definite în mod tradiţional ca fiind clase lexicale (ca în exemplele 4, 5 sau 7) şi alte clase, distincte de clasa care defineşte aplicabilitatea lexemului în sens propriu (ca în exemplele 6 sau 9, care denotă lucruri concrete care nu sunt vii). Pe de altă parte, trăsăturile sau semele care definesc semnificația lexemului ca atare. Relațiile care se realizează între clasem și semnificația specifică sau semantemul determină expansiunea de semnificat[52].

Aceste relații de semnificare pur lingvistice ne indică modul în care vorbitorii concep realitatea. Ființele umane utilizează resurse lingvistice în funcționarea lor ca ființe care captează realitatea. Totuși, nu am explicat suficient relația dintre clasemele nespecifice și clasemul specific, relație care reprezintă fundamentul expansiunilor de semnificat. Constatăm, prin urmare, necesitatea de a realiza o analiză intelectivă a semnificatului, adică o analiză care să scoată în evidență operațiile intelective care produc expansiunile de semnificat.

2.3. Analiza valorii predicative

Aarts și Calbert[53] explică valoarea semantică a adjectivelor ca elemente de semnificație formate dintr-un dublu component: o semnificație denotativă și o valoare predicativă. Semnificația denotativă definește adjectivul ca un ansamblu de trăsături (pe care noi le numim seme), în timp ce componentul predicativ stabilește statutul relațional al adjectivului în interiorul combinației în care apare. Pentru a explica componentul predicativ, Aarts și Calbert[54] aduc în discuție *predicational relators* (Pr). Aceștia designează relații de semnificare care definesc contribuția adjectivului când apare într-o combinație de cuvinte. Adjectivul își definește valoarea predicativă în funcție de tipul de relație pe care îl exprimă

---

[52] Mai multe informații despre valoarea clasemului în expansiunile de semnificat ale adjectivelor în Martínez del Castillo, 1999: 149-157.

[53] Aarts et Calbert, 1979.

[54] Aarts et Calbert, 1979.

în cadrul combinaţiei de cuvinte. Aarts şi Calbert disting mai multe tipuri de relaţii predicative: relaţii de apartenenţă (Pr1: HAVE), relaţii de experienţă (Pr2: EXPERIENCE), relaţii de manifestare (Pr3: MANIFEST), relaţii de cauzalitate (Pr6: CAUSE) etc., ajungând la un număr total de 13 relatori predicativi[55].

Această explicaţie a semnificatului adjectivelor aflate în interiorul unei combinaţii este o modalitate grafică de a explica potenţialitatea semnificativă a adjectivelor. Semnificatul categorial al adjectivelor constituie un element care închide în sine multiple relaţii de semnificare şi care constituie o unitate de informaţie.

În realitate, exemplele de mai sus se pot parafraza fără a pierde semnificaţia designată: exemplele 1 şi 2 reprezintă un relator predicativ simplu care se poate parafraza ca „someone experiences the state safe". Avem, aşadar, o combinaţie ale cărei valori predicative sunt definite de către Pr2: EXPERIENCE. În acest tip de combinaţii, cum ar spune Aarts şi Calbert, există o sintonie perfectă între mănunchiul semic al adjectivului şi mănunchiul semic al substantivului cu care se combină. Astfel, valoarea sa predicativă constă într-un relator predicativ simplu. Alţi relatori predicativi simpli sunt Pr1: HAVE, Pr12: PERFORM şi Pr13: UNDERGO. Exemplele nemenţionate reprezintă un relator predicativ dublu, care domină relatorul predicativ PR2: EXPERIENCE. Exemplul 6 se poate parafraza ca „This road causes someone to feel safe" sau „This car causes someone to feel safe". Adică, relatorul predicativ Pr6: CAUSE îl domină pe Pr2: EXPERIENCE. Exemplul 7 se poate parafraza ca „Travelling manifests that someone experiences the state safe", expresie în care relatorul predicativ Pr3: MANIFEST îl domină pe Pr2: EXPERIENCE. Exemplul 8 se poate parafraza ca „This town is the place

---

[55] Aarts et Calbert, 1979: 79-108.

where someone feels safe", expresie în care relatorul predicativ Pr5: PLACE îl domină pe Pr2: EXPERIENCE. Exemplul 9 se poate parafraza astfel: „The goods cause someone to feel safe", iar în cele din urmă, exemplul 10 ca „This method manifests that someone feels safe".

Marele avantaj al acestei metode şi al acestui model este evidenţierea elementelor care intervin în semnificaţie, mai concret în combinaţia adjectivului. Cu alte cuvinte, în combinaţia în care intră un adjectiv, se stabileşte o relaţie semnificativă bazată pe semnificaţia proprie a adjectivului. Prin această metodă se poate vedea sensul propriu al adjectivului şi se pot stabili relaţiile de semnificare extinse. Când adjectivul se utilizează cu obiecte semantice care nu îi sunt proprii, se stabilesc relaţii de semnificare adiţionale, care ne vorbesc despre potenţialitatea semnificativă, adică despre ceea ce în lexematică numim clasem. În cazul expansiunilor de semnificat, adjectivul obişnuieşte să îşi stabilească relaţiile de semnificare în jurul a trei centre de interes: pe de o parte, semnificaţia proprie a adjectivelor cu cele două compartimente: trăsăturile primare de nivel superior şi trăsăturile de nivel inferior[56] sau clasemul şi semantemul (în lexematică); pe de altă parte, relaţia semnificativă care introduce substantivul, relaţie asimilată de adjectiv ca element al propriei semnificaţii, definind astfel valoarea predicativă a adjectivului.

Analiza valorii predicative potrivit modelului lui Aarts şi Calbert ne permite să vedem multe relaţii de semnificare care vor fi lămuritoare în analiza operaţiilor intelective manifestate în cazul adjectivelor.

Expansiunile de semnificat, după cum am dovedit în analiza adjectivelor, sunt frecvente mai ales în cazul adjectivelor al căror clasem este /+Human/. Acestea îşi extind semnificatul prin ceea ce am putea numi, urmându-i pe Aarts

---

[56] Aarts et Calbert, 1979.

şi Calbert, traiecte semantice bine definite. Cu alte cuvinte, potrivit modelului lui Aarts şi Calbert, relaţiile de semnificare scoase în evidenţă în analiza valorii predicative a adjectivului au implicaţii intelective. Este necesară o analiză care să dezvăluie operaţiile intelective necesare pentru a crea valoarea predicativă menţionată.

Acestea definesc semnificatul categorial al adjectivului şi ne permit să îi stabilim o structură triplă: structura semantică, baza şi motivul existenţei adjectivului; structura predicativă, potenţialităţile de semnificare ale adjectivului într-o combinaţie; şi structura sintactică, semnificaţia particulară pe care o stabileşte adjectivul în funcţie de combinaţia sa în sintagmă[57]. Toate acestea au implicaţii intelective, care necesită o explicaţie pentru a înţelege legătura lor cu gândirea.

Toate relaţiile de semnificare revelate de această analiză sau de alte tipuri de analiză ne conduc la concluzia că atunci când vorbeşte, subiectul locutor pleacă de la o stare de lucruri tradiţională, adică de la un semnificat tradiţional, de la care creează o semnificaţie nouă pentru a o aplica unei situaţii pe care a conceput-o ca distinctă şi unică, ca nouă şi exclusivă. În această situaţie reprezentată doar la nivelul mental al subiectului vorbitor, intervin mai multe aspecte: unele menţionate şi unele nemenţionate, unele care se pot descrie şi unele care sunt doar cunoscute[58]. Nu este suficient să constatăm aceste relaţii de semnificare evidenţiate de analiza valorii predicative a lui Aarts şi Calbert. Sunt relaţii

---

[57] Martínez del Castillo, 1997.

[58] Potrivit lui Coşeriu şi foarte uşor de dovedit în acelaşi timp, vorbitorii nu spun acele lucruri care se cunosc sau care se presupun; nu spun ceea ce este evident şi, în acest sens, când aud o expresie caută întotdeauna un sens (Coşeriu, 1992: 2.3.). Cu alte cuvinte, vorbitorul ajunge să presupună relaţii de semnificare neexprimate ca atare, cu scopul de a găsi un sens expresiei. Aceste presupuneri sunt, desigur, operaţii intelective şi reprezintă aspecte care necesită explicaţii suplimentare.

de semnificare care indică participarea directă a subiectului cunoscător, relații de semnificare ce necesită o explicație intelectivă. Limbajul este creație de semnificate, adică ενέργεια și λόγος σημαντικός. Explicarea semnificatului își găsește finalitatea în explicarea formării intelective a acestuia, în explicarea relaționării lui cu o teorie a cunoașterii.

2.4. Analiza funcțională, după Dik

Pe de altă parte, același lexem din exemplul dat poate fi analizat urmând principiile decompoziției lexicale graduale a gramaticii funcționale a lui Dik. *Safe* este un predicat de bază, un element de relație și combinație, manifestat în lexiconul limbii și care conține în sine toată informația necesară combinației și relaționării sale. În lexiconul limbii, fiecare predicat de bază conține informația referitoare la argumentele sale, la capacitatea sa de relaționare și la restricțiile de selecție. În acest sens, vom spune că predicatul de bază *safe* se definește ca:

12. $Safe_V (x_1: <+Hum> (x_1))$ Affected

$_{df} = Happen (x_1: <+Hum (x_1)_{Pat}) (x_2: <event> (x_2)_{Fo}) (y_1:$ $<causing no harm> (y_1)_{Manner})_{Process})$

Cu alte cuvinte, pornim de la lexemul *safe* ca un predicat de bază dotat cu argumente sau capacități de combinare sau relaționare. Descriem predicatul *safe* ca o stare de lucruri dinamică și necontrolată, o stare de lucruri care se definește ca *proces*. Are două argumente: pe de o parte, ființele umane, obiect semantic căruia i se aplică și care apar în calitate de pacienți ai acestui proces; pe de altă parte, un eveniment, ceva care se întâmplă, care constituie forța procesului. Lexemul mai deține un satelit sau o circumstanță care descrie forma în care se aplică forța pacientului. Se definește prin concepte mai simple din limba particulară căreia îi aparţine, care este expresia, *happen,* care constituie, la rândul ei, un predicat de bază. Această circumstanţă reprezintă modul în care se manifestă starea de lucruri descrisă în *definiens* şi în argumente.

Această analiză, care în esenţă este identică cu analiza lexematică, consideră semnificaţiile oferite de lexeme ca stări de lucruri cu capacitate referenţială, constituite din argumente care au, de asemenea, capacitate referenţială[59]. Pe de altă parte, gramatica funcţională porneşte de la limbă ca mediu de comunicare a cărui finalitate este să stabilească relaţii de interacţiune socială între locutor şi ascultător. Prin această orientare, aşa cum precizează chiar Dik, se stabileşte instrumentalitatea limbii[60], şi nu studiul limbii în sine, adică nu determinarea sa internă, care este creaţia de semnificate, ci determinarea externă cea mai importantă, comunicarea[61].

Totuşi, această analiză deţine un avantaj prin evidenţierea elementelor care formează semnificaţia unui lexem, prin structurarea unitară a acesteia şi prin seria de relaţii active de semnificare a unui semnificat. Este un proces foarte util pentru descompunerea semnificaţiei unui lexem, semnificaţie care este o intuiţie inedită şi unică pentru un vorbitor[62]. Problema rezidă în necesitatea explicării acestei intuiţii care se manifestă în relaţiile de semnificare evidenţiate în analiza descompunerii lexicale graduale a lui Dik. E nevoie, aşadar, de o analiză intelectivă.

În cele trei tipuri de analiză pe care le-am prezentat, ne-am oprit asupra uneia dintre direcţiile specifice studiului semnificatului, cea care ne defineşte un semnificat în in-

---

[59] Dik, 1979: 14.

[60] Dik, 1979: 1.

[61] Coşeriu, 1985: cap. I.

[62] Coşeriu, 1986: 31.

teriorul limbii căreia îi aparține. Cu toate acestea, analiza semnificatului, așa cum am mai precizat, trebuie să explice legătura sa cu gândirea, adică trebuie să clarifice propria formare a semnificatului ca o categorie a gândirii, trebuie să explice semnificatul în relație cu o teorie a cunoașterii.

Analiza semnificatului trebuie să aibă în vedere funcția pe care acesta o îndeplinește cu privire la subiectul cunoscător. Mai trebuie să urmărească valoarea semnificatului concret cu privire la cunoaștere. Trebuie să pornească de la valoarea pe care semnificatul o are în sine; trebuie să aibă în vedere valoarea semnificatului în raport cu alte semnificate necesare formării sale în calitate de conținut de conștiință, de categorie a gândirii; în ultimul rând, trebuie să urmărească analiza operațiilor intelective necesare intelecțiunii și producerii semnificatelor. Cu alte cuvinte, trebuie să realizăm o analiză intelectivă a semnificatului.

2.5. Analiza intelectivă a semnificatului

O teorie semantică este o teorie a cunoașterii istorice manifestate în semnificatele unei limbi. Ortega y Gasset afirmă:

> [...] tocmai pentru că este imposibil să se cunoască în mod direct plenitudinea realului, nu avem alt mijloc decât să construim în mod arbitrar o realitate, să presupunem că lucrurile sunt într-un anumit fel. Acest fapt ne oferă o schemă, adică un concept sau o rețea de concepte. Cu ea, ca și prin intermediul unei grile, privim apoi realitatea efectivă, și atunci și numai atunci obținem o viziune aproximativă. [...] În aceasta constă toată folosirea intelectului[63].

O analiză a semnificatului istoric este, așadar, o teorie a cunoașterii și trebuie orientată în funcție de posibilitățile și

---

[63] Ortega y Gasset, 1966 [1967]: 119 [Traducere proprie].

limitările pe care le oferă o teorie a cunoaşterii. Cu alte cuvinte, toată analiza semnificatului trebuie să aibă un fundament teoretic, care nu este altceva decât un fundament filosofic. Cunoaşterea istorică s-a format într-un mod comun între indivizii istorici, indivizi care îşi creează propria istoricitate. O teorie a semnificatului istoric, adică o teorie a cunoaşterii constă în:

> [...] *reducerea la o ecuaţie comună a celor doi termeni sau factori care intervin în problema cunoaşterii, subiect şi obiect, sau, spus sub o altă formă, identificarea aspectelor specifice subiectului şi respectiv obiectului cunoscut*[64].

În realitate, binomul subiect cunoscător – obiect cunoscut este elementul sau parametrul care îndreptăţeşte manifestarea gândirii istorice în semnificatele unei limbi. Prima distincţie pe care trebuie să o realizăm în studierea semnificatului istoric din punct de vedere intelectiv este stabilirea celei mai importante perspective în cazul unui semnificat, adică perspectiva subiectului creator sau a obiectului creat.

2.5.1. Perspectiva subiectului cunoscător sau a obiectului cunoscut

Safe este un adjectiv al cărui conţinut nu descrie nimic obiectiv. Nu este un adjectiv care să fie descrierea a ceva, ceva care în sine să poată fi descris ca atare. Dintre cele două elemente prezente în orice teorie a cunoaşterii (a se vedea subcapitolul anterior), *safe* exprimă o semnificaţie care depinde integral de perspectiva subiectului cunoscător. Starea de lucruri creată este apreciată doar de către subiectul cunoscător, astfel încât aceeaşi stare de lucruri ar putea fi descrisă diferit de un alt subiect cunoscător. În acest sens, nu se poate afirma despre nimic în mod obiectiv că poate fi

---

[64] Ortega y Gasset, 1992 [1984]: 162 [Traducere proprie].

designat ca *safe*. Starea de lucruri designată de *safe* depinde de concepția subiectului locutor. Este, așadar, o semnificație subiectivă care depinde de subiectul vorbitor.

Acesta este primul parametru care contrapune semnificația subiectivă unei semnificații care pune accentul pe un obiect cunoscut. Semnificația subiectivă unește semnificația denotată de *safe* cu atitudinea subiectului cunoscător. Subiectul cunoscător refliefează ceea ce semnificația stabilită de către adjectiv semnifică pentru sine. Și tot acesta face ca *safe* să i se aplice lui (*I'm safe*), altor persoane (*They are safe*) sau lucrurilor *(The road is safe)*. Indiferent de caz, denotația dată se referă la subiectul care creează semnificația. *Safe* există, deoarece vorbitorul concepe realitatea în acest mod.

Această caracteristică, evidentă în studiul semnificatului din perspectiva unei teorii a cunoașterii, este o trăsătură fundamentală care apare în structura semnificației acestui adjectiv și a multor altora (vezi subcap. 3.1. pentru câmpurile lexicale cu semnificație subiectivă). Totuși, niciodată nu a fost semnalată ca trăsătură a structurii de semnificație a adjectivelor în cauză.

2.5.2. Semnificația abstractă sau concretă

Cea de a doua și cea mai importantă trăsătură care definește adjectivul *safe* din punct de vedere intelectiv este caracterul său abstract. Dimensiunea abstract/ concret ne permite să vedem multiplele relații de semnificare și să înțelegem informațiile oferite de acestea referitoare la capacitatea de expresie a adjectivului și la operațiile intelective, schimbări de perspectivă realizate de mintea umană pentru a trece de la niște concepte bine definite în tradiție la altele care se creează și care sunt înțelese în relație cu primele. Caracterul abstract explică multe lexicalizări tradiționale. Altfel spus, multe cuvinte sau combinații date într-o limbă sunt formate printr-un grad determinat de abstractizare. Acest grad ne poate revela operaţiile intelective care au fost realizate sau care sunt necesare pentru a înţelege semnificaţia pe care o denotă azi. Astfel, ne putem explica utilizări precum aşa-numitele adjective lipsite de calitate inerentă, adjectivele restrictive, adjectivele intensificatoare, utilizări care prezintă o structură de semnificaţie complexă. În cadrul acestor utilizări, adjectivul introduce relaţii de semnificare adăugate, astfel încât trăsăturile adjectivului ajung chiar să dispară[65].

Trebuie să menţionăm faptul că, în principiu, toate semnificatele sunt abstracte, adică sunt elaborări realizate pe baza extragerii de caracteristici sau date pe care le-am înţeles. Semnificatele sunt conţinuturi de conştiinţă, structurare a lucrurilor interne[66]. Cu alte cuvinte, semnificatele sunt elaborări realizate pe baza a ceea ce am înţeles. În acest sens, nu poate exista un semnificat concret. Concret ar fi obiectul perceput, ceea ce ajunge în mod direct şi fără mediere la noi. Obiectul perceput ca atare nu poate constitui o cunoaştere. Cunoaşterea este realizarea pe baza a ceea ce ajunge la noi prin intermediul simţurilor. Ceea ce ajunge la noi prin intermediul simţurilor reprezintă concretul; elaborarea realizată pe baza acestor aspecte este internă, adică în mod necesar abstractă. Cunoaşterea este, în sine, un proces de abstractizare.

Totuşi, acest proces de abstractizare cunoaşte grade diferite: semnificaţii care s-au realizat în mod direct plecând de la obiectele percepute prin simţuri şi semnificaţii care s-au realizat pe baza altor semnificaţii deja realizate. Cu alte

---

[65] Mai multe informaţii legate de descrierea acestor utilizări pot fi obţinute consultând Quirk et al., 1985: 227-436, pe de o parte, şi interpretarea acestei lucrări în Martínez del Castillo, 1997 şi 1999, pe de altă parte.
[66] Coşeriu, 1985: 40.

cuvinte, semnificațiile abstracte nu au toate aceeași natură; unele sunt realizate în faza inițială, adică aplicându-se obiectelor percepute, iar altele sunt realizate plecând de la ceea ce a fost realizat deja, adică de la semnificații sau semnificate deja realizate; unele sunt inițiale, iar celelalte sunt posterioare. În acest sens, avem îndreptățirea să vorbim de semnificate mai concrete sau semnificate concrete și de semnificate mai abstracte sau semnificate abstracte. Termenii *concret* și *abstract* aplicați constructelor gândirii, aplicați semnificatelor unei limbi, sunt termeni în mod necesar relaționați[67].

Așadar, vom folosi termenii *concret* și *abstract* în acest sens pentru a distinge două tipuri de relații de semnificare: relații de semnificare mai puțin elaborate sau elaborate în mod direct, având la bază obiectele percepute, semnificate concrete, și relații de semnificare mai elaborate sau realizate pe baza unor elaborări anterioare, semnificate abstracte. Dar dacă din punct de vedere intelectiv lucrurile stau chiar așa, dacă abstractizarea se realizează într-un grad mai mic sau mai mare într-un semnificat istoric lexicalizat, există, de asemenea, rațiuni de ordin lingvistic care justifică această distincție. Un semnificat concret este descriptiv, are o capacitate definită de designare, semnificația sa este mai simplă, iar aplicarea sa la un obiect semantic nu ajunge să creeze o anumită clasă de obiecte, ci o definiție a obiectului semantic în cadrul clasei căreia îi aparține. Un semnificat abstract, din contră, nu este descriptiv, nu are o capacitate definită de designare, semnificația sa este completă, iar aplicarea la un obiect semantic poate ajunge să creeze o clasă distinctă de cea originală.

---

[67] Numesc acest proces de elaborare de semnificate bazate pe abstractizarea utilizată în elaborarea lor *proces de intelecțiune* (Martínez del Castillo, 1999), teorie a cunoașterii pe care o propun și pe care mă axez în această carte.

Dar să continuăm cu *safe*. Acesta este un adjectiv abstract, deoarece nu are o designaţie definită, realizarea sa nu este o simplă descriere şi introduce relaţii de semnificare anterioare[68].

De fapt, nu există în limbă o categorie de obiecte semantice specifice cărora acest adjectiv să li se poată aplica în mod direct. Dacă îl aplicăm pe *safe* fiinţelor umane, acestea, ca obiecte semantice în sine, nu se pot defini. *Safe* se poate aplica atât fiinţelor umane, cât şi lucrurilor determinate care afectează fiinţele umane. Obiectul semantic selectat de adjectiv variază într-o mare măsură. Important în semnificaţia acestui adjectiv este conţinutul pe care îl denotă. Acesta constă în stabilirea unei relaţii între componentele care formează propria sa structură de semnificare şi relaţionarea lor cu subiectul cunoscător.

Adjectivul *safe* spune ceva despre un anumit lucru, presupune o serie de concepte cunoscute în interiorul limbii, conferă o semnificaţie proprie, relaţionează lucrurile cărora li se aplică, ceea ce presupune şi semnificaţia proprie, stabilind o descriere aflată la baza acestor relaţii. Cu alte cuvinte, adjectivul *safe* are un clasem propriu (aspectele despre care se spune ceva prin sine), se proiectează asupra acelui obiect semantic pe care îl selectează şi stabileşte astfel o relaţie între clasemul propriu şi obiectul semantic căruia i se aplică. Şi toate acestea îl relaţionează cu subiectul vorbitor, care, indiferent dacă este sau nu obiectul semantic selectat, apare ca referent al semnificaţiei date.

Rezultatul acestei structuri de semnificaţie astfel realizate rezidă în faptul că adjectivul creează o semnificaţie care presupune relaţii de semnificare nemanifestate explicit în expresie. Aceste relaţii de semnificare, pe de altă parte,

---

[68] Pentru o tratare mai amănunţită a caracterului concret şi abstract al adjectivelor se poate consulta Martínez del Castillo, 1999: 5.1., 5.2. şi 5.7.

există în limbă ca semnificate[69]. Toate acestea se manifestă în semnificația adjectivului *safe;* pentru a îl analiza, trebuie să analizăm mai întâi formarea sa ca un construct mental, scoțând în evidență operațiile intelective care l-au generat în așa-numitul proces de intelecțiune[70].

Pentru început, putem să comparăm semnificația adjectivului în cauză cu semnificația altor adjective. Comparând următoarele combinații:

13. The men arrived safe and sound.

14. The men grew old.

Putem observa anumite diferențe în semnificația conferită. *The men* și *old* din exemplul 14 se combină, creând un obiect semantic nou. *Men* și *old men* sunt două obiecte semantice diferite. Adjectivul se proiectează asupra substantivului astfel încât creează un obiect semantic definit, formând o clasă nouă de obiecte semantice în interiorul clasei generale pe care o denotă substantivul. Relațiile de semnificare ale adjectivului și ale substantivului sunt interconexe și atât adjectivul, cât și substantivul dispar, fuzio-

---

[69] Vorbim aici de concepte care există și se manifestă în limbă ca semnificate sau, cu alte cuvinte, concepte care, manifestându-se sau nu în limbă ca semnificate, acționează ca relații de semnificare în semnificația pe care o analizăm.

[70] În concepția mea, procesul de intelecțiune reprezintă acea serie de operații de tip intelectual pe care le realizează vorbitorul pentru a concepe realitatea și pentru a o transforma în cuvintele unei limbi. În acest proces, unele operații sunt anterioare altora și, mai ales, unele se dezvoltă pe baza unor constructe semantice precedente, în care în mod logic s-au manifestat acestea sau alte operații de intelecțiune. Când în formarea unui semnificat, conținut de conștiință, nu este necesară cunoașterea anterioară, semnificatul este mai simplu și mai concret decât în cazul contrar, în care este necesară cunoașterea anterioară (a se vedea explicarea pe larg a procesului de intelecțiune în Martínez del Castillo, 1999).

nând pentru a crea un construct mental şi gramatical nou. Formarea acestui construct semantic constă în descrierea a două procese de abstractizare. Pe de o parte, noul construct semantic se bazează pe abstractizarea care a condus la conceperea lui *men* ca o clasă de obiecte semantice. Pentru a ajunge la formarea acesteia, am pornit de la exemplele individuale, atribuindu-le o esenţă ca reprezentantă a unei clase care simbolizează abstractizarea realizată. Pe de altă parte, constructul *old + men* se bazează pe abstractizarea realizată, fundamentată pe o serie de obiecte semantice care aparţin unor clase de obiecte diferite, ajungând astfel să concepem ceea ce numim *old*. Pentru a forma această abstractizare a fost necesar să ignorăm clasa căreia îi aparţin elementele individuale şi să realizăm ceea ce numim un mod de a fi care se potriveşte acestor elemente individuale (materializată din punct de vedere lingvistic într-un adjectiv). Odată formată această clasă, care indică un mod de a fi, o aplicăm la *men* şi obţinem noul construct mental.

Fiecare din aceste abstractizări reprezintă mijloace de descriere a unei stări de lucruri astfel[71] obţinute. Combinându-se, cele două tipuri de descriere fuzionează, creând o nouă clasă de obiecte semantice care nu mai reprezintă aceleaşi obiecte semantice iniţiale: *old + men (the old men* sau *the men are old* sau *they grew old)* designează relaţii de semnificare distincte de *men*. Adjectivul, care, după cum am văzut, se compune dintr-un clasem şi un semantem, modifică conţinutul substantivului fără nicio alterare în propria structură semantică. Adjectivul introduce semnificaţia denotată de substantiv şi desfiinţează semnificaţia conferită de acesta. În structura semantică a adjectivului *old*, clasemul este trăsătu-

---

[71] În Martínez del Castillo (1999: 3.3.5.) am stabilit următoarele operaţii intelective în procesul de intelecţiune: numirea, stabilirea unei designaţii, determinarea, descrierea şi relaţia.

ra sau semul /+Human/[72], iar în combinația din exemplul dat se aplică aceleiași clase de obiecte semantice. Din punctul de vedere al procesului de intelecțiune, semnificația dată este o descriere a două abstractizări combinate. Toate relațiile de semnificare evidențiate sunt conținute în mănunchiul semic al adjectivului. Astfel, capacitatea lor de designare este definită și, de fapt, în combinație, designarea apare ca o clasă de obiecte semantice complet delimitată[73].

Acesta nu este însă cazul lui *safe* în exemplul 15. Starea de lucruri determinată în acest exemplu este, de asemenea, o descriere determinată de către *safe* și realizată lui *men*, dar în mod diferit. Combinația nu spune nimic care să îl afectezc pe *men* ca un astfel de obiect semantic. *Men* este unul dintre termenii care contribuie la crearea stării de lucruri determinate. Este necesară realizarea unei stări de lucruri în care *safe* să se poată aplica lui *men*, deoarece, în principiu, *safe* nu spune nimic care să îl poată defini pe *men*. Prin urmare, dacă îl aplicăm pe *safe* lui *men*, relațiile de semnificare trebuie să fie distincte.

Stării de lucruri descrise în exemplul dat îi aparțin doar obiectul semantic *men* și conținutul denotat de către *safe*. Dar există implicit câțiva factori nemenționați care dau sens combinației. Obiectul semantic *men* se poate defini ca *safe*

---

[72] În realitate, clasemul lui *old* ar trebui să fie definit ca /+Concrete/, concept semantic în care este inclus /+Human/ (Aarts et Calbert, 1979: cap. 2).

[73] În structurarea conținutului lingvistic, Coșeriu distinge trei niveluri: *designarea,* care reprezintă relația expresiei cu obiectele extralingvistice, cu realitatea extralingvistică, fiind acestea înseși stările de lucruri sau conținuturile mentale corespondente; *semnificatul,* conținutul conferit din punct de vedere lingvistic într-o limbă determinată; și *sensul,* conținutul lingvistic special exprimat prin intermediul designării și al semnificatului, care corespunde atitudinilor, intențiilor sau supozițiilor vorbitorului (Coșeriu, 1992: 96).

dacă subînţelegem o situaţie în care *safe* să aibă sens. De fapt, dacă spunem doar:

15. The men are safe.

S-ar putea ridica întrebarea:

16. What about? What is the matter?

Cu alte cuvinte, ar trebui să specificăm conţinutul implicit al lui *safe*. *Safe* nu i se poate aplica lui *men* în mod direct. Există alte relaţii de semnificare implicite care dau sens semnificaţiei denotate de adjectiv. Aceste relaţii de semnificare de care vorbim adesea, deşi nu întotdeauna în mod necesar, apar sau se deduc din context sau din cunoaşterea generală a altor semnificate existente în tradiţie, adică în limbă. Aspectul pe care doresc să îl semnalez aici este faptul că această caracteristică este prezentă în propria structură a semnificaţiei adjectivului şi defineşte adjectivul din punct de vedere intelectiv. Combinaţia adjectivului ajunge să fie înţeleasă, deoarece vorbitorii cunosc aceste mecanisme (vom reveni asupra acestor aspecte în subcap. 2.5.2.1. şi 2.5.3.). În aceasta constă caracterul abstract pe care îl semnalez aici ca fiind caracteristic acestui adjectiv.

Safe denotă, aşadar, o stare de lucruri care constă în descrierea unei relaţii[74], iar pentru a forma acest adjectiv se produce o abstractizare superioară abstractizării necesare realizării unei descrieri în sine, ca aceea pe care am văzut-o în cazul lui *men*, pe de-o parte, şi în cazul lui *old*, pe de altă parte, sau în cazul lui *old men* etc. Nu este vorba de designarea şi descrierea obiectului semantic care apare în expresie (*men*), ci de relaţionarea lui *men* cu semnificaţia lui *safe* prin inter-

---

[74] Atât descrierea, cât şi relaţia, numirea, stabilirea unei designaţii şi determinarea sunt operaţii intelective pe care le-am semnalat în procesul de intelecţiune (Martínez del Castillo, 1999: 3.3.5.)

mediul altor relații de semnificare nemenționate în expresie. Gradul de abstractizare necesar pentru formarea lui *safe* este superior celui necesar formării lui *old*. Astfel, l-am catalogat mai întâi ca adjectiv abstract, iar apoi ca adjectiv concret.

Ca rezultat al caracterului său abstract, *safe* nu are o designație definită. În realitate, acesta îl relaționează pe *men* cu celelalte relații de semnificare nemenționate, dar care ajung să facă parte din starea de lucruri pe care o creează adjectivul în combinație. Astfel, *safe* se poate aplica cu aceleași caracteristici ființelor umane și lucrurilor cu care se relaționează semnificația adjectivului. De asemenea, în loc de *they arrived safe and sound,* putem spune *their arrival was safe; the goods were safe; a safe delivery; the situation is safe; electric power is safe; practising this method is safe; it is a safe secret.* Din punct de vedere intelectiv, vorbim de o relație, iar diferitele elemente care formează relația pot ieși în evidență în orice moment.

2.5.2.1. Aportul adjectivului *safe* din perspectiva conținutului lexical

Adjectivul dobândește un caracter mai degrabă relațional decât propriu-zis descriptiv datorită gradului superior de abstractizare produs prin natura sa adjectivală, un grad care manifestă, așa cum a fost conceput, o complexitate superioară realizată în conceperea sa intelectivă. Cu alte cuvinte, adjectivul *safe* descrie și relaționează sau, spus într-un mod mai clar, descrie o relație. Denotă o descriere (operație cu un grad determinat de abstractizare) a unei relații (operație cu un grad superior de abstractizare) și care, din punct de vedere intelectiv, este operația cu un grad maxim de abstractizare. Adică, adjectivul *safe* denotă o descriere realizată pe baza unui construct intelectiv, care cunoaște două grade distincte de abstractizare.

De fapt, când *safe* se aplică fiinţelor umane, nu spune nimic despre acestea, despre ceea ce este obiectul semantic pe care îl numim *fiinţe umane*. Spune ceva despre un aspect introdus de adjectiv, nemenţionat însă în mod explicit. Acest aspect priveşte fiinţele umane, afectează fiinţele umane despre care adjectivul spune ceva, dar este în realitate o relaţie. Şi orice relaţie are cel puţin doi termeni. În combinaţia cu fiinţele umane, *safe* le relaţionează pe acestea cu conceptul pe care îl putem numi *siguranţă,* un aspect introdus de adjectiv. Termenii acestei relaţii sunt, pe de o parte, obiectul semantic determinat *fiinţe umane*, care designează anumite fiinţe umane în particular, iar pe de altă parte, conceptul de *siguranţă* conferit de conţinutul lexical al adjectivului şi, în plus, conceptul a *ceva care se petrece*. Cel de-al doilea termen al relaţiei, conţinutul lexical al adjectivului, cu alte cuvinte conceptul de *siguranţă,* îşi dobândeşte valoarea prin relaţionarea cu cel de-al treilea termen al relaţiei, conceptul a *ceva care se petrece*. Al treilea element nu apare în mod necesar în context. Este o relaţie de semnificare anterioară conceperii adjectivului *safe* şi care există, pe de altă parte, ca semnificat în limbă. Prin urmare, adjectivul *safe* descrie o stare de lucruri care reprezintă în sine o relaţie în care intră elemente de semnificaţie distincte, unele prezente în combinaţia în care apare adjectivul, iar altele anterioare propriei formări a adjectivului.

În ciuda valorii sale relaţionale, adjectivul *safe* are şi un caracter descriptiv. Nu este pur relaţional şi nici nu serveşte procesului de intelecţiune al altor adjective[75]. Caracterul descriptiv, care priveşte formarea intelectivă a acestui adjectiv

---

[75] Adjectivele pur abstracte sunt acelea care ajută la formarea unor constructe intelective, care servesc doar la înţelegerea altor constructe semantice până la punctul în care adjectivele ajung să îşi piardă propria semnificaţie. De exemplu: *a certain person, a pure fabrication* (Martínez del Castillo, 1999: subcap. 5.6.).

(este o descriere realizată pe baza unei relaţii, după cum am văzut) are o manifestare sintactică. *Safe* se poate intensifica, fapt care ne revelează, pe de altă parte, caracterul său descriptiv. Termenii *abstract* şi *concret* aplicaţi semnificatelor sunt termeni relativi, după cum am menţionat mai sus.

Aşadar, *safe* este un adjectiv abstract. Iar această caracteristică priveşte cunoaşterea şi teoria cunoaşterii. Ea nu ne spune care este semnificaţia adjectivului, ci cum s-a format semnificaţia, astăzi istorică, a lui *safe* şi serveşte ca bază pentru vorbitor de fiecare dată când îl realizează, de fiecare dată când îl utilizează. Astfel, când descriem formarea intelectivă a semnificatelor istorice ale unei limbi, descriem în realitate structurile gândirii. După cum am văzut deja, gândirea şi limbajul sunt două funcţii inseparabile. Semnificatele, fiind conţinuturi de conştiinţă[76], exprimă structurile gândirii. Studierea intelectivă a semnificatelor reprezintă studierea gândirii. Adjectivele abstracte au o semnificaţie specială în această sarcină de revelare a structurilor gândirii. După cum spuneam în Martínez, 1999[77]:

> *Adjectivele abstracte reprezintă o dominare a semnificatelor care servesc altor semnificate. Adjectivele abstracte adaugă relaţii de semnificare constructelor semantice denotate de substantiv ca relaţii de cunoaştere anterioare[78].*

Astfel, semnificatele unei limbi, care ajung să constituie gândirea comună a unei comunităţi de vorbitori, λόγος σημαντικός al lui Coşeriu[79], metafizica lui Whorf[80] sau gân-

---

[76] Coşeriu, 1985: 40.

[77] Martínez, 1999.

[78] Martínez del Castillo, 1999: 166 [Traducere proprie].

[79] Coşeriu, 1985: 24.

[80] Whorf, 1956: 67.

direa comună[81], constituie elaborări de tip intelectiv bazate unele pe celelalte. În realitate, pentru ca un semnificat să facă parte din gândirea unui vorbitor, un subiect istoric, trebuie să fie relaționat cu celelalte semnificate. Iar acest fapt poate fi dovedit: un semnificat are valoare în cadrul unei istoricități determinate. Istoricitatea unui semnificat poate fi demonstrată prin explicarea propriului său conținut, prin explicarea modalității în care a fost conceput, prin explicarea operațiilor intelective necesare pentru a ajunge să semnifice ceea ce semnifică. După cum am văzut, în cazul adjectivelor abstracte, aceasta este o realitate palpabilă.

2.5.3. Semnificatul bazat pe semnificații precedente

În subcapitolul anterior am semnalat faptul că structura de semnificație a adjectivului *safe* denotă relații de semnificare care nu apar în expresie, dar care sunt necesare înțelegerii semnificației adjectivului. Structura de semnificație a acestuia, după cum am văzut, este următoarea: un clasem, pe care l-am definit deja ca /+Human/, în ciuda faptului că am văzut că nu este deloc fix (subcap. 2.2.); un semantem, care este complex și care își compune semnificația din concepte anterioare; și, în ultimul rând, capacitatea tuturor adjectivelor de a se proiecta asupra substantivului pe care îl modifică. Aspectul particular al acestui adjectiv abstract este structura pe care o introduce semantemul său. Pentru a forma semantemul, este necesar să înțelegem de dinainte conceptele de *occurrence, event* și *factuality*.

De fapt, dacă analizăm informația din dicționarul Collins-Cobuild pe care am expus-o în subcapitolul 2.1. sau în cadrul analizei lexematice corespunzătoare subcapitolului 2.2., vom vedea că ne este imposibil să explicăm semnificația pe care o aduce adjectivul fără a face referire la concep-

---

[81] Ortega y Gasset, 1992: 193.

tele pe care le-am numit concepte precedente ale acestui adjectiv, concepte necesare pentru a îi cunoaşte semnificaţia. Dacă analizăm exemplul 6, *This road is safe.*, observăm următoarele relaţii de semnificare:

a) conceptul de *road,* explicit în exemplu;

b) conceptul de *siguranţă* şi contrariul său, *nesiguranţa,* explicit în exemplu şi prezent în semantemul adjectivului;

c) conceptul de *siguranţă* menţionat în paragraful anterior implică un beneficiar sau un pacient al acestei siguranţe; în exemplu el nu este explicit, dar se manifestă prin cunoaştere; este un concept precedent;

d) conceptul de *siguranţă* la care ne-am referit implică, de asemenea, posibilitatea ca ceva să se întâmple, concept care la rândul său nu este explicit în exemplu, dar care se manifestă prin cunoaştere; acesta este un alt concept precedent;

e) conceptul menţionat mai sus este dinamic, opus din punct de vedere semantic contrariului său, care se manifestă şi el prin cunoaştere;

f) afirmaţia potrivit căreia negaţia conceptului de *siguranţă* şi implicaţiile ulterioare pot fi în detrimentul subiectului beneficiar sau pacient al acestei stări de lucruri, valoare pe care o introduce combinaţia în sine;

g) în ultimul rând, valorarea implicită a subiectului care cunoaşte această stare de lucruri, fie cel care o creează în actul lingvistic, fie cel care o interpretează în calitate de ascultător.

Cu alte cuvinte, informaţia pe care ne-o conferă semantemul sau mănunchiul de seme care defineşte semnificaţia specifică a unui lexem, excluzându-i clasemul sau aplicabilitatea, este elaborată pe baza unor concepte precedente ale limbii, pe baza unor semnificate anterioare. Aşadar, dacă toate acestea nu ar fi cunoscute de vorbitor, ar trebui să spunem „This road cannot cause any harm to travellers since nothing happens there", sau într-o modalitate şi mai încărcată chiar „This road is not the place where somebody can be affected by anything happening there so that no harm can be suffered". Dar în acelaşi timp presupunem multe lucruri, printre care şi conceptul de *happen,* care este fundamental pentru a înţelege ceea ce explicăm.

Aşadar, adjectivul *safe* a fost creat în limba engleză de nişte vorbitori istorici, subiecţi ai propriei istoricităţi, care au încorporat în creaţia lor elemente formate deja în limbă. Cum, pe de altă parte, limba este un sistem aflat întotdeauna în echilibru[82], este dificil să realizăm o structurare temporală exactă a unor concepte prezente în altele, dar putem realiza o structurare intelectivă, ceea ce tocmai am făcut.

Există trei concepte precedente în formarea adjectivului *safe* sau, mai bine spus, există un concept mai abstract care implică unul mai concret, ca una dintre realizările lui posibile, iar acesta din urmă implică alt concept ca realizare a sa mai concretă. Conceptele precedente ale lui *safe,* adjectiv care exprimă pericolul, sunt *occurence,* realizarea sa, *event* şi realizarea ambelor, *factuality.* Pornind de la *factuality,* întâlnim realizarea acesteia în conceptul *siguranţă – pericol,* care este semnificaţia conferită de adjectiv. Teoretic, şi nu doar în cazul acestui adjectiv, *occurence* se realizează atât ca *event,* cât şi ca *situation.* Am realizat această distincţie având ca bază alte adjective care s-au întemeiat cu ajutorul lui *occurence,* şi nu *event,* pe care le-am numit *situation.* Aceste adjective fac parte din categoria *situation,* pe care o vom analiza la momentul potrivit şi căreia îi aparţin şi alte

---

[82] Coşeriu, 1988.

adjective ca *annual, autumnal, bianual, bienal, daily, out-of-date* etc[83].

2.6. Valoarea analizei intelective a semnificatelor

Analiza realizată din perspectiva procesului de intelecțiune ne revelează operațiile de tip intelectual care sunt necesare formării semnificatelor și, mai ales, conceptele precedente necesare intelecțiunii unui semnificat. În acest sens, semnificatul unei limbi ne revelează gândirea, gândirea istorică a vorbitorilor, care servește ca bază gândirii reale a vorbitorilor manifestată în vorbire. Putem concluziona prin cuvintele lui Humboldt:

> *[Limbajul] este indispensabil... pentru a avea acces la o concepție a lumii la care omul poate ajunge în măsura în care își conduce gândirea spre o claritate și o determinare superioare, fapt care este fructul gândirii în comunitate împreună cu ceilalți*[84].

Având în vedere faptul că:

> *Limbajul este organul formator al gândirii*[85].

Sau putem concluziona împreună cu Donatella Di Cesare:

> *Nu lumea se află în jurul omului care contemplă nemișcat pentru a îi descoperi ordinea secretă, ci omul, în mișcarea sa ordonatoare, dă formă lumii [...]; dar, mai mult, această mișcare ordonatoare se poate realiza numai prin intermediul limbajului*[86].

---

[83] Discuția din punct de vedere intelectiv referitoare la structura de semnificație a adjectivelor *occurrence* continuă în capitolele 7 și 8.

[84] Humboldt, 1990: 32 [Traducere proprie].

[85] Humboldt, 1990: 74 [Traducere proprie].

[86] Di Cesare, 1999: 35 [apud Martínez del Castillo, 2011: 51].

Analiza procesului de intelecţiune ne permite să vedem cum s-au format semnificatele din punct de vedere intelectiv, cum unele semnificate se formează prin intermediul altora şi cum trebuie abordate semnificatele în cadrul analizei semnificaţiei conferite de semnificatele în sine şi în cadrul relaţionării semnificaţiei cu gândirea. Această analiză ne va servi ca bază în investigaţia care va fi realizată.

Recapitulând informaţiile din cele patru subcapitole dedicate analizei intelective, menţionăm următoarele aspecte care ne vor servi ca parametri în analiza care urmează:

a) semnificatele fie reflectă perspectiva subiectului cunoscător, fie pun accentul pe obiectul cunoscut (subcap. 2.5.1.); acest parametru se poate formula în termenii dimensiunii *cunoaşterii subiect – obiect*;

b) semnificaţia semnificatelor, în special a adjectivelor, este fie directă, fie introduce relaţii de semnificare anterioare (subcap. 2.5.2.); acest parametru se poate formula în termenii *concret – abstract*;

c) semnificaţia conferită de un lexem reprezintă una sau mai multe operaţii intelective, operaţii care au fost necesare lexicalizării sale în calitate de cuvânt al unei limbi şi care reflectă un grad determinat de abstractizare;

d) semnificaţia semnificatelor istorice relevează concepte precedente a căror cunoaştere este necesară pentru a înţelege semnificaţia în discuţie (subcap. 2.5.3.);

e) în ultimul rând, semnificaţia semnificatelor istorice ne permite să le analizăm pe acestea în cadrul dimensiunilor comune pe care le au cu alte semnificate. Altfel spus, semnificatele se opun în mod paradigmatic altor semnificate. Acest ultim aspect reprezintă obiectul de studiu al teoriilor lingvistice, cea mai relevantă fiind, în acest caz, lexematica (subcap. 2.2.).

Aceste cinci aspecte, prin analiza adjectivelor rămase, ne permit să includem adjectivul *safe* în următorul parametru, care definește nu doar acest adjectiv, ci pe toate adjectivele care i se opun din punct de vedere paradigmatic:

Subject: abstract: occurrence: event: factuality: danger.

Cum avem de a face cu parametri care se manifestă la nivele intelective distincte și care se structurează unele pe celelalte, putem să îl reprezentăm grafic astfel:

Subiect cunoscător/ Obiect cunoscut	Trăsătura semnificației date	Semnificații anterioare	Câmp lexical
Subject	*Abstract*	*Occurrence: Event: Factuality*	*Danger*

2.7. Analiza propusă în această carte

Investigația care urmează a fi efectuată este un studiu bazat pe analiza realizată deja, adică analiza lexematică, analiza valorii predicative și analiza funcțională a celor 2108 adjective ale limbii engleze selectate, însumând 5106 accepțiuni. Obiectivul meu este să le analizez în funcție de principiile procesului de intelecțiune, proces necesar pentru formarea lor ca semnificate ale limbii engleze. În acest sens, efortul investigațional va consta în dezvoltarea și justificarea parametrilor pe care tocmai i-am prezentat. Analiza lexematică, analiza valorii predicative și analiza funcțională a acestor adjective le-am realizat deja, deși nu le-am publicat. Voi porni de la concluziile obținute în urma acestor analize pentru a justifica analiza intelectivă. Cu toate acestea, primele tipuri de analiză şi analiza intelectivă prezentate aici sunt independente unele de celelalte, deşi, după cum am văzut, se află într-un stadiu de complementaritate.

3

STRUCTURAREA INTELECTIVĂ
A CÂMPURILOR LEXICALE ADJECTIVALE

3.1. Câmpurile lexicale cu semnificație subiectivă

3.1.1. Semnificația abstractă

subject: abstract: intellection
subject: abstract: intellection: composition
subject: abstract: intellection: comprehension
subject: abstract: intellection: correction
subject: abstract: intellection: distinction
subject: abstract: intellection: expression
subject: abstract: intellection: reasoning
subject: abstract: intellection: relationship
subject: abstract: occurrence: event: duration
subject: abstract: occurrence: event: situation
subject: abstract: occurrence: event: factuality
subject: abstract: occurrence: event: factuality: amusement
subject: abstract: occurrence: event: factuality: chance
subject: abstract: occurrence: event: factuality: danger
subject: abstract: occurrence: event: factuality: opportunity
subject: abstract: occurrence: event: factuality: truth
subject: abstract: valuation: beauty

subject: abstract: valuation: clean
subject: abstract: valuation: ease
subject: abstract: valuation: importance
subject: abstract: valuation: intensity
subject: abstract: valuation: quality

3.1.2. Semnificația concretă

subject: concrete: age
subject: concrete: location
subject: concrete: movement
subject: concrete: movement: direction
subject: concrete: position
subject: concrete: weather

3.2. Câmpurile lexicale adjectivale cu semnificație obiectivă

3.2.1. Semnificația abstractă

object: abstract
object: abstract: society
object: abstract: society: defence
object: abstract: society: economy
object: abstract: society: education
object: abstract: society: education: arts
object: abstract: society: education: science
object: abstract: society: family
object: abstract: society: law
object: abstract: society: law: obligation
object: abstract: society: politics
object: abstract: society: popularity
object: abstract: society: property
object: abstract: society: provenance
object: abstract: society: religion

3.2.2. Semnificația concretă aplicată ființelor vii (omenești)

object: concrete: living
object: concrete: animal
object: concrete: animal: sex
object: concrete: animal: sex: attraction
object: concrete: animal: sex: reproduction
object: concrete: human
object: concrete: human: behaviour
object: concrete: human: behaviour: activity
object: concrete: human: behaviour: action: occupation
object: concrete: human: behaviour: courage and fear
object: concrete: human: behaviour: kindness
object: concrete: human: behaviour: largesse
object: concrete: human: behaviour: manners
object: concrete: human: behaviour: reason
object: concrete: human: capability
object: concrete: human: clothing
object: concrete: human: company
object: concrete: human: feeling: anger
object: concrete: human: feeling: compassion
object: concrete: human: feeling: consciousness
object: concrete: human: feeling: emotion
object: concrete: human: feeling: happiness
object: concrete: human: feeling: hunger and thirst
object: concrete: human: health
object: concrete: human: health: care
object: concrete: human: intelligence
object: concrete: human: intelligence: knowledge
object: concrete: human: interest
object: concrete: human: perception
object: concrete: human: perception: hearing
object: concrete: human: perception: sight

object: concrete: human: perception: smell
object: concrete: human: perception: taste
object: concrete: human: perception: touch
object: concrete: human: perception: touch: humidity
object: concrete: human: perception: touch: solidity
object: concrete: human: perception: touch: solidity: fire
object: concrete: human: perception: touch: temperature
object: concrete: human: psyche
object: concrete: human: use
object: concrete: living

3.2.3. Semnificația aplicată lucrurilor materiale

object: concrete
object: concrete: nature
object: concrete: nature: physics
object: concrete: material
object: concrete: material: artifact
object: concrete: material: colour
object: concrete: material: dimension
object: concrete: material: dimension: depth
object: concrete: material: dimension: height
object: concrete: material: dimension: length
object: concrete: material: dimension: quantity
object: concrete: material: dimension: shape
object: concrete: material: dimension: shape: surface
object: concrete: material: dimension: size
object: concrete: material: dimension: strength
object: concrete: material: dimension: weight
object: concrete: material: dimension: width

3.3. Reprezentarea intelectivă a semnificaţiei adjectivelor

Câmpurile lexicale cu semnificaţie subiectivă
Semnificaţia abstractă

Subiect cunoscător/ Obiect cunoscut	Tipul de semnificaţie	Semnificaţii precedente	Câmp lexical
Subject	Abstract		Intellect
Subject	Abstract	Intellection	Composition
Subject	Abstract	Intellection	Comprehension
Subject	Abstract	Intellection	Correction
Subject	Abstract	Intellection	Distinction
Subject	Abstract	Intellection	Expression
Subject	Abstract	Intellection	Reasoning
Subject	Abstract	Intellection	Relationship
Subject	Abstract	Occurrence: Event	Duration
Subject	Abstract	Occurrence: Event	Situation
Subject	Abstract	Occurrence: Event	Factuality
Subject	Abstract	Occurrence: Event: Factuality	Amusement
Subject	Abstract	Occurrence: Event: Factuality	Chance
Subject	Abstract	Occurrence: Event: Factuality	Danger
Subject	Abstract	Occurrence: Event: Factuality	Opportunity
Subject	Abstract	Occurrence: Event: Factuality	Truth
Subject	Abstract	Valuation	Beauty
Subject	Abstract	Valuation	Clean
Subject	Abstract	Valuation	Ease
Subject	Abstract	Valuation	Importance

Subiect cunoscător/ Obiect cunoscut	Tipul de semnificație	Semnificații precedente	Câmp lexical
Subject	Abstract	Valuation	Intensity
Subject	Abstract	Valuation	Quality

Semnificația concretă

Subiect cunoscător/ Obiect cunoscut	Tipul de semnificație	Semnificații precedente	Câmp lexical
Subject	Concrete		Age
Subject	Concrete		Location
Subject	Concrete		Movement
Subject	Concrete	Movement	Direction
Subject	Concrete		Position
Subject	Concrete		Weather

Câmpurile lexicale cu semnificație obiectivă
Semnificația abstractă

Subiect cunoscător/ Obiect cunoscut	Tipul de semnificație	Semnificații precedente	Câmpuri lexicale
Object			Abstract
Object	Abstract		Society
Object	Abstract	Society	Defence
Object	Abstract	Society	Economy
Object	Abstract	Society	Education
Object	Abstract	Society: education	Arts
Object	Abstract	Society: education	Science
Object	Abstract	Society	Family
Object	Abstract	Society	Law
Object	Abstract	Society: law	Obligation

Subiect cunoscător/ Obiect cunoscut	Tipul de semnificaţie	Semnificaţii precedente	Câmpuri lexicale
Object	Abstract	Society: law	Politics
Object	Abstract	Society: law	Popularity
Object	Abstract	Society	Property
Object	Abstract	Society	Provenance
Object	Abstract	Society	Religion

Semnificaţia concretă aplicată fiinţelor vii (omeneşti)

Subiect cunoscător/ Obiect cunoscut	Tipul de semnificaţie	Semnificaţii precedente	Câmpuri lexicale
Object	Concrete		Animal
Object	Concrete	Animal	Sex
Object	Concrete	Animal: Sex	Attraction
Object	Concrete	Animal: Sex	Reproduction
Object	Concrete	Human	Behaviour
Object	Concrete	Human: Behaviour	Activity
Object	Concrete	Human: Behaviour: Activity	Occupation
Object	Concrete	Human: Behaviour	Courage-Fear
Object	Concrete	Human: Behaviour	Kindness
Object	Concrete	Human: Behaviour	Largesse
Object	Concrete	Human: Behaviour	Manners
Object	Concrete	Human: Behaviour	Reason
Object	Concrete	Human	Capability
Object	Concrete	Human	Clothing
Object	Concrete	Human	Company
Object	Concrete	Human: Feeling	Anger
Object	Concrete	Human: Feeling	Compassion

Subiect cunoscător/ Obiect cunoscut	Tipul de semnificație	Semnificații precedente	Câmpuri lexicale
Object	Concrete	Human: Feeling	Consciousness
Object	Concrete	Human: Feeling	Emotion
Object	Concrete	Human: Feeling	Happiness
Object	Concrete	Human: Feeling	Hunger-Thirst
Object	Concrete	Human	Health
Object	Concrete	Human: Health	Care
Object	Concrete	Human	Intelligence
Object	Concrete	Human: Intelligence	Knowledge
Object	Concrete	Human	Interest
Object	Concrete	Human	Perception
Object	Concrete	Human: Perception	Hearing
Object	Concrete	Human: Perception	Sight
Object	Concrete	Human: Perception	Smell
Object	Concrete	Human: Perception	Taste
Object	Concrete	Human: Perception	Touch
Object	Concrete	Human: Perception: Touch	Humidity
Object	Concrete	Human: Perception: Touch	Solidity
Object	Concrete	Human: Perception: Touch: Solidity	Fire
Object	Concrete	Human: Perception: Touch:	Temperature
Object	Concrete	Human	Psyche
Object	Concrete	Human	Use
Object	Concrete		Living

Semnificaţia concretă
aplicată lucrurilor materiale

Subiect cunoscător/ Obiect cunoscut	Caracterul semnificaţiei	Semnificaţii precedente	Câmpuri lexicale
Object			Concrete
Object	Concrete		Nature
Object	Concrete	nature	Physics
Object	Concrete		Material
Object	Concrete	Material	Artifact
Object	Concrete	Material	Colour
Object	Concrete	Material	Dimension
Object	Concrete	Material: Dimension	Depth
Object	Concrete	Material: Dimension	Height
Object	Concrete	Material: Dimension	Length
Object	Concrete	Material: Dimension	Quantity
Object	Concrete	Material: Dimension	Shape
Object	Concrete	Material: Dimension: Shape	Surface
Object	Concrete	Material: Dimension	Size
Object	Concrete	Material: Dimension	Strength
Object	Concrete	Material: Dimension	Weight
Object	Concrete	Material: Dimension	Width

4

Ierarhia conceptuală
a adjectivelor limbii engleze

Semnificatele unei limbi sunt grupate în aşa-numitele câmpuri lexicale, o structură lexematică pe care Coşeriu o defineşte ca:

Paradigma constituită din unităţi lexicale de conţinut (lexeme) care împart o zonă de semnificare comună şi care se află în opoziţie imediată unele cu celelalte[87].

Structurarea adjectivelor prezentată în capitolul 3 are o dublă bază: în primul rând, gruparea lexemelor adjectivale în aşa-numitele câmpuri lexicale şi, în al doilea rând, structurarea şi ierarhizarea intelectivă a valorii semantice a câmpurilor lexicale adjectivale în relaţie cu cunoaşterea. În acest sens, consider că adjectivele limbii engleze sunt interrelaţionate atât în cadrul unui câmp lexical, menţinând relaţii de opoziţie paradigmatică, cât şi în contextul relaţionării acestora din perspectiva fundamentului lor intelectiv şi gnoseologic. Toate adjectivele se grupează în câmpuri lexicale corespondente datorită conţinutului lor comun, care constituie valoarea câmpului lexical. Şi toate adjectivele limbii engleze

---

[87] Coşeriu, 1981: 210.

se pot interrelaţiona ca rezultat al conexiunilor menţinute de această valoare a câmpului lexical cu cunoaşterea[88]. Conexiunile menţionate se manifestă prin intermediul parametrilor explicaţi mai sus (2.5.1., 2.5.2. şi 2.5.3.).

Parametrii semnalaţi trimit la o teorie a cunoaşterii pe care am numit-o intelecţiune sau proces de intelecţiune. Structurarea lexemelor în cadrul structurilor lexematice numite câmpuri lexicale este un aspect mult dezbătut şi unanim acceptat[89]. Ceea ce mi-am propus să realizez în această carte este să structurez lexemele şi câmpurile lor lexicale în relaţie cu o teorie a cunoaşterii.

Justificarea studiului câmpurilor lexicale adjectivale încapsulate într-o teorie a cunoaşterii, teoria procesului de intelecţiune, se bazează pe un dublu aspect: mai întâi, pe relaţiile de intelecţiune manifestate în adjective şi, în al doilea rând, pe relaţiile de implicare pe care fiecare adjectiv, ca semnificat al unei limbi determinate, semnificat istoric, le menţine cu celelalte semnificate ale aceleiaşi limbi. Justificarea este, aşadar, individuală, a fiecărui lexem adjectival, şi comună, a fiecărui câmp lexical care încapsulează adjectivul în discuţie.

Acest studiu se bazează pe o investigaţie anterioară nepublicată, care priveşte analiza lexematică, analiza valorii

---

[88] Coşeriu (1981: 148) vorbeşte de solidarităţile lexicale, referindu-se la determinările semantice ale unui cuvânt prin intermediul unei clase, al unui arhilexem sau al unui lexem, mai exact în sensul că o clasă determinată, un arhilexem determinat sau un lexem determinat funcţionează ca o trăsătură distinctivă a cuvântului în discuţie. Conexiunile de care vorbesc aici, nu între adjective, aspect arhicunoscut în lexematica lui Coşeriu (1981: 143-161), ci între diferitele valori ale câmpurilor lexicale, sunt, în realitate, solidarităţi, determinări ale unor cuvinte în funcţie de clasă, în acest caz cognitive.

[89] Pentru o discuţie asupra teoriei câmpului lexical, a se consulta Geckeler (1976, 97-210).

Semnificat şi cunoaştere

predicative şi analiza funcţională a adjectivelor limbii engleze, studiate ca lexeme, cuvinte cu un conţinut complet, purtătoare a funcţiei lexicale, şi ca predicate de bază, elemente de semnificare şi de relaţie realizate în lexicul unei limbi şi prevăzute cu toată informaţia referitoare la utilizarea lor în cadrul limbii, aceasta fiind concepută ca un mijloc de comunicare[90]. Contribuţia acestei lucrări constă în interrelaţionarea câmpurilor lexicale, structurându-le ca parte a cunoaşterii tradiţionale a unei limbi, λόγος σημαντικός al lui Coşeriu sau metafizica lui Whorf. În acest sens, toate semnificatele unei limbi păstrează o relaţie între ele, toate se pot structura în funcţie de parametrii proprii ai cunoaşterii şi toate se pot reprezenta într-o structură ierarhică.

4.1. Semnificaţia subiectivă

Ierarhia câmpurilor lexicale adjectivale pe care am prezentat-o se divide în mod fundamental: în primul rând, adjectivele (câmpurilor lexicale) care denotă stări de lucruri a căror fundamentare trebuie căutată în subiectul locutor; adică, al căror adevăr sau neadevăr referitor la cele spuse rezidă în subiectul cunoscător; în al doilea rând, adjectivele (câmpurilor lexicale) care denotă stări de lucruri bazate pe ceea ce vorbitorul consideră că sunt lucrurile pe care le înţelege şi percepe. În primul caz avem de-a face cu un semnificat realizat din perspectiva subiectului cunoscător, iar în a doua situaţie – cu un semnificat fundamentat pe lucrul cunoscut.

În ambele cazuri vorbim despre o creaţie a subiectului vorbitor, dar distincţia provine din accentul care se pune pe adevărul celor spuse. După cum am mai menţionat, această distincţie se bazează pe cei doi poli în jurul cărora se soluţionează o teorie a cunoaşterii şi, prin urmare, o teorie a sem-

[90] Dik, 1979.

nificatului: pe de o parte, subiectul cunoscător şi, pe de altă parte, obiectul cunoscut. Accentul pus pe un pol sau pe altul produce această distincţie care se reflectă în semnificatele istorice ale unei limbi.

Distincţia este percepută de către vorbitori, care o realizează în vorbire. Cu toţii cunoaştem discuţiile care se poartă pe marginea trăsăturilor lucrurilor: dacă, în concluzie, acestea sunt bune sau rele, noi sau vechi, periculoase sau nu, temporare sau permanente, recente sau nu, probabile sau improbabile etc. Este indiscutabil faptul că în anumite situaţii vorbitorii acceptă cele spuse ca rezultat al identităţii persoanei care emite o afirmaţie, şi nu ca un aspect verificabil. Limba a creat inclusiv sisteme, de asemenea lingvistice, de adăugare a obiectivităţii la aprecierea individuală subiectivă. Este cazul adjectivelor referitoare la vârstă, care se dovedesc insuficiente pentru designarea unei realităţi obiective. Astfel, dacă spunem în limba engleză:

17. He is old.

Nu spunem, în realitate, nimic concret. Interpretarea pe care o putem face, „he is of advanced age", este, de fapt, o interpretare care se realizează în lipsa unei specificări ulterioare. După cum afirmă Coşeriu[91], vorbitorii caută întotdeauna să interpreteze cele spuse, chiar şi atunci când consideră la început că este o expresie necorespunzătoare lucrurilor, fapt care nu se aplică însă aici. Mintea umană caută o explicaţie şi, găsind una care să se poată aplica situaţiei prezente, nu îşi pune alte întrebări. Expresia din exemplul de mai sus semnifică *de vârstă înaintată*, deoarece, în caz contrar, existenţa expresiei nu ar avea sens. Toată interpretarea unei expresii lingvistice se bazează, după cum afirmă Coşeriu, pe princi-

---

[91] Coşeriu, 1992.

piul încrederii[92], pe principiul că toţi vorbitorii spun adevărul şi că, prin urmare, este necesară căutarea unei interpretări a celor spuse. Expresia în sine este nedeterminată şi doar prin expresiile adiţionale ne putem fixa obiectul designat. Acestea ne sunt furnizate de către limbă prin specificarea dimensiunii arbitrare, inventată sau nu în comunitatea lingvistică, dar acceptată de către aceasta. Este cazul lui:

18. He is ten years old; he is seventy years old.

Old rămâne în acest caz definit aşa cum este: o dimensiune deschisă semnificaţiei aplicate în mod subiectiv de individul care vorbeşte.

Această specificare ulterioară a dimensiunii denotate de către *old* a reprezentat un aspect controversat în semantică, ajungând să fie interpretat ca o resursă proprie adjectivului, o resursă proprie categoriei adjectivului, fiind susceptibilă de a se aplica tuturor adjectivelor prin natura lor adjectivală. În realitate, este o resursă proprie adjectivului, dar nu prin faptul că este adjectiv, o dimensiune deschisă semnificaţiei, cât prin faptul că, prin natura adjectivală, manifestă o stare de lucruri creată sau recreată de către subiectul cunoscător. Acesta necesită o specificare ulterioară pentru ca starea de lucruri să fie uşor interschimbabilă ca o realitate obiectivă. Limba însăşi se loveşte de o dificultate şi oferă mijloacele pentru a o depăşi.

Această problemă, care este strâns legată de structurarea semnificativă a lexemelor, care se descoperă subiectului cunoscător, a fost interpretată ca manifestare a naturii adjectivelor în calitate de elemente de semnificaţie variabile. Problema gradualităţii adjectivului, pe de o parte, şi a aşa-numitelor *linking constructions* menţionate de Aarts şi

---

[92] Coşeriu, 1992: 145-146.

JESÚS GERARDO MARTÍNEZ DEL CASTILLO

Calbert[93], pe de altă parte, se bazează pe o concepție intelectivă a unui număr mare de adjective care reflectă creația subiectului cunoscător. Adjectivul, spre deosebire de celelalte elemente lingvistice, este în sine autonom. Nu este vorba de o realitate obiectivă. Motivul existenței acestor adjective istorice este furnizarea mijloacelor prin care subiectul cunoscător, adică vorbitorul, să poată crea realitatea.

Adjectivul din *linking costructions* ca în exemplul următor:

19. A small elephant is a big animal.

Este interpretat de Aarts și Calbert ca și cum *a big animal* ar fi un criteriu de clasificare impus de context, astfel încât *a big animal* ar reprezenta o clasă în sine[94]. Astfel, *small* ar avea un semnificat în cadrul acestei clase, fapt prin care contradicția pe care autorii menționați o identifică în acest exemplu este depășită. Interpretarea pe care lingviștii o propun, spusă cu cuvintele mele, ar fi „a small elephant is a small animal within the category of big animals"[95]. Există, așadar, o confuzie clară între planul realului și planul lingvistic și între ceea ce subiectul creează și elementele tradiționale. Elementele tradiționale în cazul semnificației obiective nu spun nimic, dar se referă la subiectul cunoscător, adică la vorbitor, astfel încât adevărul celor spuse este adevăr în măsura în care este spus de persoana care îl creează. Nu are sens să ne gândim că limba tradițională oferă soluții tradiționale unor cazuri ca acesta. Vorbitorul este cel care creează acest semnificat și care îi dă sens. Și vom vedea cum.

---

[93] Aarts et Calbert, 1979: 28-29, 139.

[94] Aarts et Calbert, 1979: 28-29.

[95] Nu îi confer parafrazării o valoare superioară echivalențelor în designare (Coșeriu, 1987: 194). Explicațiile pe care le voi oferi de acum înainte prin intermediul parafrazărilor nu pretind să fie definiții exhaustive, ci explicații ale aspectului expus în fiecare caz.

Dimensiunea deschisă pe care o denotă adjectivul este, pentru Rusiecki, în specificarea acesteia prin intermediul resurselor lingvistice, o chestiune de uz. Uzul, spune Rusiecki, este răspunzător pentru faptul că *old* se poate specifica, la fel ca multe alte adjective. În timp, s-ar putea specifica și alte adjective precum *short*, spunând *How short is it?* în același mod în care spunem *How tall is it?*. Pentru Rusiecki, aceasta este o chestiune de creație ad hoc și de acceptabilitate[96].

Adjectivul este poate elementul care reflectă cel mai bine creația subiectului cunoscător, care creează realitatea în modul cel mai favorabil și cel mai potrivit fiecărui moment. Acestea se aplică în special adjectivului subiectiv pe care îl explicăm.

Din punct de vedere intelectiv, transformarea aspectelor percepute în cuvintele unei limbi evidențiază modul imprecis de semnificare a unui element tradițional, a unui semnificat al unei limbi, mai exact pentru a îl înțelege ca act de intelecțiune. Semnificatele unei limbi, conținuturi de conștiință, nu pot fi fixe. Acestea sunt etichete tradiționale, astfel încât vorbitorul individual, ca utilizator al limbajului, este creator de semnificate, semnificate unice care se manifestă o singură dată în actul vorbirii, care se pot aplica aspectelor conveniente și în modalitatea considerată oportună. Ascultătorul, care este un vorbitor cu un grad identic de semnificație ca locutorul, știe aceste chestiuni și caută să interpreteze până consideră semnificația potrivită circumstanței unice în care vorbitorul și ascultătorul se desfășoară.

Un semnificat tradițional ca *old* este aparent un element perfect definit care se aplică unei clase semantice determinate. În realitate, este un element virtual, un element care facilitează acțiunea minții umane de a concepe, recrea și structura lumea care înconjoară ființa umană. În acest sens,

---

[96] Rusiecki, 1985: cap.1.

considerăm ilustrativă concepția pe care Ortega y Gasset o are despre om:

Coexistență actantă a mea sau a eului meu cu circumstanța sau cu lumea[97].

Sau concepția deja comentată a lui Coșeriu referitoare la ființa umană ca ființă liberă și istorică[98].

Ceea ce am afirmat despre *old* se poate aplica unui număr destul de ridicat de adjective. În continuare, capitolele 5, 7, 9 și 11 vor fi dedicate prezentării unui exemplu reprezentativ din fiecare câmp lexical a cărui semnificație o putem designa ca subiectivă. Pentru a avea o idee clară, consider că este necesară mai întâi realizarea unei introduceri ierarhice a semnificației.

4.2. Structurarea semnificației subiective a adjectivului

După cum am văzut, un adjectiv poate conferi o semnificație subiectivă sau obiectivă. În cadrul semnificației subiective, avem adjective abstracte și adjective concrete. În cadrul semnificației subiective abstracte există adjective și câmpuri lexicale structurate în funcție de trei dimensiuni: *intellection, occurrence* și *valuation*. În cadrul semnificației concrete subiective nu există dimensiuni de structurare, ci mai degrabă câmpuri lexicale libere. Între acestea se numără adjectivele care exprimă vârsta, din rândul cărora am oferit deja un exemplu, adjectivele care exprimă locația, mișcarea, direcția, poziția și adjectivele relaționate cu vremea. Putem reprezenta structura semnificației subiective după cum urmează:

---

[97] Ortega y Gasset, 1992 [1984]: 46 [Traducere proprie].
[98] Coșeriu, 1985: 23; 1988: 70.

Subiectul cunoscător		
Intellection		
Occurrence		
Event:		
actuality		
Valuation		
Abstract		
Concrete		

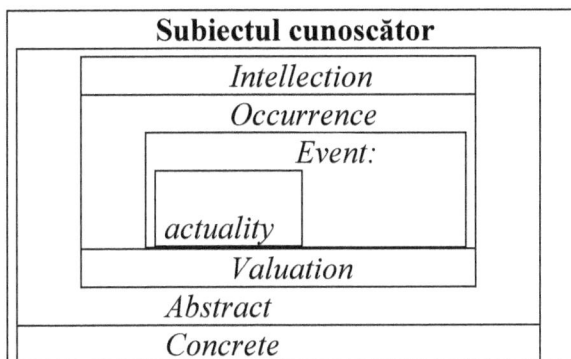

Relația semnificativă denotată de adjectivele subiective este distinctă, depinzând de caracterul semnificației fiecărui adjectiv. Unele adjective sunt abstracte, altele concrete, iar între cele abstracte, unele sunt în mod evident instrumentale, iar altele denotă semnificații care implică concepte anterioare care există în limbă ca semnificate independente. Unele au de a face cu creația propriu-zisă de semnificate, iar altele cu concepte precum cele pe care le-am numit *occurrence* sau *valuation*. Toate acestea se află în funcția parametrilor cognitivi pe care i-am semnalat mai sus (2.5.1., 2.5.2. și 2.5.3.). Semnificația dată este distinctă în fiecare caz, depinzând de modul în care semnificația este concepută de subiectul creator.

În cele ce urmează, voi continua analiza caracterului subiectiv al adjectivelor, semnalând câmpul lexical în care au fost încapsulate și modul în care fac referire la subiectul cunoscător. La ceilalți parametri ai semnificației, care sunt abstracți sau concreți, instrumentali sau care utilizează alte concepte anterioare, voi face referire aici în măsura în care servesc explicației caracterului subiectiv al semnificației conferite.

5

SEMNIFICAȚIA ABSTRACTĂ STRUCTURATĂ ÎN FUNCȚIE DE DIMENSIUNEA *INTELLECTION*

5.1. Adjective ale intelecțiunii

Există trei dimensiuni de structurare a semnificației subiective abstracte a adjectivelor: dimensiunea *intellection*, dimensiunea *occurrence* și dimensiunea *valuation*. Cu alte cuvinte, avem de-a face cu adjective și câmpuri lexicale care servesc structurării realității, contribuind la făurirea, înțelegerea sau structurarea acesteia în funcție de niște parametri determinați, care sunt dimensiunile menționate mai sus. În cadrul primei dimensiuni identificăm un câmp lexical pe care l-am numit câmpul adjectivelor de intelecțiune.

5.1.1. Adjectivul *clear*

Adjectivul *clear* aparține câmpului lexical al *adjectivelor de intelecțiune* și denotă o stare de lucruri care face aluzie directă la subiectul cunoscător. Vorbitorul care utilizează acest adjectiv indică, deși nu exprimă în mod direct, faptul că aspectul la care face referire este cum este, deoarece așa îl vede el. Spre exemplu:

20. In order to have a clear idea of the situation involved, let us say that...

Acest adjectiv nu denotă o stare de lucruri care să poată fi descrisă în sine. Este o stare de lucruri al cărei adevăr sau lipsă de adevăr face referire la persoana care îl utilizează. Astfel, în mod concret, acest adjectiv își extinde semnificația asupra subiectului care cunoaște și descrie o stare de lucruri, făcând aluzie la acest element în semnificația sa. Adjectivul apare în expresii precum:

21. It is clear to me; it is clear enough; it is really clear; it is totally clear; it is conclusively clear; it is definitely clear; it is evidently clear; it is amazingly clear; it is depressingly clear.

Aceste expresii și multe altele care pot fi reunite aici indică faptul că baza intelectivă a adjectivului este denotarea unei situații create ca atare de persoana care vorbește sau care cunoaște, adică de subiectul creator al expresiei. Expresiile adverbiale care acționează ca intensificatoare ale adjectivului nu fac altceva decât să emfatizeze participarea subiectului creator al expresiei, fiind astfel acceptat și de către ascultător.

Ultimul element intensificator al lui *clear* pe care l-am semnalat, *depressingly*, este în special ilustrativ. Chiar dacă nu îi lipsește ironia și chiar dacă a fost preluat dintr-un limbaj informal, apariția sa alături de *clear* este semnificativă. De ce este *clear* modificat de *depressingly* dacă sunt două concepte diametral opuse care aparțin, din punctul de vedere al semnificației lexicale, unor câmpuri între care nu există o conexiune posibilă, aplicându-se unei situații? Foarte simplu: *clear* indică perspectiva subiectului cunoscător cu referire la o situație dată. *Depressingly* nu modifică situația descrisă a cărei concepție este considerată *clear*, nici nu se aplică situației, ci modifică şi se aplică celui care cunoaşte şi, prin urmare, celui care creează această situație. În calitate de subiect uman, vorbitorul sau subiectul cunoscător poate vedea o situație ca fiind deprimantă pentru el. Totuşi, din punct de vedere sintactic, acest modificator este un atribut[99] (complement, după termenul folosit în gramaticile englezeşti) al acestei situații. Este evident faptul că semnificația lui *clear* se revelează subiectului cunoscător. S-ar putea aduce contraargumente împotriva utilizării acestui modificator, utilizare nesemnificativă pentru ceea ce reprezintă combinația specifică a lui *clear*. De fapt, nu este semnificativă. Dar această utilizare ne indică modul în care funcționează sau în care poate funcționa adjectivul, inclusiv în discursul cel mai informal.

În realitate, dacă analizăm din punct de vedere intelectiv elementele din exemplul dat, vom identifica:

a) un obiect al unei rostiri al adjectivului *clear,* în exemplul dat este vorba de *situation;* acesta se referă în mod special la obiecte semantice complexe; *situation* este o stare de lucruri a cărei structură de semnificație implică elemente diferite care formează situația menționată; nu este o stare de lucruri pe care să o putem califica drept simplă, ci implică o serie de relații de semnificare combinate între ele;

b) un element care specifică sensul realizat de adjectiv, *idea* în exemplul nostru; acest element, care în exemplu este chiar nucleul sintactic al adjectivului şi la care ne-am putea gândi ca fiind elementul cel mai important având în vedere faptul că, din punct de vedere sintactic, este nucleul sintagmei în care apare adjectivul *clear*, reprezintă o simplă specificare a as-

---

[99] Potrivit organizării sintactice a limbii spaniole [N. trad.].

pectului pe care îl denotă *clear;* nu este nici mai mult nici mai puțin un element esențial, ci o specificare a semnificației conferite de adjectiv;

c) aportul generic al adjectivului, adică aportul lipsit de specificații; acesta constă în relația obiectului specificat, *idea,* cu obiectul semantic selectat a) și subiectul cunoscător d); aportul menționat apare implicit în combinație, fapt datorită căruia *idea* își obține semnificația în cadrul combinației; contribuția adjectivului, fiind mai extinsă decât aspectul denotat în *clear idea,* lasă deschisă posibilitatea ca starea de lucruri denotată să se poată completa, adică să nu apară ca definitivă;

d) un subiect cunoscător care stabilește, creează situația așa cum o vede el și cum dorește să o comunice interlocutorului; subiectul cunoscător o specifică într-un sens determinat și se simte afectat de ceea ce el însuși a creat; situația creată este așa, deoarece așa o stabilește vorbitorul, iar situația denotată face aluzie la starea vorbitorului (mai ales când aceasta este modificată de *depressingly*). Acesta este fundamentul cognitiv, intelectiv al adjectivului.

Relația existentă între elementele care compun structura intelectivă a adjectivului nu este închisă. Cele patru elemente pot apărea în expresie în mod distinct, lăsând întotdeauna posibilitatea deschisă de specificare a unuia asupra celorlalte. Astfel, dacă analizăm următoarele expresii:

22. It is clear.

23. It is conclusively clear; it is definitely clear; it is evidently clear.

24. a clear idea

Conţinutul extern este întotdeauna acelaşi, iar structura intelectivă este, de asemenea, aceeaşi. Dar structura mentală a lui *clear* se extinde într-un sens sau altul, suferind modificări în structura sa externă. În exemplul 23, prezenţa subiectului cunoscător se revelează mai clar sau mai puţin clar. Totuşi, în exemplele 22 şi 24 participarea subiectului cunoscător este eludată, deşi prezentă. Exemplul 24 pune accentul pe aspectul specificat de adjectiv, adică pe componenta b) pe care am semnalat-o în structura de semnificaţie. Iar exemplul 22 este expresia neutră a aportului adjectivului, relaţia pură, ceea ce am semnalat ca elementul c) al structurii de semnificaţie a adjectivului.

Structura de semnificaţie este întotdeauna prezentă în utilizarea şi în combinaţia adjectivului. Aceasta se defineşte în mod fundamental prin participarea subiectului cunoscător. Dacă ne întrebăm care este motivul existenţei unor modificatori precum *conclusively, definitely, evidently,* vom vedea că expansiunile de semnificat ale adjectivului care au fost menţionate reflectă participarea şi sensul participării persoanei care vorbeşte, care cunoaşte. Cu alte cuvinte, de fiecare dată când utilizăm adjectivul *clear,* nu facem altceva decât să dezvoltăm capacitatea de intelecţiune a subiectului care vorbeşte, care a creat semnificaţia pe care adjectivul o poartă cu el.

Clear este, aşadar, un adjectiv abstract care contribuie la procesul de intelecţiune a realităţii realizat de vorbitor, un adjectiv cu valoare instrumentală, a cărui contribuţie este pur raţională, şi un adjectiv care reflectă participarea vorbitorului la cele spuse.

5.1.2. Adjectivul *conclusive*

Aparţinând aceluiaşi câmp lexical din care face parte şi *clear,* **câmpul lexical al adjectivelor de intelecţiune,** adjectivul **conclusive** are o structură de semnificaţie foarte interesantă. Acesta denotă o stare de lucruri înțeleasă doar de subiectul cunoscător, subiectul care, ca rezultat al cunoașterii, formulează concluzii nespecificate la început referitoare la elementele cognitive ale unei situații, dar care se pot plasa într-un context mai amplu. În exemplul:

25. The argument is the conclusive proof that he is innocent.

Starea de lucruri denotată, luând ca element de analiză combinația simplă *a conclusive proof*, implică următoarele relații de semnificare:

a) un obiect al rostirii care, în exemplul 25, este reprezentat de către *urgument*, despre care se spune că este *conclusive*;

b) un element nespecificat, care servește drept suport stării de lucruri denotate de adjectiv, fapt în virtutea căruia putem spune că este *conclusive*; *a*cesta poate și obișnuiește să apară într-un context mai general; fără el, *conclusive* ar fi o expresie golită de sens;

c) un element despre care, de asemenea, nu ni se spune la ce se referă și care este reprezentat în combinație de *proof*; ceea ce în realitate nu este specificat acum este conceput ca *proof*;

d) semnificația proprie a lui *conclusive*, care constă în relaționarea aspectului selectat a) cu ceea ce am descris în b) și c);

e) în ultimul rând, mintea care este capabilă să îl relaționeze pe b) cu c), adică subiectul cunoscător care creează și recreează starea de lucruri denotată în combinație. În realitate, sensul exprimat în combinație dobândește valoare în virtutea afirmației vorbitorului, care îl obligă pe interlocutor să verifice relația stabilită între elementele b) şi c). Utilizarea adjectivului face referire la acest element, la subiectul cunoscător; utilizarea sa nu se face la întâmplare, ci implică o explicaţie anterioară amplă care scoate în evidenţă elaborarea realizată de către vorbitor.

Din punct de vedere intelectiv, acest adjectiv reprezintă o descriere realizată pe baza relaţiilor de semnificare multiple, adică o descriere care are la bază o serie de relaţii de semnificare, implicând existenţa unei relaţii pentru fiecare semnificaţie. Acest adjectiv indică o stare de lucruri pe care o putem califica drept complexă, pe care am numit-o în alt loc *stare de lucruri abstractă*. Adjectivul indică relaţii de semnificare cu care implică mai multe componente[100].

Din punctul de vedere al formării intelective, *conclusive* şi *clear* reprezintă o descriere a unor tipuri diferite de procese abstractive. *Clear* pune mai mult accent pe subiectul cunoscător, fiind mai degrabă expresia unei atitudini sau opinii a celui care cunoaşte. *Conclusive* necesită o mai mare intervenţie a subiectului cunoscător pentru a genera expresia dorită, având la bază supoziţii exprimate în contextul mai general sau dobândite prin cunoaşterea generală. Realizând o comparaţie, observăm că adjectivul *clear* este mai subiectiv, iar *conclusive* denotă o creaţie obiectivă bazată pe un subiect capabil de relaţionare.

În concluzie, adjectivele de intelecţiune descriu relaţii stabilite de către subiecţii care vorbesc şi cunosc cu scopul de a domina lumea, adică de a înţelege realitatea.

Aparţin acestui câmp lexical adjectivele *apparent, clear, coercive, cogent, cognitive, compelling, comprensible, con-*

---

[100] După cum am menţionat mai sus, adjectivele abstracte se caracterizează, ca rezultat al lipsei de definire referitoare la capacitatea de designare, prin faptul că sunt un nod complex de relaţii de semnificare (pentru mai multe informaţii, a se vedea Martínez del Castillo, 1997 şi 1999).

*clusive, confused, confusing, decided, definite, evident, force-
ful, intelligible, muddled, obscure, obvious, plain, relevant,
understandable.*

5.2. Adjective ale compoziției

5.2.1. Adjectivul *elemental*

Spre deosebire de adjectivele analizate mai sus, adjectivul
elemental, care aparține câmpului lexical al **adjectivelor
de compoziție,** nu face aluzie la situația în care se află sau
în care se poate afla subiectul cunoscător, cum face *clear,*
nici la forța rațională a persoanei care vorbeștc. *Elemental*
face referire la opinia vorbitorului referitoare la compoziția
lucrurilor de care vorbește.

Astfel, dacă analizăm relațiile de semnificare denotate de
acest adjectiv în cadrul unei combinațiii, ca în exemplul:

26. an elemental subject

Vom observa următoarele elemente componente ale
structurii sale intelective:

a)   un obiect al unei rostiri pe care îl definim ca *subject;*

b)   un element nemenționat care constă în considerarea
aspectului definit în a) ca *subject* ca o structură com-
pusă din mai multe părți;

c)   conținutul conferit de *elemental,* care relaționează
aspectul care se aplică adjectivului a) și structura
pe care a creat-o b); acest aport este descrierea unei
relații, constituind astfel semnificația proprie a lui
elemental;

d)   în ultimul rând, subiectul cunoscător, capabil să iniți-
eze relațiile implicite din paragrafele anterioare.

Cu alte cuvinte, şi aportul adjectivului *elemental* constă în descrierea unei relaţii: relaţia pe care am semnalat-o în c). Aceasta nu ar fi posibilă fără prezenţa unor termeni precum: obiectul selectat a) şi structura proprie a obiectului selectat b).

Aportul acestui adjectiv rezidă, aşadar, în reanalizarea obiectului selectat. Îl selectăm în mod arbitrar pe *subject* (în exemplu), ne aplecăm asupra lui, îi analizăm fundamentul ca membru al clasei căruia l-am atribuit (în mod arbitrar) şi îl clasificăm în funcţie de caracteristicile globale care se presupun că sunt necesare în intelecţiunea cuvântului. Aşadar, acest adjectiv, care nu este un adjectiv de intelecţiune, consideră intelecţiunea ca un concept anterior. Cu alte cuvinte, este dominat de dimensiunea *intellection* şi denotă compoziţia obiectului selectat.

În definitiv, *elemental* este un adjectiv abstract care serveşte intelecţiunii lucrurilor lumii reale într-un dublu sens: pe de-o parte, contribuie la intelecţiunea în sine şi, pe de altă parte, adaugă o dimensiune acestei intelecţiuni, şi anume compoziţia obiectelor făurite în cadrul creaţiei de semnificate. Este un adjectiv abstract, instrumental, care nu are capacitate de designare definită şi care face referire la subiectul cunoscător. Astfel, adevărul lucrurilor designate rezidă în mod unic şi exclusiv în vorbitorul care este garantul relaţiei de semnificare stabilite.

Caracterul contribuţiei acestui adjectiv se dovedeşte distinct dacă îl comparăm cu alte adjective. De fapt, natura semnificaţiei aduse este foarte diferită faţă de semnificaţia conferită în exemple precum:

27. a deep wound

Când menţionăm un exemplu ca acesta, designăm o dimensiune obiectivă, un lucru pe care îl declarăm verificabil. Adevărul afirmaţiei depinde întotdeauna de persoana care vorbeşte, dar semnificaţia stării de lucruri pune accentul pe obiectul cunoscut în sine, pe dimensiunea obiectivă care se poate verifica. Adevărul celor spuse se află în lucrurile denotate şi, mai concret, în lucrul desemnat, constând în designare. În exemplul 26, din contră, semnificaţia creată rezidă în persoana care a stabilit obiectul semantic selectat ca având o structură determinată. Adevărul celor spuse se află în ceea ce a stabilit subiectul cunoscător, vorbitorul.

5.2.2. Adjectivul *sheer*

Probabil cel mai caracteristic adjectiv din categoria adjectivelor de compoziţie este *sheer*. În relaţia pe care o introduce, acesta se află şi semnifică obiectul semantic căruia i se aplică. De exemplu:

28. the sheer truth

Când rostim o astfel de expresie, stabilim următoarele relaţii de semnificare de tip intelectiv:

a) stabilirea unui obiect al unei rostiri, adică stabilirea unei designări, creând astfel un obiect semantic, în acest caz *truth;*

b) stabilirea unei consideraţii pe baza obiectului semantic selectat, element nemenţionat însă; această consideraţie se referă în general la structura, unitatea sau esenţa a ceea ce semnifică obiectul semantic selectat;

c) aportul semantic al adjectivului, care este o relaţie stabilită între două elemente anterioare şi elementul absent d);

d) subiectul cunoscător care creează (a), realizează (b) şi relaţionează (c).

Elementul a) nu este uniform. Orice lucru poate să fie obiect al unei rostiri în cazul acestui adjectiv. Cu alte cuvinte, în termeni lexematici, adjectivul *sheer* nu se aplică unei clase lexicale determinate. Clasemul pe care îl căutăm în acest caz va fi valabil pentru o utilizare istorică determinată, nu pentru determinarea naturii adjectivului. Pe de altă parte, elementul b) depinde totalmente de subiectul cunoscător d). Considerația potrivit căreia acesta se stabilește ca bază a semnificației se află sub autoritatea totală a naturii obiectului semantic selectat, ceea ce reprezintă capacitatea de analiză din mers a obiectului menționat, pe care o creează semnificația conferită de adjectiv. Observăm astfel exemplele pe care le oferă dicționarul Collins-Cobuild:

29. sheer luxury

30. sheer coincidence

31. sheer boredom

32. sheer silk

33. sheer stockings

34. the sheer drop

35. the sheer rock face

Considerațiile care fac posibilă semnificația acestui adjectiv, elementul b), sunt în fiecare caz distincte. Relațiile de semnificare create diferă între ele, convergând însă înspre aceeași semnificație: „abundance and pleasure" (*sheer luxury*), „no motivation at all" (*sheer coincidence*), „want of activity" (*sheer boredom*), „quality material" (*sheer silk, sheer stockings*) etc.

După cum am afirmat, acesta este rezultatul combinației adjectivului cu orice tip de obiecte semantice sau, cu alte cuvinte, crearea lui b) pe baza lui a). Și aceasta este o dovadă a ceea ce reprezintă mintea umană, subiectul cunoscător, cel care creează relaţiile de semnificare când vorbeşte, când utilizează elementele tradiţionale de expresie şi semnificare pentru a crea semnificate, scoţându-şi în evidenţă gândirea, structurile mentale.

Aşadar, adjectivul *sheer* este un adjectiv abstract. Stabileşte o semnificaţie complexă. Este un adjectiv instrumental. El serveşte intelecţiunii şi creării realităţii într-un dublu sens: pentru a o înţelege, adică pentru a crea unele lucruri spre deosebire de altele, şi pentru a relaţiona lucrurile deja create cu o consideraţie determinată, fapt prin care se creează un obiect semantic nou, chiar dacă acesta serveşte doar îndeplinirii intereselor de moment ale vorbitorului.

În concluzie, adjectivele de compoziţie stabilesc o descriere a unei relaţii create la baza structurii obiectului semantic căruia i se aplică. Mai aparţin acestui câmp lexical adjectivele *complex, complicated, compound, elaborate, elemental, elementary, fancy, intricate, only, sheer, simple, single, sole, solo, sophisticated, varied*.

5.3. Adjective ale înţelegerii

5.3.1. Adjectivul *general*

Adjectivul *general*, aparţinând câmpului lexical al **adjectivelor de înţelegere**, se caracterizează prin lipsa sa de definire şi prin expansiunea semnificativă multiplă care îl caracterizează.

În acord cu caracterul său abstract, *general* îndeplineşte aproape exclusiv funcţia sintactică de atribut, fiind folosit cu funcţie predicativă în mult mai puţine cazuri. *General* este un adjectiv de intelecţiune tipic. El facilitează înţelegerea situaţiilor pe care le descrie. În acest sens, nu descrie, ci relaţionează lucrurile cărora li se aplică. Astfel, serveşte din perspectivă intelectuală conceperii lucrurilor care se aplică, din punct de vedere lingvistic, și utilizării lor intelectuale în sensul dorit, fapt aplicabil în cazul de față.

General are rolul de a relaționa cele spuse cu lucruri care aparțin aceleiași clase, care fie se relaționează în context, fie se manifestă ca elemente cunoscute în funcție de cunoașterea predominantă într-un grup determinat de vorbitori. Rolul lui *general* este de a conecta părțile distincte ale unui element dat. Să vedem un exemplu:

36. The general prospects of people is to get money and live comfortably.

Într-un exemplu ca acesta observăm următoarele relații de semnificare de tip obiectiv:

a) un obiect semantic bine definit și reprezentat în exemplu de *prospects,* care constituie obiectul unei rostiri;

b) totalitatea sau clasa de obiecte semantice căreia îi aparține obiectul semantic, obiect al unei rostiri, adică cel la care s-a făcut referire în a);

c) un aspect al totalității sau al clasei de obiecte semantice căreia îi aparține obiectul semantic, obiect al rostirii, clasă de obiecte menționată în b);

d) relația de dependență pe care adjectivul *general* o stabilește între cele trei elemente anterioare, a), b) și c);

e) garantul relației menționate, subiectul capabil să stabilească relația de semnificare.

Însă, în mod concret, adjectivul *general* nu ne oferă informații specifice despre ce este și în ce constă relația pe care am văzut-o în c). Această relație este atât de generică, atât de

puțin concretă, atât de vagă, încât sunt multe obiectele se-
mantice cărora li se poate aplica. Particularitatea acestui ad-
jectiv constă în faptul că aceste obiecte semantice pot avea
un conținut semantic diametral opus, pot constitui clase se-
mantice distincte și opuse și pot fi obiecte semantice cu o ca-
pacitate de designare definită sau nedefinită, parametru pe
care l-am numit *abstract/ concret.* Adică obiectele semantice
cărora li se poate aplica *general* pot aparține unei clase sau
alteia sau pot fi definite sau vagi și nedefinite în ceea ce pri-
vește designarea lor. Vom vedea aceste aspecte în exemplele
următoare preluate din dicționarul Collins-Cobuild:

37. a woman with a general arthritic appearance

38. a general coating of dust

39. general business expenses

40. general disarmament

41. as a general rule

42. His general advice was ...

43. The statements of fortune tellers are quite general.

44. in a general sense

45. general interest

46. a general hospital

47. a general practitioner

48. the general public

49. the general manager

50. a general drudge

Adică nu există o clasă despre care să se poată spune că
general i se aplică în mod propriu. Capacitatea sa de desig-

nare este vagă sau nedefinită. Toate obiectele semantice care se pot stabili ca obiecte ale unei rostiri, mai ales atunci când capacitatea lor de designare este nedefinită, se pot combina cu *general*.

Pe de altă parte, dacă am dori să știm cui i se aplică *general*, ar trebui să ne gândim la obiecte semantice distincte de cele pe care le designează substantivele cu care se combină. *General* este adjectivul tipic care se aplică unui lucru și care designează relații de semnificare distincte de cele pe care le denotă substantivul cu care se combină. În exemplele anterioare, adjectivul se aplică persoanelor (*practitioner, public, manager, drudge*), dar nu afectează cu nimic clasa ființelor umane. Dacă se aplică unei clase de obiecte semantice, nu ne spune nimic referitor la acea clasă sau la membrii ei. Vedem, totuși, că se aplică lucrurilor care sunt relaționate cu membrii acelei clase, dar nu cu clasa în sine. În exemplele de mai sus, se aplică nu ființelor umane la care am făcut referire, ci la ceva relaționat cu ele. *General* conferă aceleași relații de semnificare în combinație cu *practitioner, public, manager* sau *drudge*.

General se aplică lucrurilor relaționate cu ființele umane (*interest*), nespunând nimic în acest sens despre lucruri. Realizează elaborări mentale pe baza unor fapte concrete (*arthritic appearance, business expenses, disarmament*) și conferă relații de semnificare distincte în fiecare caz. Se aplică lucrurilor care pot contribui la intelecțiunea a ceva (*rule, advice, sense, statement*) și creează relații de semnificare întotdeauna diferite. Se aplică inclusiv unor lucruri concrete (*coating, hospital*). Ar fi inutil să insistăm asupra faptului că se aplică unui obiect semantic definit ca propriu. Se poate aplica tuturor tipurilor de obiecte semantice, deoarece funcția sa nu este de a descrie, ci de a ajuta la înțelegerea relațiilor de semnificare pe care le poate stabili doar o minte care gândeşte. Şi le stabileşte din mers pe baza modelelor tradiţionale.

Dacă ne aplecăm din nou asupra implicaţiilor intelective pe care le-am semnalat în combinaţia adjectivului *general*, putem afirma faptul că acestea sunt complet valide. În toate combinaţiile identificăm aceleaşi relaţii de semnificare necesare pentru a îi înţelege semnificaţia: un obiect semantic căruia i se aplică adjectivul *general* şi despre care acesta din urmă nu spune nimic; totalitatea sau clasa de obiecte semantice căreia îi aparţine acest obiect semantic şi un aspect din această totalitate de obiecte. Acest aspect despre care se spune ceva este elementul cel mai instabil. Totuşi, constituie elementul pe care se bazează interpretarea. Acest aspect nu este specificat, generând astfel un grad superior de ambiguitate. Observăm, de asemenea, relaţia stabilită între obiectul semantic, totalitatea de obiecte căreia acesta îi aparţine şi aspectul selectat; şi, în ultimul rând, garantul tuturor aspectelor menţionate, subiectul cunoscător, deoarece constructul semantic este un ansamblu de relaţii de semnificare în care nu se specifică nimic.

Punând astfel problema, apar câteva întrebări. În ce constă contribuţia semantică a adjectivului *general* în combinaţia în care apare? Cum ajunge adjectivul *general* să stabilească o relaţie semnificativă? Sau, mai bine spus, care este componenta din structura de semnificaţie care conferă semnificatul?

Răspunsul este complex. Structura de semnificaţie a adjectivului *general* şi, prin urmare, structura sa intelectivă este întotdeauna aceeaşi. În acest sens, cele cinci componente ale sale sunt întotdeauna prezente. Dar acestea se caracterizează prin faptul că nu fac referire la relaţiile de semnificare concrete, ci doar la simple relaţii. Semnificaţia este creată de subiectul cunoscător. Componentele structurii de semnificaţie a lui *general* sunt în sine vagi şi indefinite. Nu reprezintă nimic stabil şi definibil în sine în calitate de component de semnificaţie. Sunt simple relaţii deschise care necesită o elaborare pe măsură ce se manifestă. Necesită participarea efectivă a subiectului cunoscător care vorbeşte şi ascultă pentru ca utilizarea sa să aibă sens.

Pe de altă parte, combinaţiile menţionate în exemplele 37-50 sunt combinaţii istorice. Cu alte cuvinte, există ca deja realizate în limbă. Ca atare, ele conferă un semnificat, conferă sens într-un sens determinat. Dar au fost create ca realizări deschise ale unui subiect cunoscător pentru a servi intereselor de moment ale unui subiect cunoscător. În acest sens, aceste combinaţii istorice şi toate celelalte combinaţii istorice servesc ca bază pentru a crea şi a recrea noi combinaţii. Astfel, ar fi inutil să încercăm să înregistrăm toate combinaţiile care s-au realizat, în special cu acest adjectiv. *General* face aluzie la subiectul cunoscător, care se converteşte în ultimul şi unicul garant de suport al relaţiilor de semnificare pe care adjectivul le poartă cu sine.

Astfel, luând în calcul toate aspectele menţionate, putem interpreta exemplele de mai sus ca „a woman whose appearance was arthritic all over her body" (37), „a coating of dust everywhere" (38), „expenses to be attributed to all branches of business" sau „unspecified expenses caused in the business" (39), „disarmament in all types of weapons" (40), „as something which is true not bearing in mind particular circumstances" (41), „his uncommitted advice was" (42), „the vague statements of fortune tellers" (43), „applied to all aspects involved in it; considering all aspects of it" (44), „interest affecting the great majority of people" (45), „a hospital dealing with usual and ordinary types of diseases" (46), „someone practising all types of activities in a branch" (47), „the great majority of people" (48), „the manager in charge with all branches of the firm" (49) şi „a worker dealing with unspecified work" (50).

Cu alte cuvinte, nu există o modalitate uniformă de a interpreta aceste combinaţii. În fiecare situaţie, este simţul lingvistic al persoanei cel care interpretează, simţul locutorului şi al interlocutorului în cadrul vorbirii cel care caută o interpretare posibilă a combinaţiei. Cu acest scop, el creează, dacă este necesar, relaţii intelective noi, bazându-se întotdeauna pe analogia cu operaţiile intelective tradiţionale, pe modele existente deja în tradiţia vorbirii din limba sa. În aceasta constă interpretarea conţinutului semantic realizată de vorbitori. Atât cel care vorbeşte, cât şi cel care ascultă caută să interpreteze cele spuse în calitate de fiinţe inteligente, adică fiinţe care sunt subiecte de cunoaştere, fiinţe care cunosc formele tradiţionale de a vorbi şi de a combina cuvintele, care cunosc elementele de semnificaţie tradiţionale, care cunosc modalitatea tradiţională de a interpreta lumea, scoasă în evidenţă de către λόγος σημαντικός, şi care recreează realitatea şi limba prin interpretarea lor inteligentă a lucrurilor şi a lumii, pe de-o parte, şi a elementelor limbii, pe de altă parte.

Adjectivul *general* este, aşadar, unul din adjectivele cele mai complexe, care, atunci când se utilizează în limbă, realizează cele mai multe relaţii de tip intelectiv. Din acest motiv, este unul dintre adjectivele cele mai dificil de interpretat în analiza semantică. Dar adjectivul *general* este un paradox, fiind, în acelaşi timp, cel mai evident pentru vorbitori. Vorbitorii nu doar că nu îl evită, ci îl folosesc frecvent. Şi aceasta nu este o pură întâmplare. *General* este adjectivul care răspunde cel mai mult şi cel mai bine finalităţii limbajului sau, cu alte cuvinte, capacităţii de a crea semnificate în fiecare moment. Vorbitorul, ca subiect al cunoaşterii, ca subiect care îşi creează propria istoricitate, nu acceptă cele realizate deja ca atare. Cele realizate deja în limbă nu răspund în majoritatea cazurilor necesităţilor creative ale subiectului. Dar cele deja făcute îi conferă, totuşi, subiectului cunoscător mijloacele şi tehnicile intelective de a crea noi semnificate, lucruri noi, realităţi noi, lumi noi.

Adjectivul *general* reprezintă, aşadar, o serie complexă de relaţii de semnificare, adică este un adjectiv abstract. Este un adjectiv de intelecţiune, în sensul în care contribuie cu semnificaţia sa la crearea şi intelecţiunea obiectelor semantice. Nu spune nimic despre obiectele semantice cărora li se aplică, ci despre cele pe care le relaţionează. Este un adjectiv instrumental. Serveşte intelecţiunii lucrurilor, relaţionându-le între ele. Este un adjectiv lipsit de capacitatea definită de designare.

Pe de altă parte, *general* este un adjectiv al înţelegerii, introducând aspecte sau consideraţii referitoare la obiectul semantic selectat care completează viziunea pe care vorbitorul o are cu privire la obiectul semantic pe care îl utilizează.

Aportul semantic al adjectivului *general* rezidă în propria sa structură intelectivă. Aceasta este compusă din relaţii de semnificare indefinite sau instabile care îşi au fundamentul în propria intervenţie a subiectului cunoscător. Toată valoarea semnificativă a adjectivului constă în operaţiile de intelecţiune realizate de vorbitor pe baza mijloacelor tradiţionale pe care le vehiculează. Întreaga valoare semantică a lui *general* se manifestă în faptul că este un adjectiv subiectiv.

5.3.2. Adjectivul *relative*

Adjectivul **relative** este reprezentativ pentru exprimarea ideii de înţelegere sau pentru introducerea unor aspecte sau relaţii de semnificare prin care se defineşte obiectul semantic într-un sens determinat. Adjectivul introduce relaţii de semnificare nu pentru a specifica într-un sens dat, ci pentru a restrânge semnificaţia obiectului semantic selectat. Acest aspect se poate observa în următorul exemplu:

51. the relative skill of beginners

Avem de-a face, din nou, cu un adjectiv care nu admite o definiţie referitoare la obiectul semantic căruia i se aplică. Obiectul semantic căruia i se poate aplica nu constituie o clasă lexicală. Vorbim mai degrabă de elaborări realizate pe baza obiectelor semantice existente. În structura sa de semnificaţie identificăm următoarele relaţii de semnificare de tip intelectiv:

a) un obiect semantic selectat ca obiect al unei rostiri reprezentat de *skill*;

b) considerarea clasei sau a totalităţii căreia îi aparţine obiectul semantic selectat a);

c) considerarea restrictivă a clasei b) şi relaţia sa cu obiectul semantic selectat a);

d) subiectul cunoscător, capabil să examineze aspectele a), b) şi c).

Considerarea restrictivă menţionată în c) reprezintă, în realitate, o dublă relaţie de semnificare. Aceasta conţine în sine considerarea clasei sau a totalităţii căreia îi aparţine obiectul semantic selectat a), pe de-o parte, şi expansiunea sa generică, pe de altă parte[101].

---

[101] Ortega y Gasset (1992 [1958]: 79) distinge două tipuri de expansiune a unui concept: expansiunea numerică sau cantitativă, care face aluzie la numărul de indivizi cărora li se aplică exemplul în chestiune; spre exemplu, *hombre* i se aplică lui Pedro, lui Juan, lui Andrés etc.; şi expansiunea generică, care face aluzie la caracteristicile esenţiale care definesc conceptul menţionat; spre exemplu, omul este liber şi istoric.

În acest aspect rezidă diferența dintre cele două adjec-
tive ale înțelegerii analizate, *general* și *relative*. Ambele
se definesc prin stabilirea unei relații pe baza expansiunii
obiectului semantic cărora li se aplică. Este aceeași relație de
semnificare realizată într-o modalitate distinctă. În cazul lui
general, vorbim de o expansiune numerică sau cantitativă[102]
pe care am analizat-o în cadrul analizei structurii de semnifi-
cație ca având două componente, b) și c). În cazul lui *relative*
vorbim de o expansiune generică, pe care am semnalat-o în
c) în cadrul analizei structurii sale de semnificație. Această
dimensiune ne determină să le includem pe ambele în câm-
pul lexical al adjectivelor de înțelegere. Mai mult, bazându-
ne pe această dimensiune, am fi tentați să ne gândim că cele
două adjective sunt antonime. Totuși, în mod real nu sunt,
deoarece reprezintă realizări ale unor aspecte distincte, și
nu ale unor poli distincți ale aceleiași dimensiuni. Datorită
caracterului individual al adjectivului *relative*, expansiunea
sa generică se aplică în sens negativ. Combinația din exem-
plul 51 trebuie, așadar, interpretată ca „the limited skill of
beginners". Cu alte cuvinte, vorbim de o abilitate, *skill*, care
nu este o abilitate în întreaga sa expansiune generică, ci un
tip de abilitate care se creează în combinație. Semnificatului
tradițional, *skill*, i se adaugă relațiile de semnificare care fac
ca acest semnificat tradițional să nu corespundă, creându-se
astfel din mers unul nou.

Pe de altă parte, *relative* nu are o capacitate definită de
designare, deși nu este un adjectiv care se poate aplica ori-
cărei clase de obiecte semantice. Se limitează la acele obiecte
semantice complexe care implică în sine un nod de relații de
semnificare realizate sau nu, adică obiecte semantice abs-
tracte. Spre exemplu, nu se spune *a relative tree*, deoarece
tree este un concept semantic cu o capacitate definită de de-

---

[102] A se vedea nota 100.

signare, care fie se manifestă, fie nu. Expansiunea sa generi-că nu poate cunoaşte o diminuare.

Aşadar, adjectivul *relative* nu adaugă relaţii de semnifi-care, dar se întoarce asupra obiectului semantic selectat, îl analizează în sine şi restrânge relaţiile care se aşteaptă să apară în sine. Este un adjectiv abstract. Reprezintă o serie complexă de relaţii de semnificare care nu fac altceva decât să se întoarcă asupra aspectelor deja realizate. Nu are o fina-litate descriptivă, nu descrie, dar relaţionează. Nu are o ca-pacitate definită de designare. Este un adjectiv instrumental. Serveşte la crearea relaţiilor care contribuie la intelecţiunea semnificatelor deja create, la nuanţarea unei stări de lucru deja create. Este un adjectiv al înţelegerii. Şi toate acestea datorită caracterului său subiectiv.

Pe scurt, adjectivele de înţelegere stabilesc o descriere pe baza unei relaţii care afectează expansiunea obiectului semantic căruia i se aplică. Aparţin acestui câmp seman-tic adjectivele *absolute, assorted, binary, complete, complete, component, comprehensive, constituent, diverse, divers, dou-ble, dual, entire, exclusive, exhaustive, far-reaching, full-scale, general, inclusive, manifold, multiple, other, outright, overall, partial, particular, quadruple, relative, respective, specific, sweeping, thorough(-)going, total, treble, total, treble, univer-sal, utter, whole, wholesale, widespread.*

5.4. Adjective ale corectitudinii

5.4.1. Adjectivul *accurate*

Seria de relaţii de semnificare semnalată în cazul adjec-tivelor anterioare se regăseşte într-un mod mai specific în cazul adjectivului **accurate,** care aparţine câmpului lexical al **adjectivelor de corectitudine**. Putem afirma că relaţiile intelective ale tuturor adjectivelor abstracte dominate de dimensiunea *intellection* sunt aceleaşi, dar diferă în modul distinct de realizare. Adjectivul *accurate* introduce concepte anterioare care trebuie scoase din context, adică din cadrul elementelor cu care se combină pentru a le putea înţelege semnificaţia. Să vedem următorul exemplu:

52. an accurate account of the facts involved

În această combinaţie care nu este reprezentată de un simplu concept, ci de un concept în a cărui elaborare au intervenit două substantive, *accurate account of facts*, putem observa următoarele relaţii de semnificare:

a) un obiect semantic selectat ca unitate a unei rostiri, reprezentat de *account* şi modificat din punct de vedere semantic şi sintactic de către *facts*;

b) totalitatea sau clasa de obiecte semantice reprezentate de *account*, care fiind modificată de *facts*, trebuie considerată ca totalitatea sau clasa de obiecte semantice *account of facts*;

c) considerarea esenţei clasei sau a totalităţii de obiecte semantice selectate;

d) relaţia stabilită de clasă, de esenţa clasei şi de obiectul semantic selectat;

e) subiectul capabil să stabilească toate aceste relaţii, subiectul cunoscător sau vorbitorul.

Cu alte cuvinte, obiectul semantic căruia i se aplică adjectivul se relaţionează în virtutea propriului conţinut semantic al adjectivului cu ceea ce este obiectul semantic în sine şi cu elementele care îl constituie, clasa şi esenţa clasei sale. Cele trei elemente se combină între ele formând o descriere care reprezintă contribuția semantică a adjectivului.

Accurate este un adjectiv abstract. Stabilește relații de semnificare în care sunt implicate unele concepte anterioare, concepte cunoscute înainte de a fi utilizat. Ceea ce face în realitate vorbitorul care folosește adjectivul este o analiză a obiectului semantic pe care îl selectează. Îl selectează, îl relaționează cu propria clasă, cu esența pe care o conferă clasa sa și, grație tuturor acestora, îl descrie ca *accurate*. Simplul fapt de a îl utiliza conferă o distincție între obiectele semantice cărora le aparține obiectul semantic: *an accurate account of facts* implică existența unor *accounts of facts* care nu sunt *accurate*. Or, după cum se poate vedea, această distincție nu se manifestă în expresie. Subiectul cunoscător o realizează în virtutea faptului că este în căutarea unui sens al elementelor combinate și în virtutea tradiției lingvistice. Adjectivul este, așadar, un nod de relații de semnificare. Și nu despre obiectul semantic selectat spune ceva adjectivul. Spune ceva despre obiectul semantic în cauză relaționat cu clasa sa și cu esența care i se atribuie în comunitatea lingvistică acelei clase de obiecte semantice.

Adjectivul *accurate* se aplică atât obiectelor semantice elaborate din mers, adică abstracte, cât și obiectelor semantice totalmente definite de tradiție. Dar adjectivul apare ca un construct indefinit. Când se aplică ultimului tip de obiecte semantice menționate, acestea obișnuiesc să fie mecanisme create de mintea umană, întocmai ca mașinile și aparatele de măsurat. Atât primele, cât și acestea din urmă au în comun faptul de a fi, într-un mod sau altul, obiecte elaborate de mintea umană. Aparent, pot fi considerate ca aparținând clasei lexicale a concretului. Dar nu acestor tipuri de obiecte semantice li se aplică adjectivul, ci elaborării mentale pe care o poartă în sine în calitate de mecanisme create de mintea umană. Astfel, adjectivul apare ca indefinit, putându-se concretiza.

Gradul de concretizare pe care acest adjectiv îl poartă cu sine depinde de elementele din care este compus propriul obiect semantic. Astfel, obiectul semantic este determinant pentru specificarea conținutului adjectivului. Să vedem următorul exemplu din dicționarul Collins-Cobuild, în care obiectul semantic aplicat adjectivului este definit de un tip de relație sintactică determinată pe care o exercită elementul determinant al semnificației obiectului semantic și, prin urmare, al elementului specificator al conținutului adjectivului:

53. Submarine-launched missiles are becoming more accurate.

Având în vedere faptul că adjectivul este pur relațional, pur abstract și că servește intelecțiunii constructului semantic, conținutul său este specificat în mod fundamental prin finalitatea acțiunii denotate de participiul *launched,* care nu reprezintă în mod propriu o expansiune semantică a verbului *launch,* dar care, în combinație cu ceea ce indică *missile,* devine specificatorul adjectivului. Prin urmare, adjectivul este, de asemenea, instrumental. Este un instrument în stabilirea unei serii de relații de semnificare de tip intelectiv.

Astfel, adjectivul *accurate* se definește prin relațiile de semnificare de tip intelectiv pe care le reflectă, operații de intelecțiune necesare în formarea sa ca element de semnificație, care se manifestă atunci când adjectivul este utilizat. Cu alte cuvinte, *accurate* se definește prin intervenția subiectului cunoscător.

Intervenția subiectului cunoscător ca element formator al acestui adjectiv se vede, de asemenea, în modificatorii care pot însoți adjectivul. Să luăm câteva exemple din Collins-Cobuild:

54. His description had been reasonably accurate.

55. Their essays tend to be grammatically accurate.

56. Her aim was devastatingly accurate.

Modificatorii adjectivului, *reasonably, grammatically* şi *devastatingly,* nu au, în principiu, nicio relaţie cu ceea ce poate semnifica adjectivul. Fiecare dintre aceştia reprezintă un tip de concept diferit, fără a cunoaşte o relaţie posibilă cu ceilalţi modificatori, şi răspunde unor perspective de intelecţiune distincte. *Reasonably* face aluzie la o serie de credinţe care funcţionează într-o comunitate lingvistică determinată; *grammatically* face referire la un tip de cunoaştere justificată, adică la o cunoaştere ştiinţifică care nu reprezintă un obiect de interes pentru ceea ce spun vorbitorii; iar *devastatingly* indică o consecinţă a unui aspect negativ, nu aspectul negativ în sine. Singurul motiv al relaţionării acestor modificatori cu adjectivul *accurate* este mintea umană, subiectul cunoscător. Acesta este capabil să utilizeze şi să modifice scopul utilizării, introducând cu exactitate perspectiva sau relaţia necesară, propriile elemente pe care le consideră corespunzătoare.

5.4.2. Adjectivul *exact*

În mod similar, adjectivul **exact** din acelaşi câmp semantic al **adjectivelor de corectitudine** stabileşte o descriere pe baza unei relaţii tripartite. Să începem cu un exemplu:

57. He had an exact idea of the problem involved.

Pentru a înţelege această combinaţie trebuie să luăm în considerare următoarele relaţii de semnificare:

a) un obiect semantic selectat ca obiect al unei rostiri, care în exemplul nostru este *idea;*

b) totalitatea sau clasa de obiecte semantice reprezenta-
tă de obiectul semantic selectat;

c) considerarea esenţei clasei obiectelor semantice
selectate;

d) relaţia stabilită între clasă, esenţa clasei şi obiectul
semantic selectat;

e) subiectul cunoscător care stabileşte relaţiile descrise.

La fel ca în cazul anterior, obiectul semantic căruia i se
aplică adjectivul *exact* este relaţionat în virtutea propriului
conţinut al adjectivului cu clasa sa şi cu ceea ce se înţelege
prin esenţa acestei clase în comunitatea lingvistică. Contri-
buţia adjectivului rezidă în realizarea unei descrieri pe baza
unei relaţii, pe baza a trei elemente relaţionate între ele, de-
scriere care devine posibilă graţie unei minţi capabile să sta-
bilească o astfel de relaţie. Fără intervenţia minţii umane în
momentul combinaţiei adjectivului respectiv, semnificaţia
sa ar fi golită de sens.

Adjectivul apare astfel ca suport de relaţii de semnificare.
Este un indicator al relaţiilor de semnificare care obişnuiesc
să se realizeze în comunitatea lingvistică căreia îi aparţine
respectivul adjectiv în calitate de element istoric şi comun.

Adjectivul este un adjectiv abstract, suport al relaţiilor
de semnificare nerealizate, dar care trebuie realizate pentru
a se converti în element de semnificaţie. Adjectivul selec-
tează un obiect semantic şi creează relaţii de semnificare în
jurul conceptelor relaţionate cu obiectul semantic, dar care
sunt, în principiu, anterioare. Un vorbitor care selectează
un obiect semantic determinat cunoaşte ceea ce reprezintă
acest obiect selectat, ce constituie clasa şi esenţa sa.

Exact este un adjectiv instrumental. Serveşte la încapsu-
larea relaţiilor de semnificare care, existând în limbă ca sem-

nificate ale unor cuvinte distincte, se creează din mers într-o relație. Este un adjectiv care serveşte structurării realității zilnice, structurării pe care vorbitorul o necesită pentru a crea semnificate, semnificate care vor exista în exact acest moment, în exact aceste circumstanțe şi în acest context, şi care nu vor mai exista altădată. Astfel, adjectivul *exact* se poate aplica atât concretului, cât şi abstractului. Se spune:

58. the exact time

59. the exact place

Adjectivul nu se aplică nici lui *time* şi nici lui *place*, ci relațiilor de semnificare generate cu scopul de a selecta clasa de obiecte semantice menționată. Când spunem *exact time* nu facem aluzie la ceea ce reprezintă *time*, ci la esența sa, la concepția istorică în calitate de ceva care se desfăşoară într-o succesiune. Iar când spunem *exact place*, de asemenea, nu vorbim despre *place*, ci despre relația care se stabileşte cu subiectul vorbitor[103]. Aşadar, definiția clasei de obiecte semantice cărora li se aplică adjectivul rămâne condiționată de acest tip de relații de semnificare. *Exact* nu se aplică tuturor; clasemul său trebuie căutat în ansamblul de relații de semnificare pe care le denotă. Dar aceste relații de semnificare facilitează posibilitatea aplicării unor noi constructe semantice, având în vedere faptul că acestea au de a face cu relațiile, iar relațiile sunt create de către mintea umană, cea care este capabilă să convertească un obiect tradițional

---

[103] Conceptul de *timp* a fost abordat în general în studiile lingvistice ca o universalie lingvistică concepută ca o curgere, fiind compusă din trei părți: prezent, trecut şi viitor. Într-un mod asemănător a fost tratat şi conceptul de *spațiu*. Această greşeală a fost comisă inclusiv de lingvişti care, asemenea lui Whorf, au descoperit că timpul şi spațiul nu există în alte comunități istorice. Nu abordăm aici definița timpului şi a spațiului. Preluăm concepția istorică a acestora, a unei comunități istorice, reflectată în ceea ce numim limba sa.

bine definit prin intermediul capacităţii sale de designare în obiect al unei rostiri cu o relaţie semnificativă distinctă.

Aşadar, baza nodului de relaţii de semnificare dezvoltate de *exact* rezidă în capacitatea minţii umane de a căuta în fiecare moment în tezaurul de semnificaţii ale unei limbi relaţia de semnificare pe care doreşte să o exprime. Semnificaţiile sunt reprezentate de obiectele semantice şi de modalitatea de a le combina cu scopul de a crea altele. *Exact* este un adjectiv subiectiv.

Pe scurt, adjectivele corectitudinii reprezintă o descriere realizată pe baza relaţiei stabilite între obiectul semantic căruia i se aplică acestea şi clasa şi esenţa clasei căreia îi aparţin. Fac parte din acest câmp lexical adjectivele: *accurate, all right/ alright, opposite, appropriate, approximate, apt, correct, defective, exact, exacting, faulty, fit, fitting, flawed, flawless, perfect, precise, spotless, suitable.*

5.5. Adjective ale distincţiei

5.5.1. Adjectivul *different*

Adjectivul ***different***, care aparţine câmpului lexical al adjectivelor de ***distincţie,*** câmp lexical al adjectivelor abstracte, instrumentale, dominate de dimensiunea *intellection*, reprezintă, de asemenea, o descriere realizată pe baza unei relaţii. *Different* face şi el referire la obiectul semantic aplicat clasei sale, dar vizează unitatea pe care el însuşi o constituie. După cum se vede, introduce un nou concept în semnificaţia pe care o conferă, conceptul de unitate. Este un adjectiv care implică conceptul de unitate în calitate de concept anterior semnificaţiei conferite. Să vedem un exemplu:

60. It is different.

Relațiile de semnificare de tip intelectiv necesare pentru intelecțiunea combinației sunt următoarele:

a) un obiect semantic dat, cu expresie proprie în limbă sau pentru care limba nu are cuvinte, obiect selectat ca obiect al unei rostiri; în exemplu, acesta este reprezentat de *it;*

b) totalitatea sau clasa de obiecte semantice reprezentate de obiectul semantic selectat, de obiectul semantic descris în a);

c) considerarea unității[104] create la baza obiectului semantic selectat; acest aspect poate fi tradițional, adică obiectul semantic selectat poate fi designat de un cuvânt care designează o unitate în sine (caz care, din punct de vedere sintactic, se reflectă în substantivele numărabile) sau poate fi o considerare a unității create în propria combinație; este cazul din exemplu, care nu știm la ce face referire în realitate;

d) relația stabilită de adjectiv între obiectul semantic selectat, clasa sa și considerarea unității constituite, adică între a), b) și c);

e) subiectul cunoscător care este garantul acestor relații de semnificare de tip intelectiv.

Acest adjectiv, care din punct de vedere sintactic este însoțit de o restricție care constă în utilizarea obligatorie (când își manifestă structura de semnificație totală) a prepozițiilor *to/ from,* ne revelează mult mai ușor acest nod de relații de sem-

---

[104] Când vorbesc aici de *unitate* mă refer la „*considerarea unității*", fapt prin care nu pretind să pun un semn de egalitate între aspectele pe care le-am menționat și ceea ce limba înțelege prin conceptul de *unitate.* Aici vorbesc despre relațiile de semnificare care nu au fost lexicalizate, nuanțe de semnificat care se manifestă și se creează în cuvinte atunci când sunt folosite.

nificare. Când adjectivul se utilizează cu o semnificaţie completă, necesită specificarea relaţiei dintre a), b) şi c), făcând referire la d), la persoana care creează relaţia menţionată, adică subiectul cunoscător. Astfel, avem exemple precum:

61. His methods are different to mine.

62. This idea is a bit different from the idea explained before.

Different este, aşadar, un adjectiv care implică în sine cunoaşterea unui concept anterior, considerarea unităţii şi a conceptului de clasă, concept fără de care nu se poate forma. Este un adjectiv care, ca toate adjectivele abstracte, formează din mers relaţii de semnificare în realizarea discursivă, un adjectiv care scoate în evidenţă participarea subiectului cunoscător.

În concluzie, este un adjectiv abstract. Nu defineşte în mod direct obiectul semantic selectat, ci introduce o dublă considerare a clasei sale şi a sa, în calitate de unitate a clasei sale. Este un adjectiv instrumental. Serveşte la crearea de noi relaţii de semnificare şi contribuie la intelecţiunea realităţii şi a lumii. Este un adjectiv a cărui valoare semnificativă face referire la subiectul care realizează relaţiile în cadrul cărora adjectivul reprezintă cauza.

5.5.2. Adjectivul *even*

Observăm un tip de structură de semnificaţie asemănătoare în cazul adjectivului *even* al aceluiaşi câmp lexical al **adjectivelor de corectitudine.** *Even* introduce o relaţie de semnificare foarte asemănătoare cu ceea ce am numit *considerarea unităţii.* Pe de altă parte, relaţia de semnificare referitoare la considerarea clasei căreia îi aparţine obiectul semantic selectat este mai puţin directă. Să vedem un exemplu:

63. Even opportunities for all.

Într-un construct care conține acest adjectiv, observăm următoarele relații de semnificare de tip intelectiv:

a) un obiect selectat ca obiect al unei rostiri, căruia i se aplică conținutul adjectivului;

b) totalitatea sau clasa de obiecte semantice reprezentate de obiectul semantic selectat; aceasta trebuie înțeleasă ca o considerare la care se raportează obiectul semantic;

c) considerarea obiectului semantic ca unitate; pentru a crea această considerare, trebuie să se țină cont de faptul că obiectul semantic este membru, deși generic, al unei clase;

d) relația care unește obiectul semantic a) cu clasa sa b) și cu considerarea unității c);

e) subiectul cunoscător care stabilește, în realitate, respectiva relație d) și care creează relațiile de semnificare anterioare.

Semnificația conferită de adjectivul *even* poate să apară ca distinctă atunci când obiectul semantic căruia i se aplică este numărabil sau nenumărabil, la singular sau la plural. Când apare la plural:

64. The odds are even.

Relațiile explicate, mai ales considerarea obiectului semantic selectat ca unitate, sunt clare. Este ca și cum am spune „the odds have been counted and they are even, so that we can divide them by two". Expresia este înțeleasă în mod asemănător cu:

65. even numbers

Când obiectul semantic selectat este la singular, relaţia pare puţin distinctă. În exemplul:

66. an even football game

Considerarea unităţii pe care am semnalat-o pare mai difuză. Aceasta trebuie înţeleasă la nivel intern în relaţie cu însuşi obiectul semantic, indiferent dacă acesta este constituit din mai multe părţi sau dacă este considerat ca având mai multe părţi fără să le aibă însă. În acest caz, considerarea totalităţii sau a clasei de care am vorbit mai sus în cadrul analizei structurării intelective, b), trebuie înţeleasă în contextul totalităţii obiectului semantic considerat în sine, adică în propria sa configurare, reală sau fictivă. Cum în exemplul dat *game* poartă cu sine posibilitatea ca unul dintre jucători să se ridice deasupra celuilalt, a vorbi despre *even game* semnifică „even chances for both contenders". Relaţia pe care în cadrul analizei relaţiilor de semnificare intelective am numit-o *considerarea unităţii* este, aşadar, prezentă într-o formă distinctă. Un exemplu mai clar este, probabil:

67. an even surface

Am putea interpreta acest exemplu ca „a surface with no posible alteration or roughness in itself". Considerarea unităţii este mai difuză aici. Ea trebuie interpretată ca o considerare a existenţei sale în calitate de obiect semantic ca atare, considerarea lui *surface* ca *surface*.

Indefinirea capacităţii de designare este caracteristica definitorie a lui *even*. *Even* se aplică atât obiectelor semantice nedefinite, cât şi celor care au capacitate de designare. Dar când îl aplicăm acestora din urmă, în realitate, nu îl aplicăm obiectelor semantice menţionate, ci considerărilor stabilite în jurul lor. Astfel, dicționarul Collins-Cobuild culege două utilizări din limbajul informal cu interpretări care aparent pot fi distincte:

68. I'll give you ten pounds and then we're even.

69. He'd sworn at me and I'd sworn at him. Now we were even.

Baza unică de interpretare a acestor două exemple rezidă în faptul că ambele sunt impuse de relațiile mentale. În primul exemplu, *even* indică anularea unei datorii financiare între cei doi interlocutori; în cel de-al doilea exemplu, înțelegem că a existat o ofensă reciprocă. Așadar, semnificația nu este identică, există doar niște relații intelective de considerare a unității. Dar considerarea unității de care vorbim în acest caz este total alterată. Aceasta trebuie concepută ca unitatea pe care interlocutorii din fiecare exemplu o formează între ei. Adjectivul ni se aplică în exemplul 68 ție și mie, iar în exemplul 69 – lui și mie. Considerarea unității, în oricare dintre sensuri, ca făcând referire la clasa căreia îi aparține obiectul semantic, referire fără de care ar fi imposibil să stabilim această considerare a unității, este baza pentru ca adjectivul *even* să genereze o relație de semnificare care stabilește o distincție față de alt sau alte obiecte semantice nenumite. Adică referirea la obiectul semantic cu privire la constituirea unității în cadrul clasei este baza pentru a spune ceva distinct despre sine în comparație cu celelalte obiecte din clasă.

Așadar, *even* este un adjectiv abstract. Nu spune nimic despre obiectul semantic căruia i se aplică, dar generează relații de semnificare în jurul lui. Este un adjectiv instrumental. Servește relaționării, creării de noi relații de semnificare pentru a ajuta la înțelegerea realității.

Pe scurt, adjectivele de distincţie stabilesc o descriere pe baza relaţiei pe care am numit-o *considerarea unităţii.* Aparţin acestui câmp lexical adjectivele *alike, analog(ue), analogous, contrasting, different, dissimilar, distinctive, distinct, equal, even, evens, identical, same, similar, uniform.*

5.6. Adjective ale exprimării

5.6.1. Adjectivul *vague*

În cadrul semnificaţiei abstracte a adjectivelor şi dominat la rândul său de dimensiunea *intellection,* se află câmpul lexical al **adjectivelor de exprimare.** Unul dintre membrii acestui câmp lexical este adjectivul *vague,* pe care îl vom analiza în cele ce urmează. Acest adjectiv se întoarce înspre adevărul[105] obiectului semantic căruia i se aplică. Să vedem un exemplu:

70. vague instructions

Ca toate adjectivele abstracte, *vague* nu spune nimic referitor la ceea ce selectează ca obiect al unei rostiri, dar ştim că realizează o selecţie a unui obiect pentru a îl relaţiona din starea prezentă cu însuşi adevărul obiectului selectat. Aceasta nu se poate realiza fără considerarea clasei căreia îi aparţine obiectul semantic. În combinaţia din exemplu observăm următoarele relaţii de semnificare de tip intelectiv:

a) selectarea unui obiect al unei rostiri; în exemplu, acesta este reprezentat de substantivul *instructions;*

---

[105] Ca şi în cazul esenţei, când vorbesc aici de adevăr, nu vreau să fac aluzie la semnificaţia sa în cadrul unui sistem filosofic determinat. Mă refer la ceea ce se înţelege în cadrul comunităţii lingvistice, manifestat în semnificat.

b) totalitatea sau clasa de obiecte semantice căreia îi aparține obiectul semantic selectat;

c) adevărul sau ceea ce se înțelege prin respectivul obiect care aparține unei totalități sau clase de obiecte semantice;

d) relația stabilită de conținutul semantic al adjectivului între obiectul semantic selectat, a), clasa căreia îi aparține acesta, b), și adevărul său, c);

e) subiectul cunoscător, capabil să stabilească relația menționată între a), b) și c).

Elementul c) face referire la adevărul obiectului semantic selectat. Adică la ceea ce se înțelege ca adevăr al obiectului semantic selectat în comunitatea lingvistică. Conceptul de clasă, pe de o parte, și cel de adevăr, pe de altă parte, sunt concepte tradiționale care operează și se transmit în comunitatea lingvistică.

Elementul d) reprezintă contribuția adjectivului, dar aceasta se concretizează atât în elementul b), cât și în elementul c). Acest adjectiv face aluzie la adevărul obiectului semantic, la ceea ce se înțelege prin respectivul obiect semantic în comunitatea lingvistică.

Elementul e) este cel care, în realitate, stabilește relațiile de semnificare denotate, și nu în sens general, ci în sens real și specific. De fapt, în structura de semnificație a adjectivului, nu există nimic care să ne spună cum trebuie să interpretăm și să concepem obiectul semantic din exemplul 70, ca fiind diferit de:

71. Peter had been vague.

Sunt două interpretări distincte realizate chiar la baza elementelor de semnificație. Primul caz din exemplul 70 trebuie interpretat ca „instructions not giving specific solutions to the problems involved" sau ca „instructions not saying how to behave"; iar cel de-al doilea exemplu (71), ca „Peter had not said much" sau ca „Peter had said nothing new" sau ca „Peter did not tackle with the problem". În ambele cazuri, conceptul de „expresie a ceva" este implicit; de asemenea, avem aceleaşi elemente de semnificaţie de tip intelectiv, dar totuşi, în fiecare caz, există o interpretare distinctă. Conceptul implicit de „expresie a ceva" trebuie să facă referire la adevărul său, la ceea ce se spune despre ceea ce este ceva.

Când introducem relaţii de semnificare care acţionează doar în cadrul structurii intelective a unui semnificat determinat, definim, în realitate, obiectul semantic care se aplică într-un mod determinat. Vorbind de alte adjective, am menţionat de mai multe ori faptul că un adjectiv se foloseşte cu referire la un anumit obiect semantic, dar, în realitate, nu spune nimic despre respectivul obiect semantic. Motivul acestor aspecte rezidă în relaţiile de semnificare de tip intelectiv pe care adjectivul le introduce. Astfel, în cazul adjectivelor de exprimare, am semnalat relaţia pe care acestea o au cu adevărul, iar înainte am menţionat considerarea unităţii sau a distincţiei etc. Aceste relaţii de semnificare intelective definesc un obiect semantic nou. De aceea se poate spune în acest caz că *Peter* este *vague*. Adică putem exprima aceasta potrivit principiilor gramaticii funcţionale a lui Dik şi să expunem combinaţia *Peter/ vague* ca o restricţie asupra ceea ce este *Peter*, în următorii termeni:

Peter: what he says: vague

Vreau să subliniez că, în ciuda faptului că reprezentarea nu este cea mai adecvată, nu se spune nimic despre Peter, ci despre ceea ce a spus Peter.

JESÚS GERARDO MARTÍNEZ DEL CASTILLO

Această realitate schimbătoare în interpretarea semantică a adjectivului *vague* se realizează de fiecare dată în mod distinct, în funcție de obiectul semantic selectat ca obiect al unei rostiri, în funcție de substantivele cu care se combină. Astfel, semnalăm următoarele exemple din Collins-Cobuild:

72. Robertson made a few vague replies.

73. The terms of the agreement were left deliberately vague.

74. He was a small man with vague watery eyes.

75. She indicated where I should go with a vague gesture.

76. I've got a vague recollection of going there once as a child.

77. She had a vague idea of ...

78. My vague misery and sense of defeat.

79. I couldn't sleep for vague pains all over.

80. I realized with a vague feeling of surprise that he had gone.

81. The final letter is very vague; possibly an R or a K.

Astfel, subiectul cunoscător trebuie să relaționeze obiectul selectat în combinația cu o clasă distinctă și cu un tip diferit de adevăr sau, mai bine spus, cu o realizare a adevărului într-o manieră distinctă.

Așadar, *vague* este un adjectiv subiectiv, care face trimitere la subiectul cunoscător, având în vedere că de fiecare dată acesta trebuie să interpreteze modalitatea în care ceva se manifestă ca adevărat. Este un adjectiv abstract, fără capacitate definită de designare, dar care definește obiectele semantice cu care se combină în funcție de ceea ce este considerat oportun în fiecare caz. Este un adjectiv instrumental care intervine pentru a facilita intelecţiunea lucrurilor şi un adjectiv care presupune un proces progresiv de abstractizare, care conduce la determinarea adevărului aspectelor cărora li se aplică.

5.6.2. Adjectivul *formal*

Alt adjectiv tipic câmpului lexical al adjectivelor de corectitudine, dominate de dimensiunea *intellection,* este adjectivul *formal.* Acesta stabileşte la rândul său o relaţie care are în vedere adevărul rostirii, al obiectului semantic selectat, dar cu nuanţări proprii. Să vedem un exemplu:

82. a formal complaint

Dacă analizăm din punct de vedere intelectiv această combinaţie, observăm următoarele operaţii intelective:

a) selectarea unui obiect al rostirii, adică a unui obiect semantic elaborat care trebuie adecvat relaţiilor de semnificare denotate de adjectiv; în exemplu, acesta este reprezentat de *complaint;*

b) totalitatea sau clasa de obiecte semantice căreia i se atribuie obiectul semantic selectat;

c) gradul de adevăr conferit de adjectiv; *formal* este definit în tezaurul comun al tradiţiei ca având un grad de adevăr determinat, necesar în cazul unor acţiuni determinate;

d) relaţia stabilită de conţinutul semantic al adjectivului între obiectul semantic selectat, a), clasa căreia îi aparţine acesta, b), şi adevărul conferit de adjectiv, c);

e) subiectul cunoscător care stabileşte aceste relaţii de semnificare din punct de vedere intelectiv.

Natura elementului c) face ca adjectivul *formal* să fie mai complex decât putem deduce deocamdată. Am spus că gradul său de adevăr trebuie aplicat unor acțiuni diverse. Dar acestea, în calitate de clasă semantică, nu reprezintă întotdeauna ceea ce constituie obiectul semantic al lui *formal. Formal* se poate aplica, de asemenea, lucrurilor fizice. În acest sens, ne putem pune următoarea întrebare:

83. What is this form you have with you?

Și putem răspunde:

84. A formal complaint to the manager.

Adică obiectul semantic căruia i se aplică adjectivul este și nu este în același timp concret, material, static, în această ultimă situație generând și o întâmplare, un eveniment. Obiectul semantic este anulat în combinație cu adjectivul și este definit sau creat de către adjectiv.

Gradul de adevăr pe care adjectivul îl semnifică se schimbă, depinzând de intenția vorbitorilor, manifestată în tipul de obiect semantic selectat. În acest caz, nu contează natura obiectului semantic, adică dacă acesta indică o acțiune sau un aspect concret. Obiectul semantic este definit și creat în combinație. Există multe obiecte semantice cărora li se poate aplica adjectivul, acestea fiind mai mult sau mai puțin definite în tradiție ca obiecte proprii ale adjectivului. Dar pot exista multe alte obiecte semantice pentru care rolul vorbitorului să fie relevant în crearea lor ca obiecte ale unei rostiri a adjectivului. Adică, în cazul aspectelor sociale, toate pot fi obiecte de aplicare a adjectivului, iar în cazul aspectelor nesociale, aplicarea adjectivului este o creație a vorbitorului. Astfel, putem spune:

85. a formal approach to the problem

În acest caz, nu este stabilit faptul că abordarea unei probleme trebuie realizată într-o modalitate determinată, una dintre aceste modalităţi fiind *formal*. Vorbitorul poate crea obiectul semantic când doreşte.

Prin urmare, *formal* se poate aplica oricărui lucru concret sau abstract, evenimentelor, acţiunilor, situaţiilor etc. Astfel, putem spune:

86. formal clothes, a formal house, formal gardens, formal furniture

87. a formal farewell, a formal invitation, a formal request, a formal salute

88. formal connections, formal games

Dicţionarul Collins-Cobuild culege următorul exemplu:

89. We came out among the high buildings into a formal square.

Cu alte cuvinte, ceea ce interesează cel mai puţin este ca obiectul semantic selectat să fie într-un mod sau altul. Indiferent de trăsăturile acestuia, obiectul căruia i se aplică adjectivul se formează în combinaţie, având în vedere faptul că este vorba despre adevărul respectivului obiect semantic în calitate de obiect al unei rostiri.

Gradul de adevăr pe care îl denotă acest adjectiv este o relaţie de semnificare definită anterior, în funcţie de care obiectul semantic în discuţie se manifestă sau nu. Relaţia de semnificare menţionată face aluzie la reguli determinate acceptate cu anterioritate. Prin urmare, când se utilizează adjectivul *formal* se ţine cont de regulile şi convenţiile menţionate. Astfel, în exemplul 84 obiectul semantic *complaint* trebuie să reunească o serie de condiţii, toate cunoscute sau acceptate cu anterioritate, condiţii pe care vorbitorul le cunoaşte într-un mod mai mult sau mai puțin sigur. Aceste condiții pot fi stabilite chiar prin lege, cum este și cazul de față. Adevărul pe care îl definește acest adjectiv presupune o serie de condiții, o serie de concepte anterioare care există în limbă într-o formă sau alta.

Exemplul 89 este oarecum distinct. Probabil că nu există o normă referitoare la cum trebuie să fie o piață. Dar există o tradiție, o convenție în considerarea tipului de obiect semantic care este o piață sau o stradă. Vorbitorul îl utilizează după bunul plac, dar odată utilizat, necesită o interpretare în sensul comun în care se înțelege respectivul concept semantic. Așadar, adjectivul *formal* necesită pentru intelecțiunea sa concepte anterioare distincte care pot să existe sau nu în limbă ca semnificate lexicale.

Formal este un adjectiv subiectiv. Stabilește o relație de semnificare ce se poate produce doar dacă există un subiect cunoscător capabil să actualizeze tipurile de relații de semnificare ale adevărului, pe de o parte, și distinctele tipuri de concepte anterioare solicitate de adjectiv în combinația sa, pe de altă parte. Relația de adevăr necesită în sine prezența conștiinței umane. În caz contrar, nu ar avea niciun sens.

Formal este un adjectiv abstract. Capacitatea sa de designare este indefinită. Același adjectiv se aplică unor tipuri diferite de obiecte semantice. În realitate, adjectivul nu se aplică obiectului semantic selectat. Obiectul semantic se creează în combinație având în vedere că vorbim de denotarea adevărului acestuia, ceva care prin caracterul său cere ca subiectul cunoscător să considere obiectul semantic în cauză ca aplicându-se acestui concept înțeles doar în interiorul unei minți și de către mintea umană.

Formal este un adjectiv instrumental. Servește la intelecțiunea lucrurilor, introducând relațiile de semnificare care sunt necesare pentru a îl considera ca adevăr.

În concluzie, adjectivele exprimării stabilesc o descriere pe baza relațiilor de semnificare care relaționează obiectul semantic selectat în calitate de aspect adevărat într-un sens determinat. Aparțin acestui câmp lexical adjectivele *affirmative, allegorical, antonymous, articulate, aural, colloquial, explicit, express, figurative, fluent, formal, handwritten, implicit, illustrative, implied, informal, informal, interrogative, ironic(al), legible, linguistic, literal, metaphorical, nebulous, negative, onomatopoeic, oral, positive, printable, readable, sarcastic, satirical, stock, synonymous, tacit, type-written, vague, verbal, well-turned, written.*

5.7. Adjective ale rațiunii

5.7.1. Adjectivul *coherent*

În cadrul semnificației abstracte dominate de dimensiunea *intellection*, avem, de asemenea, câmpul lexical al **adjectivelor rațiunii** sau de **raționament**. Adjectivul **coherent** este, din punctul de vedere al structurii de semnificație de tip intelectiv, foarte asemănător cu adjectivul anterior. El relaționează obiectul semantic selectat cu propriile sale considerări, distincte de ceea ce reprezintă obiectul semantic selectat. Astfel, din punct de vedere intelectiv, participarea subiectului cunoscător este fundamentală. Să luăm următorul exemplu:

90. a coherent theory

Pentru a înțelege o expresie ca aceasta, trebuie să luăm în considerare următoarele relații de semnificare manifestate din punct de vedere intelectiv:

a) un obiect semantic selectat ca obiect al unei rostiri, reprezentat de *theory*;

b) obiectul semantic selectat, a), conceput ca obiect al cunoaşterii, ca obiect cunoscut, care renunţă la ceea ce este pentru a fi aşa cum este conceput;

c) principiile generale ale cunoaşterii, un ansamblu de învăţături sau ştiinţe care acţionează în interiorul unei comunităţi lingvistice;

d) relaţia pe care adjectivul o stabileşte prin intermediul conţinutului său semantic între a), b) şi c);

e) subiectul cunoscător care selectează aspectul care trebuie aplicat pentru ca să aibă sens combinaţia.

Specificitatea contribuţiei adjectivului ca membru al acestui câmp lexical distinct de celelalte constă în relaţia elementelor b) şi c).

Adevăratele relaţii de semnificare denotate de adjectiv depind de clasa obiectului semantic selectat ca obiect al unei rostiri, adică depind de acel obiect semantic pe baza căruia s-a realizat operaţia intelectivă a determinării.

Aportul adjectivului constă în considerarea generică a obiectului semantic ca fiind cunoscut, b), şi în relaţionarea lui cu ceea ce am numit principiile generale ale cunoaşterii. Mă refer aici la ansamblul de învăţături sau cunoaşteri care acţionează în interiorul unei comunităţi lingvistice. Acest ansamblu de cunoaşteri sau principii nu coincide întotdeauna cu ceea ce designează expresia. Vorbim de acea cunoaştere care poate să acţioneze într-o comunitate determinată sau într-un grup lingvistic determinat. Această cunoaştere este relaţionată cu ceea ce Whorf numea *metafizica unei limbi* în sens larg sau cu simpla cunoaştere a unui grup social mai mult sau mai puţin amplu. Aceasta acţionează ca o cunoaştere anterioară, ca nişte concepte anterioare, multe din ele fiind adeseori date în semnificatele lexicale ale unei limbi.

Aceste principii sunt cunoscute în respectiva comunitate lingvistică înainte de a se realiza combinaţia adjectivului cu obiectul semantic selectat sau cel puţin se manifestă ca fiind cunoscute[106]. Astfel, aportul adjectivului *coherent* rezidă în stabilirea unor relaţii de semnificare care presupun cunoaşterea anterioară. Aceasta acţionează sub forma unor principii pentru a avea sens combinaţia cu adjectivul.

Cum contribuţia adjectivului constă în relaţionarea obiectului semantic cu principiile de care am vorbit în paragraful anterior, adjectivul *coherent* nu are o capacitate definită de designare. Cu alte cuvinte, se aplică obiectelor semantice care se creează în vorbire sau în combinaţie sau se aplică obiectelor semantice care cel puţin se nuanţează în sensul de a fi puţin cunoscute, de a fi parţial obiecte ale cunoaşterii. Adjectivul nu se aplică, aşadar, clasei obiectului semantic selectat, ci transformării obiectului selectat în obiect al cunoaşterii, în obiect cunoscut. Astfel şi numai astfel se poate aplica ceea ce am numit principiile generale ale cunoaşterii.

În acest fel, îl putem aplica pe *coherent* atât persoanelor, cât şi lucrurilor. În definitiv, totul poate fi obiect al cunoaşterii şi tuturor acestora li se pot aplica principiile cerute de adjectiv. Următorul exemplu este ilustrativ:

91. a pack of coherent books

Fiind conceput obiectul semantic ca obiect al cunoaşterii, dar nu prin ceea ce designează în sine, interpretarea pe care o facem combinaţiei poate să varieze. Am putea să o interpretăm ca „a pack of books dealing with the same subject matter" sau ca „a pack of books with the same type of bin-

---

[106] Aceste principii generale nu sunt întotdeauna principii şi, de asemenea, nu sunt întotdeauna generale. În vorbirea populară a limbii spaniole se face apel la simţul comun, la credinţele sau la ansamblul de credinţe care acţionează adesea ca principii anterioare într-o expresie determinată.

ding". Adjectivul facilitează ambele interpretări, contextul şi subiectul cunoscător fiind cele care determină apoi adevăratul sens.

Aşadar, *coherent* este un adjectiv abstract. Serveşte intelecţiunii lucrurilor într-un mod caracteristic pentru mintea umană: făcându-le obiecte ale cunoaşterii. Presupune o serie de cunoaşteri anterioare. Nu are o capacitate de designare definită şi serveşte ca instrument pentru a trata, a făuri şi a concepe realitatea.

Este un adjectiv subiectiv. Vorbitorul poate transforma un obiect cu designare reală în obiect cunoscut şi poate face referire la obiectul semantic pe care îl cunoaşte şi îl aplică în calitate de subiect cunoscător.

5.7.2. Adjectivul *intellectual*

Având o capacitate mult mai mare de designare, adică mai concretă, adjectivul *intellectual* vizează, de asemenea, obiectul cunoscut şi principiile cunoaşterii. Se diferenţiază la nivel intelectiv de adjectivul anterior prin capacitatea sa de designare. *Intellectual* nu se poate aplica oricărui lucru. Să vedem un exemplu:

92. intellectual activity

Specificitatea acestui adjectiv constă în faptul că se aplică unei activităţi sau unor activităţi, definindu-se astfel pe sine în ceea ce priveşte capacitatea sa de designare. Prin urmare, *intellectual* este considerat mai concret decât *coherent*. În acest sens, este mai puţin instrumental şi cu o capacitate de relaţionare mai limitată. *Intellectual* face aluzie la un obiect semantic specific, iar relaţiile de semnificare, mai ales considerarea obiectului semantic ca fiind cunoscut, se realizează chiar în obiectul semantic. Cu toate acestea, *intellectual* nu se aplică în mod specific lui *activity*, fiind posibile relaţiile de semnificare care fac aluzie la ceea ce am putea defini ca *intellection, intellect* sau *intellectual activity.* În exemplul de mai sus putem observa următoarele relaţii de semnificare de tip intelectiv:

a) un obiect al rostirii, reprezentat în exemplu de *activity;*

b) considerarea obiectului semantic selectat ca fiind cunoscut;

c) principiile generale ale cunoaşterii;

d) relaţia pe care adjectivul o stabileşte prin intermediul conţinutului său semantic între a), b) şi c);

e) subiectul cunoscător care selectează obiectul semantic îl consideră ca fiind cunoscut şi îl relaţionează cu principiile generale ale cunoaşterii.

După cum am menţionat deja, toate aceste relaţii de semnificare sunt evidente în cazul acestui adjectiv. El are o designare definită şi este mai puţin abstract şi instrumental. Totuşi, face aluzie la principiile generale considerate ca fiind specifice cunoaşterii, aspect care este anterior şi pe care trebuie să îl cunoaştem pentru a înţelege aspectul denotat.

Pe de altă parte, adjectivul este subiectiv. Semnificaţa sa face aluzie şi se bazează pe conştiinţa celui care cunoaşte, a celui care vorbeşte. Iar faptul că se atribuie unei activităţi (aproape în mod specific) se datorează existenţei unor cunoaşteri anterioare care se dobândesc astfel.

În concluzie, adjectivele raţiunii realizează o descriere având la bază o dublă relaţie: pe de o parte, considerarea obiectului semantic ca fiind cunoscut, iar pe de altă parte, considerarea obiectului semantic în cadrul principiilor care constituie cunoaşterea în termeni generali. Aparţin acestui câmp semantic adjectivele *coherent, conceptual, intellectual, logical, mental, philosophical, rational.*

5.8. Adjective ale relației

5.8.1. Adjectivul *adequate*

O altă categorie de relații de semnificare este denotată de **adjectivele de relație**. Adjectivul *adequate* este un exemplu caracteristic. Referă o serie de concepte de tip generic care fac ca un obiect semantic să fie măsurat pe baza unor criterii pe care doar contextul sau cunoașterea generală le pot defini. Astfel, exemplul:

93. The clothes he was wearing were not adequate.

Ne indică o stare de lucruri în care obiectul semantic este relaționat cu unele concepte în funcție de care obiectul semantic este perceput în mod negativ. Dacă analizăm structura intelectivă din exemplu, obținem următoarele elemente:

a) un obiect semantic constituit ca obiect al unei rostiri; un obiect semantic care nu se definește pe sine ca specific unei combinații determinate; poate fi vorba fie de un obiect semantic concret, ca în acest caz, fie de unul abstract; nu există o definiție semantică a acestuia; adjectivul se poate aplica oricărui obiect semantic; particularitatea obiectului semantic utilizat în combinația cu adjectivul *adequate* rezidă în relațiile de intelecțiune pe care adjectivul le încapsulează și pe care le vom descrie în continuare; această selecție, ca și în cazurile anterioare, indică o operație intelectivă care reprezintă stabilirea unei determinări; pe acest ultim aspect l-am remarcat la toate obiectele semantice care se combină cu adjectivul, dar este, cu toate acestea, un aspect specific și condiționat de relațiile pe care le stabilește adjectivul;

b) o serie de concepte anterioare care se definesc în acest caz printr-un context mai amplu; când nu există adecvare, obiectul semantic poate fi foarte variat și se poate defini fie într-un context mai amplu, fie în cadrul cunoașterii generale a lucrurilor; prin urmare, conceptele anterioare de care vorbim aici nu sunt niciodată fixe, putând exista orice tip de relație de semnificare coerentă în ea însăși, astfel încât conceptele menționate variază;

c) conținutul semantic al adjectivului care, din punct de vedere intelectiv, constă în stabilirea unei relații între a) și b);

d) subiectul cunoscător care stabilește respectiva relație.

Astfel, *adequate* este un adjectiv abstract, complex, cu valoare instrumentală și servește la intelecțiunea lucrurilor sau la făurirea acestora. Este un adjectiv cu o designare indefinită și se poate combina cu diverse tipuri de obiecte semantice.

La nivel sintactic, *adequate* obișnuiește uneori să fie urmat de o sintagmă prepozițională care specifică elementul în relație cu care adjectivul își stabilește semnificația. Astfel, în exemplul următor:

94. The answer was not adequate to the question formulated.

Cunoașterea contextului mai mult sau mai puțin amplu la care face referire adjectivul se rezumă la semnificația pe care o conferă *question*.

Faptul că acest adjectiv și, în general, multe dintre adjectivele abstracte dominate de dimensiunea *intellection* se pot aplica unor obiecte semantice diferite, unor obiecte semantice care nu se definesc pe sine ca o clasă, traduce caracterul creativ al combinațiilor acestor adjective. Obiectele semantice sunt create în combinația în care apar împreună cu acest tip de adjective. Acest aspect ne vorbește, la rândul său, despre operațiile intelective care se realizează în cadrul folosirii și combinării acestor adjective.

Am putea defini obiectul semantic căruia i se aplică *adequate* ca *situation*. Dar apare întrebarea: ce reprezintă o situație din punct de vedere semantic și intelectiv?

O situație nu este altceva decât o creație a individului locutor, adică a individului în cadrul rostirii. O situație reprezintă o serie de relații de semnificare pe care vorbitorul le stabilește după bunul plac. Este o unitate stabilită la nivel mental fără a avea un fundament în lucruri. O situație reprezintă ceva la fel de subtil ca o relație stabilită pe baza lucrurilor, fără a avea alt fundament în afara faptului că se stabilește respectiva relație. O situație reprezintă un ansamblu de lucruri considerat ca atare, fără a avea alt fundament de unire în afara celui pe care îl stabilește vorbitorul. Adică, din punct de vedere semantic, o situație poate fi orice lucru, iar din punct de vedere intelectiv, este o creație semantică a obiectului semantic realizată de subiectul vorbitor.

Așadar, acestui obiect i se aplică adjectivul *adequate*. Orice lucru poate fi un obiect căruia să i se aplice *adequate*. Dar niciodată ca situație în sine, ci în virtutea relațiilor pe care le stabilește adjectivul pe baza ei.

Prin toate cele menționate mai sus se scoate încă o dată în evidență caracterul intelectiv, caracterul creației mentale specific tuturor adjectivelor abstracte, mai ales celor dominate de dimensiunea *intellection*. Sunt adjective care fac aluzie la starea mentală a vorbitorilor, adjective a căror semnificație are valoare, deoarece vorbitorul, în calitate de subiect cunoscător, creează unele relații de tip intelectiv.

5.8.2. Adjectivul *convenient*

Din acelaşi câmp lexical al **adjectivelor de relaţie** face parte şi adjectivul *convenient*. Acesta face, la rândul său, aluzie la o serie de concepte care nu sunt specificate şi care sunt incluse în relaţia pe care o stabileşte cu obiectul semantic selectat. Aceste concepte sunt nedefinite, dar nu nedeterminate. Sunt specificate de către conceptul mai amplu sau de cunoaşterea lucrurilor. Oricum, ele reprezintă concepte care funcţionează în comunitatea de vorbitori şi care obişnuiesc să fie reprezentate de cuvinte ale limbii. Pe de altă parte, adjectivul *convenient* implică alt obiect semantic care indică beneficiarul stării de lucruri denotate. Acest beneficiar nu obişnuieşte să apară în expresie, dar apare la nivel sintactic însoţit de prepoziţia *to* când adjectivul se extinde. Să luăm un exemplu:

95. Try to do the most convenient.

Dacă analizăm relaţiile de semnificare de tip intelectiv pe care adjectivul le poartă cu sine, putem evidenţia următoarele aspecte:

a) un obiect semantic lexicalizat sau nu, selectat ca obiect al unei rostiri;

b) o serie de concepte nespecificate, în relaţie cu care adjectivul îşi denotă contribuţia semantică;

c) contribuţia semantică a adjectivului, care constă în stabilirea unei relaţii între a) şi b);

d) subiectul cunoscător, capabil să relaţioneze ceea ce nu se află în adjectiv şi în contextul mai amplu sau în cunoaşterea generală a comunităţii de vorbitori;

e) cineva sau ceva care reprezintă beneficiarul stării de lucruri denotate.

Ultimul element poate să apară sau nu, dar este o relaţie de semnificare implicită şi există în structura intelectivă a adjectivului.

Tipul de obiecte semantice cărora li se aplică adjectivul este nedeterminat. Acesta se poate aplica la ceea ce numim situaţie sau oricărui alt obiect semantic. Capacitatea de designare a adjectivului nu este definită. Îl putem aplica atât lucrurilor concrete, cât şi locurilor, situaţiilor sau lucrurilor abstracte în general. Obiectul semantic selectat se defineşte în combinaţie cu adjectivul. Definiţia sa depinde de concepţia acelor principii din context care îl determină. În acest sens, nu ne interesează obiectul semantic în sine. Ne interesează doar în măsura în care este relaţionat cu adjectivul care i se aplică. Să vedem următoarele exemple:

96. This place is convenient to live peacefully.

97. This place is convenient to work.

Putem utiliza acelaşi obiect semantic pentru a verifica tipul de relaţie pe care o denotă adjectivul. În fiecare caz relaţia este distinctă. Cu toate acestea, adjectivul îndeplineşte aceeaşi funcţie, şi anume relaţionarea obiectului semantic cu cunoaşterea contextului. Ceea ce se modifică este contextul, dar funcţia adjectivului de a relaţiona obiectul semantic cu cunoaşterea distinctă, specificată în context, este întotdeauna aceeaşi. Şi nu este vorba de relaţiile de semnificare, ci de simplul conţinut semantic. Sunt relaţii de semnificare intelective, operaţii intelective pe care le realizează subiectul cunoscător.

Aşadar, adjectivul *convenient* este abstract. Stabileşte o serie complexă de relaţii de semnificare. Nu are capacitate definită de designare. Este instrumental. Serveşte la încapsularea relaţiilor, la conectarea a două lucruri cunoscute deja ca semnificate. Este un adjectiv subiectiv.

În concluzie, adjectivele de relaţie stabilesc o descriere pe baza unei relaţii stabilite între două obiecte semantice care există în limbă şi care apar în combinaţie cu adjectivul, unul în calitate de obiect semantic selectat ca obiect al rostirii, iar celălalt în context sau într-un context mai amplu. Aparţin acestui câmp lexical adjectivele: *adequate, anomalous, authentic, applied, average, balanced, beneficial, characteristic, classic, converse, conventional, convenient, contrary, contradictory, contingent, consistent, connected, conditional, complementary, comparative, comparable, discordant, dependent, deficient, fair, genuine, harmonious, haphazard, ideal, individual, normal, opposite, peculiar, representative, reverse, standard, typical, valid, vulgar.*

6

RECAPITULARE: ADJECTIVELE CARE APARȚIN DIMENSIUNII *INTELLECTION*

În analiza pe care am realizat-o adjectivelor, am semnalat o serie de relații de semnificare cu implicații intelective.

6.1. Stabilirea unui obiect al rostirii

Primul aspect pe care l-am menționat este faptul că adjectivul poate să stabilească o semnificație pe baza elementului care îl însoțește în combinație, element reprezentat în general și aproape exclusiv de substantivul de care depinde adjectivul din punct de vedere sintactic. Din perspectiva sintacticii, adjectivul depinde de acest element atât la nivel sintactic, cât și semantic. Vorbim despre faimosul argument unic al gramaticii funcționale, acesta fiind numit în mod emfatic unicul argument al adjectivului[107]. Pe acesta l-am denumit *stabilirea unui obiect al rostirii*, denumire care îmi aparține. Obiectul discuției noastre nu este faptul că adjectivul se combină în mod natural cu un substantiv care reprezintă nu-

---

[107] În câteva lucrări anterioare am demonstrat faptul că adjectivul nu are doar un argument, ci poate ajunge să aibă chiar trei argumente distincte (Martínez del Castillo, 1997: cap. 3).

cleul acestuia, de care depind genul și numărul (în spaniolă) și funcția sintactică pe care o îndeplinește. Se spune că adjectivul este un modificator al substantivului. Dar, din punct de vedere semantic, lucrurile nu stau chiar așa. La nivel semantic și la nivel predicativ, cum le place funcționaliștilor să spună, substantivul depinde de adjectiv. După cum am mai menționat, adjectivul se proiectează asupra substantivului și îl alterează, astfel încât conținutul semantic al acestuia apare ca un obiect semantic distinct. Adjectivul este elementul care introduce semnificația nucleului său în cadrul propriei structuri de semnificație a adjectivului[108].

Prezenta abordare nu se va axa însă pe aceste chestiuni. Substantivul cu care se combină adjectivul stabilește un obiect semantic în calitate de obiect al unei rostiri, fapt care reprezintă o operație intelectivă, stabilirea unei determinări pe baza obiectului semantic asupra căruia se proiectează adjectivul. Obiectul semantic există ca semnificat istoric în limbă. Combinația acestuia cu adjectivul rezidă în determinarea sa, până într-atât încât obiectul semantic rezultant este unul nou.

Una dintre primele funcții mentale este determinarea clasei obiectului semantic despre care se va vorbi, care reprezintă obiectul gândirii. După cum afirmă Coșeriu[109], semnele unei limbi sunt virtuale. Ele denotă esențe, concepte care nu se pot aplica în sine datorită faptului că sunt abstracțiuni. Limba își are mecanismele proprii pentru a orienta semnele înspre lucruri. În combinația formată dintr-un adjectiv și un substantiv, în cadrul introducerii conținutului substantivului în structura de semnificație a adjectivului, adjectivul reprezintă instrumentul lingvistic în virtutea căruia se realizează operația intelectivă a determinării.

---

[108] Martínez del Castillo, 1997.
[109] Coșeriu, 1982: 291-295.

Determinarea nu este o operaţie unică. Limba, vorbitorul se bazează pe tehnici multiple de orientare a conceptelor virtuale înspre lucrurile reale. Pentru a determina conţinutul unei expresii sau al unei combinaţii de două elemente, cum sunt adjectivele abstracte şi un substantiv căruia acestea i se aplică, limba se foloseşte de relaţii de semnificare care îşi au suportul în adjectiv. Determinarea pe care o realizează adjectivele abstracte constă în introducerea relaţiilor de semnificare, relaţii în sine, considerări, nuanţări de semnificaţie, care determină crearea obiectului semantic în combinaţie.

Fiecare relaţie de semnificare pe care o introduce adjectivul cu semnificaţia sa proprie (lexicalizată şi tradiţională) este, în realitate, o îndepărtare de ceea ce reprezintă şi constituie obiectul semantic selectat şi clasa de obiecte căreia acesta îi aparţine. Fiecare relaţie de semnificare introdusă este o determinare a obiectului semantic într-un sens specific. Ele constituie, de asemenea, o îndepărtare de ceea ce reprezintă obiectul semantic în sine (în oricare dintre exemplele date, cum ar fi exemplul 41).

Aşadar, structura de semnificaţie a adjectivelor începe cu o operaţie intelectivă, operaţie care este implicită în semnificatul istoric adus de adjectiv, în semnificatul care a fost conceput cândva de subiecţii istorici şi este acceptat astăzi în limbă ca un fapt comun.

6.2. Operaţia designării

Operaţia intelectivă a designării îndeplineşte o funcţie foarte asemănătoare cu operaţia determinării. Designarea este prima operaţie mentală care se realizează atunci când dorim să vorbim sau să gândim. Constă în selectarea lucrului din lumea reală despre care vom vorbi şi la care ne vom gândi. Fiinţa umană, în calitate de fiinţă liberă, se apropie de realitate prin intermediul simțurilor. Ea alege acea parte a realității pe care o socotește potrivită, pe temeiul adecvării. Nu există nimic în realitate care să ne spună că un lucru este într-un fel sau altul. Ființa umană, individul cunoscător, vorbitorul, subiectul care gândește, deoarece vorbește, alege în mod liber aspectul despre care dorește să vorbească. Și îl alege într-un dublu sens: mai întâi, selecționând din continuumul realității aspectul care îi convine cel mai mult; în al doilea rând, structurând aspectul ales, delimitându-l cum consideră de cuviință și analizând aspectul dorit. Funcția designării sau, mai bine zis, a stabilirii unei designații, este o operație intelectivă internă. Doar subiectul vorbitor este cel care o poate executa. Omul vorbește despre lucruri[110], deoarece lucrurile reprezintă pragmatemele sale[111]. Omul selectează și structurează ceea ce vede în realitate în virtutea capacității sale de a o cunoaște, de a o selecta și de a o structura la nivel mental, fără a întâmpina impedimente. Astfel, omul transformă realitatea în conținuturi de conștiință. Structurarea este, ca atare, dublă: este structurată realitatea interioară a conștiinței, iar pe baza acesteia, realitatea exterioară. Însă, după cum afirmă Coșeriu, sunt structurate în mod propriu doar lucrurile interne, conținuturile de conștiință sau semnificatele[112].

Operațiile de designare și determinare (6.1.) sunt distincte. Designarea rezidă în selectarea lucrurilor care, fiind interioare, trimit la realitatea exterioară. Determinarea are în vedere selectarea lucrurilor care, fiind virtuale, se aplică lucrurilor realității exterioare. Designarea se inițiază la nivel

---

[110] Coșeriu, 1992: 114.

[111] Ortega y Gasset, 2001 [1957]: 86. Pentru Ortega y Gasset, lucrurile nu au o ființă substanțială, nu există în sine, ființa lucrurilor constând în servirea eului cunoscător sau, în caz contrar, în reținerea sau deservirea acestuia.

[112] Coșeriu, 1985: 40.

conceptual şi se termină în realitate; determinarea se iniţiază şi se termină doar la nivel conceptual.

Stabilirea unei designaţii este condiţia întregii rostiri, a întregii gândiri. Ea reprezintă o operaţie intelectivă, o operaţie de abstractizare necesară pentru formarea obiectului unei rostiri[113]: se vorbeşte despre realitatea exterioară. Fără stabilirea unei designaţii nu există cunoaştere posibilă, nici limbaj, nici gândire[114].

În combinaţia unui adjectiv abstract cu un substantiv, funcţia de designare este îndeplinită de către substantiv. Fiind abstract, adjectivul se caracterizează prin indefinirea sa cu privire la designare. Prin urmare, după cum am mai explicat în cadrul analizei adjectivelor, un singur adjectiv se poate aplica aproape tuturor tipurilor de obiecte semantice. El însuşi specifică sensul în care obiectul semantic se delimitează cu privire la ceea ce designează. Prin urmare, designarea ca atare nu este o caracteristică a adjectivelor abstracte.

6.3. Stabilirea intelectivă a unei clase

Cel de-al doilea element pe care l-am semnalat în structura de semnificaţie a adjectivelor analizate a fost stabilirea unei clase sau a unei totalităţi. Aceasta este, de asemenea, o

---

[113] Când Coşeriu explică dubla dimensiune a limbajului, dimensiunea subiect – obiect, pe de o parte, şi dimensiunea subiect – subiect, pe de altă parte (Coşeriu, 1985: 31-32; 1985: 30-33; 1985: 206), introduce lumea ca termen al primei dimensiuni, ca obiect despre care se vorbeşte. La acestea mă refer aici. Pentru Coşeriu, lumea ca atare nu este obiect al limbajului. Limbajul este, în mod fundamental, o activitate interioară. De fapt, „lumea exterioară nu există în lumea exterioară, ci în faptul că îmi dau eu seama de ea; lumea exterioară nu există fără gândirea mea; lumea [...] este pentru mine sau înaintea mea" (Ortega y Gasset, 1994 [1957]: 166; 168 [Traducere proprie]).

[114] Pentru mai multe informaţii despre designare ca operaţie intelectivă, se poate consulta Martínez del Castillo, 1999: 3.3.5.2.

operație intelectivă. Omul cunoaște universalul prin intermediul particularului[115]. Stabilirea totalității sau a unei clase este o operație mentală care implică o manipulare intelectivă având la bază lucrurile cunoscute.

Această operație intelectivă poate să pară o abstractizare directă realizată pe baza lucrurilor cunoscute, dar, în principiu, nu este o astfel de abstractizare. Vorbitorul îi atribuie o potențialitate infinită de designare constructului pe care l-a creat, pe care l-a cunoscut. În acest sens, această operație intelectivă nu este în mod necesar o abstractizare, adică o extragere, cum ar spune Ortega y Gasset, ci o operație intelectivă care constă în atribuirea unei capacități infinite de designare aspectelor pe care le-a creat în calitate de aspecte cunoscute. Omul cunoaște universalul prin intermediul particularului, dar nu prin abstractizarea a ceea ce cunoaște, ci prin creare. Omul cunoaște conceptele prin captarea unui obiect pentru prima dată și prin atribuirea acestuia a unei capacități infinite de designare. Când omul cunoaște pentru a doua oară același obiect, reduce designarea pe care a creat-o până când o aplică obiectului, renunțând astfel la ceea ce a captat deja și formând un concept nou pe baza aceluiași obiect. Acesta este începutul creării și renunțarea de care vorbea Coșeriu[116]. Stabilirea unei clase este o dublă operație intelectivă. Pe de o parte, este o operație pe care o realizează vorbitorul în aproximarea pe care o face realității și, pe de altă parte, este o operație intelectivă pe care vorbitorul o realizează atunci când se raportează la limba celorlalți.

Stabilirea unei totalități sau a unei clase de obiecte este o operație intelectivă întotdeauna prezentă în structura de semnificație a adjectivelor abstracte. Conceptul de clasă sau totalitate a obiectelor semantice este prezent dacă se sta-

---

[115] Coșeriu, 1985: 206.

[116] Coșeriu, 1992: 226-228.

bilesc relații pe baza obiectului semantic selectat, dacă se semnifică relații de semnificare care nu sunt prezente în expresie. Relația cu totalitatea sau clasa obiectului semantic selectat este o dovadă a faptului că un construct expresiv este considerat ca fiind cunoscut, vorbitorul elaborându-l atunci când vorbește și gândește.

6.4. Stabilirea intelectivă a unei esențe

Un alt element pe care l-am semnalat în structura de semnificație a adjectivelor de intelecțiune este stabilirea unei esențe, a ceea ce se înțelege ca fiind esențial și definitoriu pentru un semnificat într-o comunitate lingvistică. Această stabilire este deja o abstractizare sau, cum ar spune Ortega y Gasset, o extragere a aspectelor „comuniste", a ceea ce este comun. Dar faptul că vorbim de elemente de semnificație, de elemente care au fost create cu frecvență de membrii unei comunități de vorbitori poate genera confuzii. Esența pe care am menționat-o mai sus este ceea ce vorbitorul crede sau consideră oportun pentru a-și crea semnificatele. Această esență nu este, așadar, o esență filosofică sau o esență științifică și nici măcar ceea ce se consideră, în principiu, esența în comunitatea lingvistică. Această esență poate fi eronată sau inadecvată. De fapt, acest aspect este destul de comun. Cum vorbim de semnificatul istoric, trebuie să vorbim în acest caz despre esența unei clase determinate în funcție de ce se înțelege prin aceasta în comunitatea lingvistică în cauză.

Această stabilire a esenței este, de asemenea, o operație intelectivă. Constă în faptul de a atribui aspectelor cunoscute o modalitate de a fi cu o capacitate infinită de designare[117]. Astfel, vorbitorul merge în mod necesar mai departe de ceea ce a fost deja verificat sau, cu alte cuvinte, creează. Operația

---

[117] Coșeriu, 1992: 225-227.

pe care o realizează locutorul este o operație intelectivă care ignoră aspectele individuale pentru a capta universalul. Prin urmare, rezultatul imediat este dublu: pe de o parte, ceea ce spunem reprezintă ceea ce poate fi înțeles de către vorbitor, ceea ce include vorbitorul în așteptările sale, ceea ce vorbitorul domină și poate să domine în zelul său de a controla lumea care îl înconjoară; pe de altă parte, aspectul despre care vorbim are un număr limitat de trăsături și se extinde asupra tuturor obiectelor posibile. Cu alte cuvinte, relaționând cele două aspecte, ceea ce se cunoaște este manipulabil, deoarece extinderea sa generică este redusă, iar cea numerică este extinsă[118]. În acest sens, obiectele cunoscute reprezintă aspecte universale, elemente care ne vor facilita controlul asupra lumii.

Această operație intelectivă este relaționată cu cunoașterea și rostirea, cu structurarea aspectelor percepute, devenite conținuturi de conștiință, și cu structurarea realității realizată pe baza conținuturilor de conștiință[119].

6.5. Operația intelectivă a relației

Un alt element semnalat în structura de semnificație a adjectivelor abstracte dominate de dimensiunea *intellection* rezidă în relațiile distincte stabilite pe baza obiectului semantic selectat sau a clasei căreia îi aparține obiectul semantic. Pe acest element l-am menționat ca relație. Vorbim, de fapt, de relații pe care le stabilesc adjectivele în combinația lor și care constau în segmente autentice de informație pe care le introduc adjectivele.

Vorbitorii interpretează combinația adjectivelor introducând relații de semnificare care nu apar în combinație,

---

[118] Ortega y Gasset, 1992 (1958): 79; a se vedea nota 101.

[119] Mai multe informații despre achiziționarea limbajului în Martínez del Castillo, 1999: cap. 4.

deoarece, în mod fundamental, vorbitorii interpretează combinaţia căutând un sens. Pe acest aspect se bazează principiul încrederii de care vorbeşte Coşeriu[120]. Sensul expresiei trebuie căutat, iar specificarea este cea mai verosimilă. Iar aceasta este o operaţie intelectivă. Mintea umană caută un sens, efectuând relaţionări cu acest scop, operaţie cu o dublă manifestare. Pentru ascultător ea reprezintă căutarea unui sens, după cum am menţionat deja. Pentru vorbitor este o modalitate de a prescurta şi de a semnala relaţiile care se realizează în rostire. Perspectiva cea mai frecventă şi viabilă în încercarea de a studia semnificatul istoric este prima, cea a ascultătorului. Fiecare vorbitor a întâlnit pentru prima dată combinaţii care, la prima vedere, nu aveau sens. Faptul că o haină este „tânără", după cum vom vedea în exemplul 100, este un lucru atât neverosimil, cât şi incorect. Depăşind pentru prima dată această dificultate şi cunoscând procedeul, interpretarea acestui tip de combinaţie se realizează din nou ca un aspect normal de fiecare dată când e necesar. Interpretarea unei combinaţii de acest tip fără intervenţia minţii umane în sensul specificat ar face din combinaţie o expresie golită de sens.

S-ar putea aduce contraargumente care să susţină faptul că această interpretare a combinaţiei lingvistice este prea elaborată şi prea puţin concretă, că limba în sine deţine potenţialitatea formală sau informală de a semnifica ceea ce semnifică etc. Dar interpretăm o expresie introducând relaţii de semnificare nespecificate, care nu sunt segmente autentice de informaţie sau care sunt cunoscute în mod diferit, fie prin cunoaşterea generală implicită dintr-o comunitate reflectată în limba acesteia, fie în context, fie în contextul mai amplu. Fiecare situaţie este întărită de ceea ce Whorf numea *metafizica unei limbi*, de accentul pe care lingvistul

---

[120] Coşeriu, 1992: 145-146.

l-a pus pe explicaţia a ceea ce a numit gândirea obişnuită, de relativismul lingvistic şi, în general, de toată teoria whorfi-ană[121]. Metafizica lui Whorf este echivalentă într-o oarecare măsură cu ceea ce Coşeriu numeşte λόγος σημαντικός sau tezaurul de semnificaţii şi semnificate istorice care constituie cunoaşterea primară a vorbitorilor în cadrul unei comunităţi lingvistice şi baza pentru ca vorbitorii să creeze limbajul bazându-se pe modele istorice. Astfel, are sens faptul că un vorbitor al limbii hopi nu simte nevoia de a utiliza conceptele de *spaţiu* şi *timp*. Dar, după cum ar spune Whorf[122], un vorbitor occidental sau al unei limbi SAE (*Standard Average European*), din contră, necesită aceste două concepte până într-atât încât nu poate spune nimic fără să le utilizeze.

Vorbitorii interpretează (şi creează) expresia într-un sens specific. Iar această modalitate de a crea şi de a interpreta expresia nu este caracteristică doar adjectivelor din limba engleză. Vorbitorii întâlnesc în fiecare moment expresii în care trebuie să intervină din punct de vedere activ şi intelectiv pentru a le găsi un sens. Oferim câteva exemple care conţin elemente de natură neadjectivală. În limba engleză există o formă tradiţională, adică corectă, de a interpreta următoarele expresii:

98. It is colder than usual.

99. He behaved wiser than usual.

Toţi gramaticienii şi semanticienii ar interpreta prima propoziţie ca „it is colder than it usually is", bazându-se pe faptul că *more than* este un element comparativ care trebuie să unească două lucruri egale. Comparativul *more than* din exemplul 98 relaţionează două propoziţii intelective, una re-

[121] Pentru un studiu al teoriei lui Whorf, a se vedea Whorf, 1956; Lee, 1996; Lucy 1992 şi Martínez del Castillo, 2001.

[122] Whorf, 1956: 138.

prezentată de o propoziţie formală şi alta doar de un adjectiv utilizat cu funcţie adverbială. Dubla operaţie intelectivă pare poate mai clară în exemplul 99: „He behaved wiser than he usually did". Aceasta este interpretarea, căutându-se mereu o explicaţie. Se va aduce ca argument justificativ faptul că limba nu este logică şi nici nu are de ce să fie logică. Interpretarea normală, adică cea tradiţională, adică cea corectă, este aceasta, neputând fi contestate faptele. Nu ar avea niciun sens să spunem că este un caz de omisiune sau o altă situaţie asemănătoare[123].

Toate acestea sunt adevărate, dar realitatea este că în expresie sunt introduse o serie de relaţii de semnificare care nu sunt prezente în ea. Se introduce o altă propoziţie echivalentă celei exprimate. Subiectul cunoscător, vorbitorul, este cel care, graţie intervenţiei sale intelective, facilitează respectiva interpretare şi face posibil ca expresia să aibă un sens. Această interpretare este realizată de către vorbitori, adică este o interpretare istorică sau, cu alte cuvinte, corectă. Trebuie să luăm în calcul faptul că în creaţia istorică de semnificate au intervenit mulţi vorbitori, adică cei pentru care expresia din realitate îşi atinge scopul atunci când se asigură că au fost înţeleşi, şi nu când verifică adecvarea logică a expresiei. Logica este, pe de altă parte, la rândul ei, un fapt istoric, iar dacă vorbitorii se preocupă de ea se îndepărtează de intenţiile lor expresive fundamentale. Pur şi simplu o acceptă, deoarece este dominantă în comunitatea lor lingvistică, în istoricitatea lor, în limba lor. Expresia din exemplul

---

[123] În acest tip de chestiuni şi în multe altele pe care nu le argumentez aici, există o interferenţă între distinctele nivele ale vorbirii şi ale configuraţiei lingvistice. Aceste aspecte au de a face cu competenţa lingvistică, cu nivelele şi configuraţia acesteia şi cu extensia petrecută la diverse nivele (Coşeriu, 1992). Ceea ce intenţionez să fac aici este să explic operaţiile intelective care se realizează când se concep sau se interpretează aceste expresii.

pe care l-am comentat este în sine, aşa cum apare şi potrivit principiilor logicii predominante în această comunitate lingvistică, o incongruenţă. Se manifestă împotriva principiilor de organizare şi de expresie a ceea ce a fost gândit. La nivel intelectiv, vorbitorii introduc relaţiile de semnificare de care au nevoie pentru ca expresia să aibă sens.

Semnificatul istoric trebuie luat în considerare aşa cum este. Datorită propriei istoricităţi, multe semnificate istorice sunt expresii formate inexact, expresii în care mintea este nevoită să introducă o serie de relaţii de semnificare, să realizeze o serie de operaţii intelective pentru ca expresia să aibă sens.

Expresia inexactă a aspectelor gândite sau expresia ilogică intenţionată este un fapt cu care vorbitorul se întâlneşte zilnic. Să luăm un alt exemplu al unei combinaţii cu un adjectiv. În limba engleză este corect să se spună:

100. young clothes

Niciunul din cele două cuvinte care formează expresia nu coincide cu celălalt în conţinutul semantic. *Young* este un adjectiv concret, adică un adjectiv cu o capacitate definită de designare, un adjectiv care se aplică în mod specific umanului. Iar *clothes* reprezintă o invenţie a oamenilor pe care limba nu o consideră vie[124]. Dacă exprimăm clasele lexicale cărora le aparţine fiecare din aceste elemente în cla-

---

[124] Dacă analizăm cu atenţie din perspectiva studiului cunoaşterii ceea ce aduce substantivul *clothes* semnificaţiei, vom vedea că acest substantiv, interpretat în limbă ca /+concret: -viu/, nu este, în realitate, ceea ce limba ne spune că este. Limba engleză îl interpretează în acest sens, realizând distincţia între viu şi nonviu, contrapunându-l, prin urmare, pe *young* lui *new*, atunci când se vorbeşte de *clothes, new clothes*. Dar aceasta este o interpretare pe care o denotă substantivul. *Clothes* există ca un lucru care serveşte fiinţelor umane într-un sens foarte determinat, un lucru al cărui rol practic (Ortega y Gasset, 2001 [1957]: 86) constă în

semul fiecărui element, vom spune că *young* se defineşte ca /+uman/, iar *clothes* ca /-viu/ sau mai specific ca /+concret: -viu/. În calitate de claseme, ambele clase lexicale sunt incompatibile, iar cele două cuvinte nu se pot combina. Cu toate acestea, combinaţia menţionată este o utilizare istorică, o combinaţie stabilită de tradiţie, o expresie corectă care conferă un semnificat. Interpretarea este înţeleasă datorită faptului că vorbitorii caută un sens celor spuse şi introduc relaţii de semnificare, în caz contrar expresia neavând sens. Expresia trebuie interpretată, aşadar, ca „clothes usually worn by young people" sau „clothes intended or designed for young people".

În alte studii anterioare am interpretat clasemul unor expresii ca aceasta, semnalând restricţiile clasematice potrivit procedeului pe care îl evidenţiază Dik[125]. Astfel, clasemul s-ar defini ca /-viu: relaţionat cu umanul/. Prin acest procedeu se înţelege de la sine că se introduc relaţii de semnificare, dar nu ni se spune de ce[126]. Nu poate fi vorba decât de intervenţia minţii umane, cea care creează relaţiile de semnificare, fie când se utilizează combinaţiile tradiţionale, fie când se creează expresii noi. Semnificatul istoric ca atare nu este un model de combinaţie perfectă. În fiecare caz, vorbitorii acoperă carenţele limbii, aceasta nefiind altceva decât un ansamblu de forme şi procedee formate în comun de către vorbitori, cu aceleaşi limitări pe care le prezintă vorbitorii când vorbesc, când vor să exprime ceea ce gândesc, când structurează lumea care îi afectează şi faţă de care nu pot fi indiferenţi. Deasupra semnificatului tradiţional se află min-

---

acoperirea trupului fiinţelor umane. Nu este un lucru concret şi nonviu. Această interpretare aparţine limbii istorice.

[125] Dik, 1979: 56-57.

[126] Pentru o analiză a conţinutului semantic al unor expresii de acest tip se poate consulta Martínez del Castillo, 1997: cap. 2; 1999: cap. 5.

tea celor care au format semnificatul respectiv, iar deasupra expresiei tradiţionale de astăzi se află mintea celui care o foloseşte şi o interpretează.

Această problemă nu îşi găseşte rezolvarea în dimensiunea tradiţională. Este o problemă cu care vorbitorii se confruntă zilnic atât în cazul aspectelor tradiţionale, λόγος σημαντικός, cât şi în cazul aspectelor discursive. Oferim un exemplu din limba spaniolă, luat din *El País*, 8-06-02, pagina 1:

101. Una juez archiva la ablación de cuatro hermanas porque se hizo en el extranjero.

Dacă nu introducem în această propoziţie multe relaţii de semnificare omise în mod voluntar sau nu, acest titlu de articol nu ar semnifica nimic. Pe scurt, am putea spune că titlul are sens doar dacă îl interpretăm ca „una juez archiva (el caso de) la ablación de (clítoris a) cuatro (niñas) hermanas porque (dicha ablación) se hizo en (un país d)el extranjero". Am introdus relaţiile de semnificare care lipseau, am realizat la nivel mental o interpretare a unei expresii deficitare, am interpretat ceva ce nu poate fi altfel sau am presupus ceea ce nu era necesar să exprimăm, deoarece limba are tendinţa de a nu exprima ceea ce se vede şi se cunoaşte de dinainte? În cazul fiecărui răspuns posibil la această întrebare cvadruplă, mintea umană, subiectul cunoscător, vorbitorul este cel care, datorită inteligenţei sale, realizează la nivel mental operaţiile de intelecţiune pe care le introduc relaţiile de semnificare care dau sens expresiei. Desigur, nu se rosteşte ceea ce se vede sau ceea ce se consideră ca nefiind necesar, deoarece acestea se situează într-o modalitate sau alta în contextul sau în cunoaşterea generală a lucrurilor[127]. Dar însăşi formularea acestui principiu este o recunoaştere a muncii suplimentare pe care o realizează mintea pentru a introduce relaţii de

---

[127] Coşeriu, 1992: 125-136.

semnificare pentru ca expresia să aibă sens. În multe situaţii expresia este un simplu indicator al relaţiilor de semnificare care trebuie realizate pentru intelecţiunea acesteia. Iar semnificatul istoric nu este o excepţie[128].

Semnificatul istoric este tezaurul comun, ansamblul de semnificate realizate deja sub formă istorică. Ca semnificat deja realizat, semnificatul istoric nu este perfect. Semnificatul istoric, λόγος σημαντικός, nu este în sine nimic gândit, ci o condiţie şi o formă a gândirii conceptuale[129]. Semnificatul (şi limbajul) se realizează în vorbire. Iar gândirea, pe de altă parte, nu este o facultate, nu este ceva care să aibă un suport biologic:

> *Gândirea nu este o înzestrare a omului, ci o achiziţie laborioasă, precară şi inconstantă*[130].

Atât gândirea, cât şi limbajul se făuresc. Nu sunt realizate, ci se făuresc în vorbire. Ambele se realizează având la bază λόγος σημαντικός.

Aşadar, reîntorcându-ne la analiza structurii de semnificaţie a adjectivelor dominate din punct de vedere intelectiv de dimensiunea *intellection,* elementul pe care l-am numit *totalitate* sau *clasă* este un suport de operaţii intelective care se realizează datorită inteligenţei vorbitorului.

---

[128] În acelaşi număr al publicaţiei *El País,* ediţia din Andaluzia, apare un alt titlu de articol care face parte din aceeaşi categorie: *La Fiscalía pide 12 años de cárcel por agresión a su excompañera.* Nimeni nu poate crede ceea ce se spune aici, indiferent cât de fidelă textului ar fi interpretarea pe care o facem. Interpretarea unor expresii ca aceasta este o practică obişnuită a limbii, până în punctul în care vorbitorii nu se împiedică de cele spuse, corectându-le la nivel mental.

[129] Coşeriu, 1985: 62.

[130] Ortega y Gasset, 2001 [1957]: 34 [Traducere proprie].

6.5.1. Relația cu semnificatele deja existente

Un alt element pe care l-am semnalat are în vedere relația cu conceptele care există în limbă ca semnificate independente. Aceste relații de semnificare, care erau numeroase și de distincte tipuri, constau în relații pure, adică în operația clar intelectivă de relaționare a unui obiect semantic, devenit astfel concept, adică lucru cunoscut, cu un alt concept distinct. Să vedem.

Până acum am menționat faptul că în combinația unui adjectiv abstract dominat de dimensiunea *intellection* se stabilește un obiect semantic ca obiect al unei rostiri; acest concept semantic se relaționează cu totalitatea sau clasa sa; acest construct care include operațiile menționate se relaționează în anumite cazuri cu ceea ce se înțelege prin esența acestei clase, iar rezultatul întregului concept semantic devine un lucru cunoscut. În ceea ce privește constructul obiect al cunoașterii, acesta se relaționează cu concepte determinate existente deja în limbă. Pentru a ajunge la aceasta, au fost necesare distincte operații intelective: determinarea unui obiect semantic, pe de o parte, atribuirea unei designații infinite, pe de altă parte, și relația a ceea ce a fost realizat până acum cu alte constructe sau relații de semnificare existente ca semnificate ale limbii.

Ultima operație intelectivă, relația constructului semantic cu semnificate existente în limbă, ne permite să vorbim despre conceptele anterioare, concepte care sunt necesare intelecțiunii (sau interpretării) combinației în care intervine unul dintre aceste adjective. Astfel, în cazul analizei mai multor adjective abstracte analizate am semnalat următoarele relații care definesc adjectivele ca aparținând unui câmp lexical determinat:

a) conceptul de intelecțiune, adică ansamblul de relații de semnificare necesare pentru a înțelege (a sistematiza şi a concepe) realitatea în sensul denotat de fiecare din aceste adjective;

b) conceptul de compoziţie a obiectului semantic (acesta este format din mai multe părţi);

c) conceptul de înţelegere, conceptul de extensiune numerică sau cantitativă;

d) conceptul de corectitudine în relaţie cu esenţa obiectului semantic selectat;

e) conceptul de distincţie, care presupune relaţionarea obiectului semantic selectat cu o unitate stabilită pe baza acestuia, care nu trebuie, pe de altă parte, să coincidă totalmente cu ceea ce se înţelege prin unitate;

f) conceptul de adevăr a ceea ce a fost gândit;

g) conceptul de lucru cunoscut şi conceptul principiilor acestuia;

h) conceptul de relaţie între două obiecte semantice.

Aceste concepte, care servesc drept concepte anterioare în intelecţiunea semnificaţiei conferite de acest tip de adjective abstracte, pot exista în limbă în calitate de concepte independente. De fapt, am văzut deja că unele nu coincid parţial sau în totalitate cu cuvintele care denotă respectivul tip de relaţie de semnificare într-o formă lexicalizată. Sunt în mod fundamental relaţii de semnificare, deoarece există într-o limbă istorică la nivel de cunoaştere, fără să devină un concept lexicalizat în semnificatul său, fără să ajungă să fie cuvânt. Aceste aspecte se relaţionează cu metafizica de care vorbea Whorf[131]. Vorbitorii cunosc toate aceste relaţii de semnificare, toate aceste concepte care servesc altor con-

---

[131] Whorf, 1956: 58.

cepte la intelecțiunea lumii[132], la dominarea lumii, și le utilizează atât direct, cât și indirect.

Seria de relații de semnificare descrise mai sus au în comun faptul de a servi intelecțiunii și dominării lumii, conceperii realităților pe care vorbitorii le creează în lume, conceperii lucrurilor din lume, atât a celor interioare, care afectează doar conștiința, cât și a celor care, fiind concepute în conștiință, sunt proiectate asupra realității. Sunt întotdeauna relații de semnificare și au mereu de a face cu aspectele interioare, cu semnificatele pe care le creează sau cu semnificatele pe care, existând în tezaurul comun, vorbitorii le utilizează cum consideră de cuviință. Acesta este fundamentul care ne determină să vorbim despre dimensiunea *intellection*: există și se manifestă în limbă o serie de adjective a căror misiune este să servească creației de relații semantice realizate la baza obiectelor semantice selectate ca nuclee ale semnificației sale. Aceste adjective nu au o capacitate definită de designare. Din contră, au capacitatea de a selecta un obiect semantic și de a nu semnifica nimic referitor la acesta, ci referitor la lucruri nemenționate, dar care se stabilesc ca relații pe baza lui. Să ne aducem aminte de *general*. Aceste adjective nu sunt descriptive, ci instrumentale. Au capacitatea de a crea relații de semnificare complexe, relații de semnificare al căror fundament este mintea umană care le creează. Sunt adjective abstracte, care se îndepărtează de obiectul cărora li se aplică.

---

[132] Când folosesc expresii precum *intelecțiunea lumii,* nu cad într-o prejudecată legată de existența sau inexistența lumii sau de modalitatea în care aceasta există. Pentru Ortega y Gasset, lumea este ce este pentru mine, deoarece o cunosc (mai multe despre cuvintele lui Ortega referitoare la lume, în nota 113). Vorbind despre semnificatele istorice, lumea este lumea conferită în limbă. Pentru vorbitor, subiectul cunoscător, lumea este realitatea care prin limbă i se prezintă și trebuie să se apropie de lume prin limbă. Suntem, așadar, îndreptățiți să vorbim despre cunoașterea lumii în acest sens.

6.5.2. Relaţiile creatoare de câmpuri lexicale

Relaţiile de semnificare pe care tocmai le-am semnalat reprezintă trăsăturile specifice care definesc contribuţia multor adjective. Sunt relaţii de semnificare care poartă în sine operaţii de intelecţiune determinate. Acestea, pe de altă parte, definesc grupuri mai mult sau mai puţin numeroase de lexeme adjectivale, care constituie astfel câmpuri lexicale. Putem să reprezentăm respectivele relaţii de semnificare prin operaţiile intelective pe care le poartă în sine şi prin câmpurile lor lexicale, aşa cum apar în următoarea schemă:

Operaţii intelective			Câmpuri lexicale
Descrierea	unei relaţii stabilite ca	Considerare a intelecţiunii	Adjective de intelecţiune
		Structura obiectului semantic	Adjective de compoziţie
		Expansiune a obiectului semantic	Adjectivele de înţelegere
		Esenţa obiectului semantic	Adjective de corectitudine
		Unitate a obiectului semantic	Adjective de distincţie
		Adevăr al obiectului semantic	Adjective de expresie
		Principii ale cunoaşterii	Adjective de raţionament
		Cunoaştere a contextului	Adjective de relaţie

6.6. Operaţia intelectivă a determinării: definiţia obiectului semantic selectat

În analiza pe care am realizat-o adjectivelor de intelecţiune, prima operaţie intelectivă pe care am semnalat-o a fost determinarea. Am văzut mai sus că selecția unui obiect semantic ca obiect al unei rostiri este o realizare a operației intelective a determinării (6.1.). În analiza noastră am semnalat introducerea unor relații de semnificare determinate, care acționează ca relații în jurul unui obiect semantic selectat. În realitate, ceea ce fac acestea este să îndepărteze obiectul semantic selectat de designația pe care respectivul obiect semantic o are ca semnificat tradițional. Astfel, în primul rând, obiectul semantic selectat nu referă ceea ce semnalează semnificatul său tradițional; în al doilea rând, obiectul semantic selectat se stabilește ca totalitate sau clasă de obiecte semantice pe care le reprezintă, adică abstracte; și în al treilea rând, obiectul semantic selectat se stabilește având ca suport relațiile de semnificare create cu aceeași indefinire pe care o creează în obiectul semantic tradițional, acesta fiind un motiv pentru realizarea sa.

Operația intelectivă a determinării constă în orientarea semnelor (care sunt virtuale) înspre lucruri și se realizează, așadar, prin introducerea tuturor acestor tipuri de relații de semnificare.

6.7. Subiectul cunoscător. Adjectivele subiective

Am menționat de mai multe ori faptul că relațiile de semnificare întâlnite în cadrul analizei adjectivelor aveau valoare, deoarece reprezentau baza unei serii de operații intelective, mulțumită cărora combinația formată din adjectiv și nucleu conferea semnificatul. Așadar, subiectul cunoscător este cel care realizează toate operațiile necesare pentru crearea unei semnificații determinate, având la bază o serie de relații de semnificare generate de faptul că acest tip de adjective se combină.

Acest fapt are două implicații importante. Pe de o parte, ne vorbește despre natura adjectivelor abstracte, despre semnificate şi limbaj, aspect asupra căruia nu e nevoie să insistăm. Pe de altă parte, ne oferă informaţii referitoare la natura semnificaţiei stabilite de adjectivele abstracte ca elemente de semnificaţie distincte.

Aşadar, când un vorbitor utilizează un substantiv sau un adjectiv concret, singura operaţie pe care trebuie să o realizeze vorbitorul la nivel intelectiv este designarea. Dacă spun, spre exemplu:

102. the green valley

Folosesc următoarele elemente de semnificaţie:

a) obiectul semantic *valley* stabilit ca obiect al unei rostiri; această stabilire este realizată prin intermediul operaţiei determinării, fapt pentru care utilizez articolul hotărât;

b) clasa semantică *valley,* clasă semantică tradiţională, reprezentată la nivel virtual de semnificantul *valley;*

c) semnificaţia denotată de *green,* adjectiv al culorii şi al vârstei, care, în combinaţie cu *valley,* introduce mult mai multe relaţii de semnificare; este un adjectiv concret;

d) implicită acestor relaţii de semnificare, operaţia de designare a unui obiect particular; această operaţie poate fi reprezentată pe lângă determinant prin gesturi, prin indicaţii sau prin context.

Cel care participă la întreaga generare de semnificaţie este subiectul cunoscător, unicul capabil să realizeze toate aceste relaţii de semnificare. Cu toate acestea, participarea sa nu modifică semnificaţia rezultantă înspre o stare de lucruri care să fie rezultatul participării sale. Putem spune că, din punct de vedere obiectiv, ştim despre ce stare de lucruri e vorba, ce tip de relaţii de semnificare introduce adjectivul şi care sunt dimensiunile conferite de fiecare semnificant.

Din contră, în cazul adjectivelor de intelecţiune, lucrurile nu stau aşa. Avem nevoie în interpretarea lor de o serie de operaţii intelective care să definească ceea ce se doreşte să se semnifice în realitate. Mintea umană este singura care reuşeşte să facă toate acestea; ea realizează relaţiile de semnificare, mulţumită cărora combinaţia din care fac parte respectivele adjective are sens.

În cazul adjectivelor de intelecţiune:

1) generăm un obiect semantic nou; în *coherent church*, ştiind de dinainte ce reprezintă *church*, nu semnificăm despre *church*, ci despre altceva decât *church*, adică despre proporţiile lui *church*;

2) nu cunoaştem de dinainte aspectul semnificat; în *a formal complaint* îl putem concepe în sine pe *complaint*, ca realizat sau dat;

3) dimensiunea pe care o aduce adjectivul se defineşte în combinaţie; în *general hospital, general prospects* şi *general coating of dust*, dimensiunea denotată este distinctă; trebuie să o interpretăm în fiecare caz ca fiind diferită;

4) dimensiunea conferită nu cunoaşte limite definibile. În combinaţiile următoare *it is conclusively clear; it is definitely clear; it is evidently clear; it is amazingly clear; it is depressingly clear*, până la ce punct putem să delimităm conţinutul lui *clear* în oricare dintre aceste exemple?

În concluzie, aceste adjective sunt subiective, deoarece trimit la intervenţia subiectului cunoscător pentru ca semnificaţia conferită de ele să se poată realiza. Pun accentul nu pe obiectul cunoscut, ci pe intervenţia celui care cunoaşte.

Scot în evidenţă operaţiile intelective care trebuie realizate pentru ca ele să aibă sens. Şi sunt adjective de intelecţiune, deoarece contribuie cu semnificaţia lor la încapsularea noilor relaţii de semnificare, care nu reprezintă o simplă descriere a obiectelor semantice selectate. Pornind de la acestea, creează următoarele relaţii de semnificare: relaţii de semnificare, nuanţări ale semnificării nelexicalizate în cuvintele unei limbi sau lexicalizate într-un mod oarecum distinct în alte cuvinte ale limbii.

6.8. Operaţiile intelective ale adjectivelor de intelecţiune

Putem rezuma participarea subiectului cunoscător la combinaţia adjectivelor de intelecţiune prin următoarea schemă:

Operaţii intelective	Determinarea	Relaţia	Relaţiile specifice	Designarea
Realizarea	Selectarea unui obiect semantic Adăugarea de relaţii	Relaţia cu totalitatea sau clasa Relaţia cu esenţa	Intelecţiunea Structura obiectului semantic Expansiunea obiectului semantic Esenţa obiectului semantic Considerarea unităţii Adevărul obiectului semantic Principiile cunoaşterii Cunoaşterea contextului	Contribuţia substantivului şi a determinanţilor săi

6.9. Lexicalizarea adjectivelor de intelecțiune

Ansamblul de relații de semnificare manifestate într-un adjectiv de intelecțiune apare în semnificatul istoric ca o realitate semnificativă fixă, ca atribuirea respectivelor relații de semnificare unui cuvânt, ca descrierea respectivei serii de relații de semnificare într-un semnificant determinat. Am numit acest aspect în cadrul teoriei intelecțiunii *descriere*[133].

Semnificanții, cuvintele cărora le sunt prevăzute aceste adjective, reprezintă și substituie seria de relații de semnificare care s-au creat la nivel istoric în virtutea propriului proces de intelecțiune. Astfel, relațiile de semnificare denotate de adjective nu apar singure și nu se realizează la nivel analitic. Toate apar reprezentate în cuvânt, în semnificant împreună cu aspectul care le-a dat nume. Cuvintele care reprezintă aceste relații de semnificare sunt rezultatul unei duble operații intelective: sunt rezultatul unei numiri, operație necesară pentru a conserva aspectul individual și pentru a transmite mai departe semnificatul sau relația de semnificare; și sunt o fixare istorică într-un cuvânt (lexicalizare) a relațiilor pe care le introduce. Fixarea istorică implică acceptarea operației deja realizate, deja acceptate în comunitatea lingvistică, fapt care reprezintă, la rândul său, o operație intelectivă[134].

---

[133] În teoria procesului de intelecțiune am analizat operațiile intelective ale formării cuvintelor și a constructelor semantice individuale; am analizat tipurile de constructe semantice și gradul de abstracțiune pe care fiecare dintre ele le poartă în sine (Martínez del Castillo, 1999: cap. 3).

[134] Dovada faptului că acceptarea unei forme tradiționale este în sine o operație intelectivă rezidă în modalitatea în care învățăm cuvintele. Coșeriu (1992: 226-228) ne explică cum se învață conceptele, acțiune care implică multe operații intelective, comentate deja. Pe de altă parte, când delimităm o semnificație sau o relație de semnificare și nu cunoaștem cuvântul tradițional, dacă semnificația ne este spusă, o învățăm cu siguranță; dacă, în schimb, auzim un cuvânt nou fără să îi delimităm înainte

Faptul de a îi atribui unui cuvânt o serie de relaţii de semnificare este o descriere a lucrului semnificat. Descrierea este o operaţie de intelecţiune prin care se fixează o semnificaţie determinată prin intermediul numirii. Nu este o operaţie primară a procesului de intelecţiune. Este o operaţie de intelecţiune care implică în mod necesar alte operaţii: actul de determinare a obiectului semantic, atribuirea unor relaţii determinate ale obiectului semantic (clasa sau esenţa), adăugarea de relaţii de determinare specifice, numirea şi propria fixare a respectivelor relaţii de semnificare în ceea ce priveşte conceperea lor.

Lexicalizarea adjectivelor dominate de dimensiunea *intellection* implică un grad înalt de abstractizare. Este o lexicalizare realizată pe baza operaţiilor intelective care reprezintă o relaţie. Relaţia implică operaţii anterioare de abstractizare, numire şi descriere. Lexicalizarea adjectivelor de intelecţiune reprezintă o serie de operaţii intelective care depind unele de celelalte, servind ca bază reciprocă. În descrierea pe care am realizat-o gradelor de abstractizare, adjectivele abstracte ocupă un loc superior[135], iar între adjectivele abstracte, adjectivele dominate de dimensiunea *intellection* sunt cele mai abstracte.

semnificatul, îl uităm imediat cu multă uşurinţă. De ce? Deoarece în primul caz am realizat semnificatul în noi înşine acceptând tradiţionalul, adică am participat la nivel intelectiv la formarea lui în conştiinţa noastră, în timp ce în al doilea caz nu am participat la nivel intelectiv sub nicio formă.

[135] Martínez del Castillo, 1999: 3.3.7.

7

SEMNIFICAȚIA ABSTRACTĂ STRUCTURATĂ
ÎN FUNCȚIE DE DIMENSIUNEA *OCCURRENCE*

Adjectivele dominate de trăsătura *occurrence* ocupă un loc însemnat în cadrul semnificației subiective și abstracte a adjectivelor. Sunt adjective subiective, cu alte cuvinte, creează relații de semnificare pe care trebuie să le realizeze subiectul cunoscător în funcție de anumite operații intelective determinate. Sunt adjective abstracte, care nu semnifică despre obiectul semantic selectat ca obiect al unei rostiri, ci despre relațiile de semnificare stabilite în jurul acestuia. Aceste relații de semnificare nu fac altceva decât să distanțeze obiectul semantic selectat până îl transformă în obiect cunoscut, în simplu obiect cunoscut. Dar relația de semnificare creată este o relație specifică: dacă obiectul selectat este un suport de considerații, un suport de relații de semnificare care nu au de a face deloc cu obiectul semantic selectat, aceste relații de semnificare creează o nouă considerare, și anume, concep obiectul semantic selectat ca ceva care se întâmplă, care se manifestă într-un mod anume.

Așadar, obiectul semantic selectat devine un construct semantic nou. Semnificația adjectivelor dominate de trăsătura *occurrence* se transformă într-un nod de operații intelective.

Adjectivele abstracte din categoria *occurrence* au urmă-
toarea structură: pe de o parte, toate sunt dominate de di-
mensiunea *event;* cu alte cuvinte, creează un obiect semantic
care poate fi considerat eveniment; pe de altă parte, în cadrul
dimensiunii *event* creează stări de lucruri care se definesc
prin modalitatea în care se manifestă acest eveniment pe
care îl creează. Cea de a doua categorie menționată prezintă
o structură complexă prin dimensiunea *factuality*.

7.1. Adjective de ocurență structurate în funcție de dimensiunea *event*

Există două câmpuri lexicale structurate exclusiv în func-
ție de dimensiunea *event:* câmpul lexical al adjectivelor du-
ratei și câmpul lexical al adjectivelor circumstanței.

7.1.1. Adjective ale duratei

Sunt, probabil, adjectivele cele mai reprezentative ale
acestei categorii. Stabilesc relații de semnificare complexe,
care necesită multe operații intelective pentru ca acele con-
structe semantice în care apar să confere relațiile de sem-
nificare semnificate. În cadrul câmpului lexical, avem două
tipuri de semnificații: durata propriu-zisă și durata retros-
pectivă. Cu alte cuvinte, există o serie de adjective care sta-
bilesc un construct semantic care poate fi complet definit,
adică relaționat cu parametrii temporali străini de semnifi-
cația conferită de adjectiv. Aceste adjective implică, așadar,
conceptul de *timp* în calitate de concept anterior, pe lângă
conceptul de *eveniment* menționat deja. Sunt adjective ale
duratei propriu-zise. Pe de altă parte, există o serie de ad-
jective care stabilesc o relație temporală cu elementele con-
ferite de propriul adjectiv. Adjectivele duratei stabilesc, din
punct de vedere retrospectiv, un concept temporal distinct,

un concept diferit de cel al altor semnificate existente în limbă[136]. Să luăm câteva exemple.

7.1.1.1. Durata propriu-zisă: adjectivul *brief*

Adjectivul *brief* este reprezentativ pentru semnificaţia pe care am numit-o durată propriu-zisă. Relaţiile de semnificare pe care le stabileşte fac aluzie la conceptul de *timp*, concept cunoscut de către vorbitori. În acest sens, *brief* presupune conceptul de *timp* sau, cu alte cuvinte, timpul şi adjectivul *brief* au o semnificaţie asemănătoare. Spre exemplu:

103. brief comments

În analiza acestei combinaţii evidenţiem următoarele elemente:

a) un obiect semantic selectat care, în exemplul dat, exprimă pluralitatea; acest obiect semantic nu este definit în sine şi nu este determinat;

b) considerarea obiectului semantic selectat în relaţie cu clasa sau esenţa sa; combinaţia formată din adjectivul *brief* şi acest substantiv conferă valoare tocmai prin lipsa de determinare şi prin relaţia menţinută cu membrii clasei sale;

c) considerarea obiectului semantic conceput ca eveniment, ca ceva care se petrece;

---

[136] Conceptele de vârstă propriu-zisă şi vârstă retrospectivă au fost introduse de Geckeler (Geckeler, 1976: 312-329) în studiul său comparativ al adjectivelor vârstei în limbile romanice. În studiul pe care l-am realizat în 1989 referitor la adjectivele vârstei, am acceptat această distincţie (11.1.1. şi 11.1.2) urmând să o aplic adjectivelor de durată (ca în acest caz) şi apoi sub un alt nume, deoarece sunt distincte, adjectivelor de locaţie (11.2.1. şi 11.2.2.).

d) considerarea obiectului semantic selectat și a membrilor clasei sale în relație cu durata pe care o pot avea astfel de evenimente, care se manifestă pe o perioadă mai mult sau mai puțin extinsă; astfel, nu interesează ceea ce designează obiectul semantic în sine, ci un aspect sau o trăsătură care îi compune esența în calitate de clasă de obiecte semantice;

e) descrierea pe care o stabilește adjectivul pe baza obiectului semantic selectat; *comments* conferă semnificație, deoarece trimite la membrii clasei sale și deoarece este definit în comparație cu aceștia;

f) subiectul cunoscător care transformă descrierea unei acțiuni (*comments*) în eveniment. Pentru ca această transformare să fie posibilă, este necesar să concepem obiectul semantic ca simplu obiect cunoscut.

Astfel, obiectul semantic este tratat ca ceva care nu există[137] sau, cu alte cuvinte, ca și cum ar fi conceput, ca un obiect cunoscut în care se evidențiază unul din aspectele care îi definesc esența. *Comment* se definește ca acțiunea de a exprima o părere referitoare la un lucru. Cu toate acestea, este o acțiune, iar acțiunea se presupune că se desfășoară în timp. Această trăsătură esențială până la un punct pentru ceea ce semnifică *comment* se fundamentează pe aspectul selectat care va determina toată semnificația manifestată în combinația de față.

---

[137] Nu interesează în acest context dacă lucrurile există în sine, dacă sunt substanțe (Aristotel și scolasticii) sau dacă există doar în măsura în care sunt cunoscute (Descartes și alți gânditori care i-au urmat). Pornesc de la faptul că semnificatele sunt istorice, adică există ca deja create, dar, de fapt, nu sunt; sunt doar conținuturi de conștiință. Obiectivul meu se centrează acum pe descrierea modalității în care acestea se manifestă în tradiție în calitate de obiecte istorice create de subiecți istorici.

Aşadar, descrierea pe care adjectivul o stabileşte pe baza obiectului semantic selectat constă în semnalarea unuia dintre conceptele anterioare necesare pentru crearea acestui semnificat. Trebuie să luăm în considerare, în calitate de concepte anterioare, următoarele relaţii de semnificare conţinute de *comment:* exprimarea unei opinii referitoare la un anumit lucru, faptul că substantivul constituie o clasă de obiecte, faptul că exprimarea unei opinii reprezintă o acţiune şi faptul că orice acţiune se petrece în timp.

Am putea parafraza cele spuse astfel: „comments are brief because they are events involving actions, because you spend some moments in performing those events involving actions".

Astfel, nu spunem nimic despre ceea ce este *comment*, îl distanţăm de aspectul pe care îl designează şi îi stabilim relaţii de semnificare bazate pe concepte pe care el însuşi se fundamentează.

Având relaţii de semnificare asemănătoare cu cele ale lui *brief,* mai aparţin câmpului lexical al adjectivelor duratei propriu-zise, adjectivele: *brief, ceaseless, chronic, chronological, endless, enduring, eternal, everlasting, fleeting, full-time, incessant, lasting, long-term, momentary, non-stop, on-going, part-time, passing, past, periodic(al), permanent, perpetual, prolonged, protracted, short-term, temporal, temporary, transient, transitional, unending.*

7.1.1.2. Durata din punct de vedere retrospectiv: adjectivul *last*

Relaţiile de semnificare stabilite de adjectivul *last* creează noi concepte temporale. În anul 1999 am realizat analiza următoarei combinaţii:

104. the last bus

Reiau analiza de atunci şi o completez. În starea de lucruri denotată de combinaţia din exemplu observăm următoarele segmente de informaţie:

a) un obiect semantic despre care se rosteşte ceva, obiect reprezentat de substantivul *the bus*; acest obiect semantic este exprimat printr-un substantiv care are capacitate de designare; este definit în sine şi este însoţit de un determinant propriu, adecvat funcţiei de determinare, articolul hotărât *the;*

b) relaţia pe care respectivul obiect semantic o stabileşte cu alte obiecte semantice din aceeaşi clasă;

c) considerarea obiectului semantic ca ceva care se petrece, ca eveniment sau întâmplare;
Dacă obiectul semantic reprezentat de substantiv semnifică, aceasta nu se petrece datorită valorii sale ca semnificat individual. În această combinaţie nu se spune nimic despre posibilul autobuz individual care intră în combinaţie. Acesta nu interesează, cum, de asemenea, nu interesează dacă autobuzul este verde sau roşu. Ceea ce contează aici este clasa autobuzelor.

d) relaţia pe care atât obiectul semantic selectat, cât şi celelalte obiecte semantice nemenţionate o stabilesc referitor la ordinea existentă între ele;
Această ordine apare ca o serie de evenimente. Aşadar, semnificaţia obiectului semantic selectat nu are de a face cu ceea ce semnifică în sine. Obiectul semantic a fost selectat pentru ceea ce poartă în definiţia sa semantică a evenimentului. Este posibil să atribuim calitatea de eveniment unui obiect semantic selectat doar dacă acesta este considerat un simplu construct al minţii, cu alte cuvinte, dacă apare ca obiect cunoscut.

În virtutea acestei relaţii, obiectul semantic selectat ocupă ultima poziţie într-o succesiune de evenimente care se repetă. Aşadar, obiectul semantic nu este selectat în sine, ci prin capacitatea sa de a fi descris ca ceva care se petrece, care poate fi considerat eveniment. Este creat liber, în mod distinct faţă de modul în care este creată clasa de obiecte semantice pe care le reprezintă. Este doar un obiect cunoscut.

e) stabilirea acestui obiect semantic particular *(the bus)* ca punct temporal, în relaţie cu care sunt organizate celelalte obiecte ale aceleiaşi clase *(the other buses)*;
   După cum am văzut, această organizare, care nu presupune considerarea obiectului semantic *(the bus)* ca fiind denotat de clasa de obiecte căreia îi aparţine în calitate de cuvânt şi semnificat, ci ca una dintre caracteristicile esenţiale ale stării de lucruri denotate, nu este o considerare totalmente arbitrară, totalmente nouă. Vorbim de o trăsătură implicită a esenţei respectivului obiect semantic, adică de trăsătura „un mijloc de transport care pleacă la intervale de timp", în funcţie de care este definită semnificaţia autobuzului.

f) organizarea elementelor care intervin în această situaţie este realizată în sens invers, în mod retrospectiv; autobuzul în cauză este baza sau punctul de referinţă ales în momentul vorbirii, iar celelalte obiecte semantice ale aceleiaşi clase sunt organizate ca existând înaintea momentului de referinţă. Semnificaţia conferită de combinaţie rezidă în crearea unui concept temporal, în organizarea a ceea ce prin cunoaşterea altor semnificate existente în limbă numim timp, în considerarea a ceea ce se organizează ca eveniment, a evenimentului în relaţie cu alte evenimente din aceeaşi categorie, în organizarea evenimentului şi a altor evenimente într-un mod determinat. Acestea scot în evidenţă valoarea pe care Coşeriu o numeşte λόγος σημαντικός, crearea de semnificate având la bază valoarea semnificatelor tradiţionale care acţionează la nivel virtual ca o cunoaştere a vorbitorilor, sau metafizica lui Whorf pe care fiecare limbă o încapsulează. Să continuăm.

Unicul autobuz care ne-a stârnit interesul este cel existent acum, adică cel care vine şi pleacă acum. Celelalte obiecte semantice din aceeaşi clasă au venit şi au plecat înainte de momentul de referinţă. Nu sunt explicite în expresie, ci implicite, şi sunt considerate evenimente anterioare, necesare intelecţiunii acestei expresii.

g) participarea subiectului cunoscător care creează toate aceste relaţii de semnificare în combinaţia adjectivului *last*.

Am putea parafraza expresia astfel: „There has been a series of buses working (functioning) just as events in a succession, except for the one referred, which is the point of interest in the expression, and is the one left to perform the typical function of buses".

Astfel, contribuţia adjectivului alterează obiectul semantic din combinaţie în următoarele aspecte:

a) reduce designaţia substantivului;
Adjectivul relaţionează numele şi considerarea obiectului semantic ca ceva care se manifestă sau nu, ca ceva care se petrece, scoţând astfel în evidenţă o trăsătură determinantă a esenţei sale şi ignorându-i designaţia. Relaţia introdusă de adjectiv constă în separarea esenţei obiectului semantic (un mijloc de transport) de descrierea pe care o poate avea în

calitate de element semantic prevăzut cu o definiţie proprie şi o designaţie reală. Astfel, adjectivul separă un aspect, adică abstrage un element esenţial, propriu clasei căreia îi aparţine, atribuindu-l obiectului semantic denotat şi ignorând condiţiile sale individuale. Cu alte cuvinte, adjectivul realizează astfel un proces opus determinării. Aceasta este o operaţie intelectivă realizată de vorbitor în cadrul actualizării semnificaţiei.

b) abstractizarea efectuată de adjectiv (selectarea trăsăturii sale esenţiale, calitatea de a fi mijloc de transport) implică relaţia obiectului semantic creat în combinaţie cu celelalte obiecte semantice din aceeaşi clasă, care nu sunt explicite în expresie;
Acest procedeu specific adjectivelor abstracte reprezintă o relaţie de semnificare mult mai complicată decât simpla descriere a unui obiect semantic prevăzut cu designaţie reală. Implică operaţii de intelecţiune adiţionale simplei descrieri a unui obiect cu designaţie reală. Presupune crearea de semnificate nelexicalizate în limbă sau care apar ca o reinterpretare a altor semnificate lexicalizate în limbă. Astfel, la un nivel superior de abstractizare, semnificaţia conferită de adjectivele duratei retrospective poate fi considerată necesară creaţiei unui obiect semantic. Implică abstractizarea necesară unei descrieri şi creaţia de relaţii de semnificare care oferă ca rezultat noua creaţie semnalată.

c) valoarea descriptivă a obiectului semantic a fost, de asemenea, anulată; nu interesează caracteristicile particulare care pot afecta obiectul semantic din exemplu, autobuzul (dacă acesta este nou sau vechi, bun sau rău, verde sau roşu);

d) contribuția adjectivului constă în structurarea obiec-
   telor semantice denotate; această contribuție repre-
   zintă, astfel, o funcție tipică minții umane de a conce-
   pe lumea după cum consideră de cuviință, astfel încât
   vorbitorul o poate vehicula.

Lucrul exterior pe care îl reprezintă obiectul semantic din
exemplu nu va putea fi considerat niciodată mai mult decât
este[138], fiind un lucru concret care corespunde unei funcții
determinate. În calitate de lucru, de autobuz, acesta nicio-
dată nu va putea fi alterat de vorbitor în vreun fel, dar, în
calitate de conținut de conștiință, de semnificat cunoscut,
el poate fi conceput ca ceva abstract care se repetă sau, cu
alte cuvinte, ca eveniment, ca ceva care în planul realului nu
poate exista niciodată.

Limba, ca manifestare tradițională a propriului proces de
intelecțiune al ființelor umane, oferă vorbitorilor mijloacele
prin care pot concepe în mod creativ realitatea, după cum
este mai potrivit creației permanente de semnificate realiza-
te de vorbitori. Prin urmare, limba nu este deja făcută. Limba
este pură virtualitate, ceva care se realizează în vorbire. Este
o cunoaștere a vorbitorilor care se creează pe sine când este
realizată și, fiind realizată, se face și se desface. Limba este,
așadar, λόγος σημαντικός.

Aparțin câmpului lexical al adjectivelor duratei retros-
pective următoarele adjective: *archaic, contemporaneous,
contemporary, continual, continuous, current, early, erstwhile,
eventual, final, former, immediate, inaugural, incipient, initial,
instant, instantaneous, interim, introductory, last, last-minute,
late, latter, modern, modern-day, obsolescent, obsolete, old-
fashioned, outdated, overdue, prevalent, previous, primaeval,
prior, progressive, prompt, provisional, punctual, spasmodic,*

---

[138] A se vedea nota 134.

subsequent, sudden, terminal, timely, topical, ultimate, up-to-date, up-to-the-minute.

7.1.1.3. Diferenţe de semnificaţie între durata propriu-zisă şi durata din punct de vedere retrospectiv

Comparând semnificaţia oferită de adjectivele *last* şi *brief*, observăm următoarele diferenţe:

a) ambele semnificaţii sunt creaţii bazate pe conceptul de *timp*, acesta fiind interpretat în primul caz în acord cu conceptul temporal conţinut de propriul cuvânt; în cea de a doua situaţie se stabileşte o relaţie de semnificare creată în propria combinaţie a adjectivului;

b) timpul denotat de *brief* este folosit în sens propriu; timpul denotat de *last* este o creaţie nouă; se creează din mers şi are manifestări distincte în funcţie de semnificaţia pe care o conferă cuvântul cu care se combină adjectivul; în acest sens, se stabilesc relaţii temporale limitate la context;

c) semnificaţiile rezultante în cazul ambelor adjective ale duratei sunt abstracte sau, cu alte cuvinte, complexe, dar semnificaţia duratei retrospective (*last*) este mult mai complexă decât semnificaţia duratei proprii (*brief*).

7.1.2. Adjective ale circumstanţei

În cadrul adjectivelor pe care le-am denumit *occurrence*, menţionăm şi câmpul lexical al adjectivelor de circumstanţă. Acestea sunt dominate de dimensiunea *event*. Denotă o stare de lucruri care nu se poate descrie în mod propriu ca eveniment, ci ca o condiţie sau ca un element condiţionant al evenimentului; sau, mai bine spus, exprimă cadrul în care trebuie să se desfăşoare un eveniment determinat. Prin urmare, sunt dominate de trăsătura *event,* dar în mod distinct față de adjectivele anterioare. Aceste adjective sunt relaționate mai degrabă cu adjectivele care exprimă durata propriu-zisă decât cu cele care exprimă durata retrospectivă și cu celelalte adjective din categoria *occurrence*.

7.1.2.1. Adjectivul *daily*

Ca toate adjectivele de circumstanță, adjectivul *daily* semnalează cadrul în care se desfășoară un eveniment, o întâmplare sau, în general, o acțiune sau un lucru conceput ca acțiune. Să vedem un exemplu:

105. a daily task

În starea de lucruri denotată în exemplu observăm următoarele relații de semnificare:

a) un obiect semantic selectat ca obiect al unei rostiri; obiectul semantic selectat din exemplu indică o acțiune, clasa tipică de obiecte semantice care se combină cu adjectivul *daily*, dată fiind semnificația pe care o conferă acest adjectiv al circumstanței;

b) considerarea obiectului semantic selectat ca ceva care se manifestă, care se petrece, ca eveniment;

c) contribuția adjectivului în calitate de cadru în care se petrece evenimentul;

d) aportul vorbitorului, al subiectului cunoscător capabil să conceapă un obiect semantic dat în sensul specificat.

În acest caz și spre deosebire de celelalte adjective din categoria *occurrence*, adjectivele de circumstanță nu fac aluzie la clasa sau ansamblul de lexeme care compun totalitatea care constituie obiectul semantic selectat. Motivul lipsei de relaționare cu respectivul concept este simplu: adjectivul de circumstanță nu contribuie la definirea în sine a obiectului semantic, doar stabilește cadrul în care acesta se poate manifesta odată ce a fost considerat eveniment.

Expansiunile de semnificat ale acestui adjectiv de circumstanță mențin în același sens structura de semnificație. Faptul de a îl aplica pe *daily* unor obiecte semantice cu caracter concret nu modifică sub nicio formă conceperea acestuia ca eveniment și crearea cadrului în care se manifestă acest eveniment. Astfel,

106. the daily newspaper

Semnifică ceva despre un obiect semantic care poate fi considerat eveniment, chiar dacă acesta are un caracter concret. Cu toate că *newspaper* designează un lucru deja făcut, un lucru despre care am putea spune că există în sine[139], acesta poate fi ușor conceput ca rezultat al unei acțiuni, ca acțiune, iar de aici, ca eveniment, cunoscând faptul că așa-zisele *newspapers* sunt lucruri care se realizează zilnic. Așadar, indiferent de ceea ce designează sau de ceea ce semnifică, rămâne întotdeauna capacitatea de a îl considera în modul cel mai convenabil pentru intenția expresivă a vorbitorului[140].

Prin urmare, obiectul semantic este considerat ca fiind cunoscut. Vorbitorul manipulează realitatea pe care o vede și pe care o contemplează pentru a o concepe în modul cel mai potrivit necesităților sale expresive. Concluzia pe care

---

[139] A se vedea nota 136.

[140] În procesul de intelecțiune, cunoașterea ființei umane sub forma semnificatelor unei limbi constituie modalitatea de relaționare a individului cu alți indivizi care aparțin aceleiași comunități lingvistice și modalitatea de a domina lumea înconjurătoare. Finalitatea cunoașterii este dominarea lumii și făurirea lucrurilor așa cum le percepe omul. În mod fundamental, omul poate schimba lucrurile doar la nivel intern, în modul său de a le concepe. Așadar, transformarea realității este finalitatea întregului limbaj (Martínez del Castillo, 1999: 3.3.2).

o formulăm şi pe care am mai menţionat-o rezidă în faptul
că studiul analizei semantice, al semnificatului istoric, al lui
λόγος σημαντικός, ne trimite la studiul operaţiilor intelec-
tive care au fost necesare formării constructului semantic,
realizării acestuia ca model şi ca aspect virtual şi aplicării
sale la o situaţie concretă.

Aşadar, *daily* este un adjectiv abstract. Reprezintă un nod
de relaţii de semnificare complexe care manifestă activitatea
minţii umane. Este un adjectiv instrumental. Conferă cadrul
în care se pot concepe faptele, lucrurile din realitate. Este un
adjectiv care facilitează, aşadar, structurarea realităţii.

Aparţin acestui câmp lexical următoarcle adjective: *an-
nual, autumnal, biannual, biennial, daily, diurnal, nocturnal,
off, on, out of date, seasonal, summery, through, wintry.*

7.2. Adjective structurate în funcţie de dimensiunea *factuality*

7.2.1. Adjective ale factualităţii[141]

Grupul adjectivelor pe care le-am numit adjective ale
factualităţii este numeros. Caracteristica lor definitorie este
denotarea modalităţii în care se petrece un eveniment de-
terminat. În ansamblu, atât adjectivele factualităţii în sens
propriu, cât şi adjectivele altor câmpuri lexicale structurate
de dimensiunea *factuality* constituie un întreg de semnifi-
caţii în cadrul semnificaţiei comune a modalităţii în care se
petrece un eveniment.

Cum toate aceste adjective fac parte din categoria *occur-
rence,* adică iau în considerare obiectul semantic în condi-
ţia sa de eveniment, în condiţia sa de manifestare, ne indică

---

[141] Am preluat cuvântul *factuality* din tratatele despre adjectivul limbii
engleze. Prin acest concept mă refer la modul în care se petrece o întâm-
plare sau un eveniment.

modalitatea în care se petrece sau se prezintă evenimentul. Fiecare dintre adjectivele care compun acest câmp, precum şi restul adjectivelor structurate de dimensiunea *factuality* semnifică un mod propriu de desfăşurare a unui eveniment. Prin urmare, modalităţile în care acesta se poate petrece sunt variate. Studierea tuturor adjectivelor din acest grup numeros presupune studierea unei game aproape inepuizabile a modului în care se poate concepe un obiect semantic determinat care se prezintă pe sine ca eveniment.

Sunt adjective care fac aluzie la subiectul cunoscător, cel care realizează operaţiile intelective necesare pentru a denota această modalitate specifică de a fi a fiecărui obiect semantic selectat de unul din aceste adjective. Sunt adjective abstracte, complexe, noduri complicate de relaţii de semnificare. Totodată, sunt adjective care implică conceptele anterioare de timp, de eveniment şi modul de manifestare a acestui eveniment.

7.2.1.1. Adjectivul *casual*

După cum am afirmat deja, adjectivele factualităţii indică modalitatea de manifestare a unui obiect semantic conceput ca întâmplare, ca eveniment. Nu interesează ce semnifică obiectul, nici dacă acesta are o designaţie definită sau dacă nu are capacitate de designare. Adjectivul *casual* indică modalitatea în care se manifestă respectivul eveniment, acest fapt realizându-se ca unul dintre lucrurile potenţial necăutate. Un obiect semantic selectat împreună cu acest adjectiv rezidă în capacitatea de a se manifesta, potenţial, în orice fel. Dacă această modalitate de a fi a obiectelor este originară, adjectivul se extinde, dobândind astfel o semnificaţie concretă. Această semnificaţie se înţelege nu datorită naturii sale concrete, ci datorită faptului că, potenţial, se poate petrece în orice mod. Să vedem exemple specifice ambelor situaţii:

107. a casual glance

Dacă analizăm această combinație, observăm următoarele relații de semnificare:

a)   un obiect semantic selectat ca obiect al unei rostiri, reprezentat de substantivul *glance,* care indică o acțiune; ca atare, substantivul *glance* deține un anumit nivel de factualitate, de manifestare într-un mod determinat; în combinație, acest nivel de factualitate este anulat de nivelul de factualitate conferit de adjectiv;

b)   considerarea obiectului semantic în relație cu celelalte obiecte semantice ale clasei sale; astfel, modalitatea de manifestare a acestui obiect semantic se diferențiază de celelalte;

c)   considerarea obiectului semantic selectat ca eveniment, ca întâmplare; indiferent dacă este acțiune sau nu, obiectul semantic selectat este considerat eveniment; din acest motiv, este conceput ca obiect cunoscut, iar faptul de a fi considerat în sine semnifică o acțiune dată deja în limbă; este necesar să o luăm de la început pentru a evita contradicțiile;

d)   considerarea constructului rezultant în mod potențial ca fiind nedefinit; acesta poate sau ar putea fi;

e)   participarea subiectului cunoscător capabil să conceapă din nou obiectul semantic.

Cu alte cuvinte, relațiile de semnificare stabilite de adjectivul *casual* constau în:

a)   distanțarea obiectului semantic selectat considerat în sine;

b) relaţionarea obiectului semantic cu concepte seman-
tice care într-un fel sau altul sunt anterioare intelec-
ţiunii acestui obiect semantic;

c) semnificarea conceptelor anterioare intelecţiunii
obiectului semantic;

d) conceperea obiectului semantic într-o modalitate
nouă, ca eveniment;

e) semnificarea modalităţii în care se desfăşoară acest
eveniment, care constă în evidenţierea propriei
potenţialităţi.

Aşadar, adjectivul *casual* semnifică modalitatea în care se
manifestă un obiect semantic conceput ca eveniment şi ca
lucru potenţial.

Am menţionat înainte că semnificaţia denotată de adjec-
tivul *casual* se poate extinde, semnificând astfel în mod con-
cret. Spre exemplu:

108. casual wear

Când rostim o expresie precum aceasta, ceea ce facem, în
realitate, este să ne fixăm pe semnificat în sensul explicat.
Adică realizăm o fixare a unui eveniment care, manifestân-
du-se, evidenţiază manifestarea în mod potenţial. Cu alte
cuvinte, combinaţia fixează ceea ce se evidenţiază ca fiind
potenţial. Dar să vedem cum se poate fixa potenţialitatea.

Casual se aplică în mod specific lui *wear,* adică hainelor.
În acest sens, constituie o utilizare foarte bine definită. Indi-
că un mod de a concepe acest obiect semantic după cum am
specificat mai sus. *Casual wear* face aluzie la o îmbrăcăminte
determinată, care nu are, în principiu, nimic potenţial, fiind
o haină bine delimitată în semnificaţia sa. Totuşi, semnifi-
caţia este potenţială, deoarece formarea acestui construct

semantic, astăzi un uz al limbii, un uz istoric, face aluzie la potenţialitate în modalitatea de purtare. Semnifică fixarea unei stări potenţiale, fixarea unui aspect care este în sine potenţial, dar care este deja lexicalizat şi, prin urmare, foarte bine definit, adică concret.

Aşadar, *casual wear* este un semnificat definit, lexicalizat, specific. Specificitatea sa constă în potenţialitatea stării de lucruri în momentul fixării sale la nivel intelectiv. Această potenţalitate rămâne astăzi o stare lexicalizată, adică nepotenţială.

Aparţin acestui câmp lexical adjectivele: *accidental, actual, additional, advanced, aimless, alternate, alternating, alternative, arbitrary, auspicious, casual, common, commonplace, constant, customary, deliberate, eerie, effective, effectual, erratic, everyday, exorbitant, extraordinary, extreme, fabulous, factual, fallacious, familiar, fanciful, fantastic, far-fetched, feasible, fictitious, forthcoming, freakish, freaky, frequent, functional, futile, future, habitual, humdrum, imaginary, imminent, impending, liable, likely, monstrous, non-existent, objective, occasional, odd, ordinary, persistent, pointless, possible, potential, practical, pragmatic, prevailing, probable, promising, proper, prospective, purposeful, queer, rare, ready, real, recreational, regular, remarkable, routine, singular, spare, spontaneous, strange, subjective, successful, superfluous, surplus, theoretical, unique, unprepared, usual, vain, virtual, weird.*

7.2.2. Adjective ale divertismentului

O altă modalitate de manifestare a unui lucru conceput ca eveniment este modalitatea proprie a adjectivelor de divertisment. Acestea sunt dominate de dimensiunea pe care am numit-o *factualitate*. De fapt, constituie una dintre multiplele modalităţi în care se poate manifesta un eveniment, acesta fiind reprezentat de obiectul semantic selectat ca obiect al unei rostiri.

7.2.2.1. Adjectivul *absurd*

Adjectivul *absurd* indică o stare de lucruri care se manifestă cu un grad determinat de factualitate. Este un eveniment al cărui grad de factualitate este stabilit de vorbitor, iar astfel, nu avem de a face cu o factualitate în sine, ci cu una care se stabileşte în combinaţie. De exemplu:

109. It is absurd to ignore problems.

Ne aflăm în faţa unei stări de lucruri care depinde de subiectul cunoscător, al cărei adevăr sau neadevăr, a cărei existenţă sau lipsă de existenţă este o creaţie a subiectului cunoscător. Starea de lucruri denotată este a unui lucru care se manifestă, care nu există, dar care poate exista ca eveniment. Subiectul gramatical şi verbul expresiei se află sub auspiciile timpului prezent, dar aceasta nu înseamnă că avem de a face cu lucruri care există în prezent, lucruri care să se manifeste acum. Potenţialitatea manifestării este virtuală, iar evenimentul se poate petrece. Este vorba, prin urmare, de o implicaţie a expresiei; chiar dacă nu este astfel exprimat, lucrul este rostit ca un adevăr etern, prin urmare, un adevăr care se manifestă şi acum.

Elementele componente ale stării de lucruri sunt următoarele:

a) un obiect semantic selectat ca obiect al unei rostiri; acesta este exprimat printr-o construcţie infinitivală;

b) considerarea obiectului semantic ca manifestându-se sau nu, cu alte cuvinte, ca eveniment;

c) considerarea obiectului semantic în relaţia cu un mod determinat de manifestare, reprezentat în semnificaţia tradiţională de adjectiv; acesta concepe evenimentul din constructul semantic ca un nonsens;

d) subiectul cunoscător care transformă obiectul seman-
    tic în eveniment, atribuindu-i o modalitate ilogică de
    a se manifesta.

Aşadar, observăm următoarele operaţii intelective:

a) obiectul semantic nu este altceva decât un obiect cu-
    noscut, acesta fiind motivul considerării obiectului
    semantic în modul dorit;

b) obiectul semantic este un eveniment, cu alte cuvinte,
    se petrece;

c) obiectul semantic se petrece într-un mod
    determinat.

Aşadar, adjectivul *absurd* creează relaţii de semnificare
despre care nu se spune nimic. Pentru a spune ceva aşa cum
o face adjectivul *absurd*, este necesar să transformăm obiec-
tul semantic în eveniment, să îl concepem nu cum este[142], ci
doar ca pe un obiect cunoscut. Odată conceput, acesta este
considerat eveniment, oferindu-ni-se una dintre modalităţi-
le lui de manifestare.

Avem, prin urmare, un adjectiv abstract, un nod de relaţii
complexe care implică multe operaţii intelective, un adjectiv
care nu evidenţiază designarea celor rostite în mod concret,
ci un adjectiv care contribuie la intelecţiunea lucrurilor, un
adjectiv pentru care participarea subiectului cunoscător este
decisivă, care semnifică în virtutea a ceea ce subiectul cu-
noscător creează în actul de realizare ca semnificat.

Aparţin acestui câmp lexical adjectivele *absurd, amusing,*
comic, comical, entertaining, funny, hilarious, humorous,
jocular.

---

[142] A se vedea notele 113, 132.

7.2.3. Adjective ale întâmplării

Acest câmp lexical este format dintr-un număr redus de adjective a căror trăsătură comună este relaţionarea obiectului semantic despre care semnifică ceva cu considerarea unui lucru care se petrece. Pe de altă parte, semnificaţia conferită de adjectiv se fundamentează pe participarea subiectului cunoscător sau, cu alte cuvinte, semnificaţia conferită este considerată ca fiind contribuţia vorbitorului.

7.2.3.1. Adjectivul *random*

Adjectivul *random* indică o stare de lucruri subiectivă, face aluzie la conceptul de *eveniment* şi reprezintă un nod de semnificaţii complexe, adică este un adjectiv abstract. De exemplu, combinaţia:

110. a random bunch of flowers

Denotă o stare de lucruri în care observăm următoarele relaţii de semnificare:

a) un obiect semantic selectat ca obiect al unei rostiri; acest obiect semantic este exprimat în combinaţia a două substantive; este, aşadar, un obiect semantic selectat din mers; nu este lexicalizat ca atare în limbă;

b) considerarea acestui obiect semantic în relaţia cu clasa sau cu esenţa sa; combinaţia formată din *bunch* şi din adjectiv ne determină să o considerăm distinctă de semnificaţia lui *bunch* atunci când nu e însoţit de un alt cuvânt; nu este vorba doar despre ceea ce semnifică *bunch,* ci de ceva care se află în clasa sau esenţa căreia îi aparţine *bunch;*

c) considerarea constructului semantic în relaţie cu ceva care se petrece, cu un eveniment; constructul semantic este considerat eveniment, deoarece clasa de obiecte semantice căreia îi aparține obiectul semantic selectat este o lexicalizare în calitate de descriere a unei acțiuni; *bunch* semnifică acțiunea de a culege flori și de a le uni într-un buchet; prin urmare, considerarea obiectului semantic ca eveniment aparține clasei de obiecte semantice sau esenței de care depinde obiectul semantic selectat;

d) considerarea obiectului semantic în funcție de modul în care se manifestă acest eveniment care trebuie luat în considerare; această modalitate de manifestare nu are un plan sau o finalitate stabilite cu anterioritate; pe de altă parte, aceasta este semnificația lexicalizată de către acest adjectiv al întâmplării;

e) participarea subiectului cunoscător, a vorbitorului care face posibile aspectele descrise.

Așadar, obiectul semantic nu este selectat cu semnificatul pe care îl are azi în limbă. Este selectat în virtutea formării pe care a avut-o în calitate de creație nouă a unei semnificații determinate și în virtutea acțiunii a cărei concepere este necesară pentru a înțelege ceea ce semnifică acum ca obiect semantic lexicalizat, ca *bunch*. Acțiunea implică faptul de a fi realizată sau nu, adică de a exista sau nu, astfel încât, în combinația cu adjectivul *random,* aceste aspecte sunt scoase în evidență, ocupând un nivel superior chiar față de ceea ce numim definiția conferită de dicționar.

Prin urmare, *random* este un adjectiv subiectiv. Sunt necesare toate aceste operații pentru a ajunge să semnifice ceea ce semnifică în combinație. Este un adjectiv abstract, un nod complex de relații de semnificare. Este un adjectiv care implică concepte anterioare pentru a fi înțeles în calitate de construct semantic care se realizează în combinație:

conceptele de *timp*, de *acțiune* și de *eveniment*. Acesta din urmă apare în primul rând în combinație. Aparțin acestui câmp lexical adjectivele: *random, lucky, fortunate.*

7.2.4. Adjective ale pericolului

Analiza acestor adjective se realizează la fel ca analiza adjectivului *safe*, analiză care se poate consulta în secțiunile 2.5., 2.5.1., 2.5.2., 2.5.3. și 2.6.

Aparțin acestui câmp lexical adjectivele: *chancy, dangerous, dicey, fateful, hazardous, ill-omened, ill-starred, ominous, perilous, risky, safe, secure, threatening.*

7.2.5. Adjective ale adecvării

Un alt grup dominat de cele trei dimensiuni (*occurrence, event, factuality*), caracterizat prin modul de desfășurare a unui eveniment, este reprezentat de adjectivele adecvării. Acestea indică modalitatea de desfășurare a unui eveniment în acord cu circumstanțele existente. În realitate, în calitate de eveniment concept, adjectivele adecvării sugerează cerința de a se manifesta într-o mod determinat.

7.2.5.1. Adjectivul *drastic*

Fiind caracteristic semnificației oferite de adjectivele adecvării, adjectivul *drastic* stabilește o stare de lucruri în care obiectul semantic selectat este conceput ca o necesitate în modalitatea sa de desfășurare. Să vedem un exemplu:

111. drastic measures

Starea de lucruri denotată de combinație se poate analiza după cum urmează:

a) un obiect semantic selectat ca obiect al unei rostiri; în general şi ca trăsătură definitorie, acest obiect semantic semnifică despre obiectele semantice cu o capacitate indefinită de designare, ca *measure*, care nu referă nimic în mod concret; pe scurt, referă o acţiune, iar acţiunea este în sine un construct semantic şi mental complex;

b) considerarea obiectului semantic selectat în relaţia cu celelalte obiecte semantice din clasa sa; astfel, obiectul semantic selectat se deosebeşte de acestea şi se defineşte prin aportul adjectivului;

c) conceperea obiectului semantic selectat ca eveniment, ca întâmplare, ca ceva care se petrece; acesta este un act pur intelectiv, un lucru care trebuie cunoscut;

d) considerarea constructului semantic realizat, a constructului semantic conceput ca întâmplare în modalitatea sa de a se petrece condiţionată de anumite cerinţe;

e) subiectul cunoscător, vorbitorul, care concepe obiectul semantic în modalitatea specificată.

Aşadar, adjectivul *drastic* este abstract, facilitând creaţia de relaţii de semnificare complicate şi multiple. Este un adjectiv care ia un obiect semantic şi îl transformă, care îi facilitează subiectului cunoscător, vorbitorului, transformarea şi conceperea acestui obiect semantic după bunul plac. Subiectul cunoscător îl concepe ca eveniment, iar acest eveniment are o modalitate caracteristică de a fi, o oarecare condiţie de a se manifesta. Spre deosebire de celelalte adjective, acesta nu îndepărtează obiectul semantic căruia i se aplică. Se aplică obiectelor semantice care s-au îndepărtat prin sine de realitate, obiecte semantice fără o designaţie definită, dar care există în calitate de constructe semantice deja abstracte.

Toate adjectivele din câmpul lexical al adecvării incluse în corpusul pe care l-am realizat se caracterizează prin faptul de a se aplica unor semnificate fără designaţie definită, adică semnificate complicate, abstracte. Doar anumite expansiuni de semnificat au sau ar putea avea un obiect semantic pe care l-am putea numi oarecum concret. Astfel:

112. a demanding public

Este un exemplu preluat din dicţionarul Collins-Cobuild care se poate considera până la un anumit punct concret. Pe de altă parte, *opportune* este singurul adjectiv al acestui câmp lexical care se aplică obiectelor semantice mai concrete, din moment ce se poate aplica unor perioade de timp.

În concluzie, aceste adjective sunt abstracte, subiective şi instrumentale. Facilitează creaţia de relaţii de semnificare care contribuie la intelecţiunea lucrurilor din lume.

Aparţin acestui câmp lexical adjectivele: *demanding, drastic, imperative, opportune, pressing, urgent.*

7.2.6. Adjective ale adevărului

La acelaşi nivel cu adjectivele de divertisment, adică la nivelul unui câmp lexical determinat de dimensiunea *factuality,* se află adjectivele adevărului. Acestea indică un mod de manifestare a obiectelor semantice dominate de dimensiunile *event* şi *factuality.* Îndeplinesc, aşadar, aceeaşi funcţie: sunt o extindere a vastului câmp lexical al adjectivelor de factualitate.

În cadrul semnificaţiei determinate de dimensiunea *intellection,* ne-am ocupat de câmpul lexical al adjectivelor de exprimare (5.6.), care relaţionează obiectul semantic selectat cu adevărul sau lipsa de adevăr a acestuia. Ne vom ocupa de aceste diferenţe în cele ce urmează.

7.2.6.1. Adjectivul *true*

True semnifică despre un lucru la nivelul gândirii, nu referitor la ceea ce acesta reprezintă în sine, ci la factualitatea sa, la nivelul de a se manifesta ca eveniment, nivel conferit de vorbitor, subiectul cunoscător. Să luăm un exemplu:

113. a true story

Starea de lucruri denotată de combinație este compusă din următoarele elemente:

a) un obiect semantic selectat ca obiect al unei rostiri; obiectul semantic din combinație este reprezentat de substantivul *story*, acesta fiind, probabil, obiectul semantic cel mai caracteristic cu care se poate combina adjectivul; combinația semantică cu acest adjectiv este un uz foarte frecvent în limbă; substantivul indică în sine o stare de lucruri cu un grad determinat de factualitate; este înțeles ca o serie de evenimente concepute de către mintea umană, cu alte cuvinte, ca un obiect semantic care dispune de o factualitate determinată; în combinație, factualitatea pe care o poate purta substantivul este anulată de factualitatea adjectivului;

b) faptul că obiectul semantic își pierde gradul de factualitate în favoarea celui pe care i-l conferă adjectivul determină considerarea obiectului semantic în relația cu celelalte obiecte semantice din clasa sa; astfel, gradul de factualitate care i se conferă în combinație este în mod necesar distinct de cel care îi corespunde ca semnificat deja creat, adică istoric;

c) considerarea obiectului semantic ca ceva care se petrece, cu alte cuvinte, conceperea acestuia ca un obiect cunoscut care se petrece, ca eveniment;

d) faptul de a atribui obiectului un mod de a se petrece, care constă în conferirea unei siguranţe pe care vorbitorul o găseşte în sine[143];

e) subiectul cunoscător, vorbitorul, care îi atribuie obiectului semantic siguranţa menţionată mai sus.

Aşadar, adjectivul *true* indică modalitatea de manifestare a unui lucru, o modalitate conferită de vorbitor aspectului de care acesta vorbeşte şi care necesită transformarea obiectului rostirii într-un obiect al întâmplării, transformare care în tradiţie se manifestă într-un mod determinat, ca ceva cunoscut, conceput ca eveniment.

Prin urmare, *true* este un adjectiv relaţionat cu cunoaşterea. Este vorba despre atribuirea siguranţei lucrurilor pe care vorbitorul o verifică în sine. Nu poate exista un adevăr al lucrurilor fără o conştiinţă a persoanei care cunoaşte, care vorbeşte. Vorbitorul, subiectul cunoscător, există în sine şi atribuie acest mod de a fi lucrurilor care îl înconjoară sau circumstanţelor.

Prin urmare, adjectivul *true* nu este altceva decât manifestarea operaţiilor intelective pe care fiinţa umană le realizează pentru a crea semnificate, pentru a vorbi, care, deoarece vorbeşte, gândeşte. Este, aşadar, un adjectiv abstract

---

[143] Vorbesc aici despre ceea ce vorbitorul consideră adevăr, despre ceea ce se înţelege prin adevăr într-o comunitate lingvistică determinată. În orice caz, *true* este un adjectiv subiectiv, iar cel care devine garantul adevărului enunţat de adjectiv este vorbitorul. După cum afirmă Ortega y Gasset (1997 [1940]: 38-39), „[Omul] repetă figurile imaginare ale lumilor şi ale posibilului său comportament în ele. Între toate acestea, una îi pare în mod ideal stabilă, aceasta fiind adevărul" [Traducere proprie]. Adevărul „este o stare intelectuală al cărei conţinut coincide cu ceea ce sunt lucrurile" (Ortega y Gasset, 1992 [1984]: 144) [Traducere proprie] sau „o necesitate, acea obligaţie de a decide între două credinţe" (Ortega y Gasset, 1992 [1958]: 290) [Traducere proprie].

care nu descrie nimic, care îşi atribuie fiinţa lucrurilor, un adjectiv fără o capacitate definită de designare.

Exemplul de mai sus constituie, totuşi, un uz caracteristic limbii, un uz specific. Cu alte cuvinte, designaţia adjectivului este specifică în acest sens. Cu toate acestea, această specificitate, dacă îi conferă adjectivului o designaţie definită, este distrusă de combinaţia proprie a adjectivului. *A true story* poate fi un uz foarte frecvent, dar nu un uz exclusiv din mai multe motive. În primul rând, datorită aspectelor explicate mai sus. Subiectul cunoscător, vorbitorul, îşi atribuie conştiinţa de a fi obiectului semantic selectat. În al doilea rând, deoarece această atribuire nu poate fi realizată pe baza unei singure clase de obiecte semantice. Această atribuire este mult mai amplă decât ceea ce designează substantivul.

True este un adjectiv instrumental de ordinul întâi. Serveşte conceperii şi cunoaşterii lucrurilor din lume, prima dintre funcţiile umane.

Adjectivul *true* se poate aplica tuturor lucrurilor cunoscute, mai ales dacă acestea au un grad de elaborare mai ridicat, adică dacă sunt abstracte, înţelegând prin caracterul abstract faptul de a fi elaborate la nivel mental[144]. Mai exact, acestea se datorează semnificaţiei sale, funcţiei sale intelective de a atribui lucrurilor din lume propria fiinţă a vorbitorului. Următoarele exemple au fost preluate din dicţionarul Collins-Cobuild:

114. a true account of facts

---

[144] După cum am menţionat deja, utilizez opoziţia abstract/ concret pentru a designa acele semnificate sau semnificaţii mai elaborate la nivel mental. Opoziţia abstract/ concret este relativă, funcţionând ca atunci când vorbim de conţinuturi de conştiinţă, adică de semnificate. Toate semnificatele, fiind entităţi ale raţiunii, fiind cunoscute, fiind conţinuturi de conştiinţă, sunt abstracte, indiferent de gradul de definire al designaţiei (Martínez del Castillo, 1999: 5.2; 5.7; 5.8, potrivit notei 143).

115. It is true that he came yesterday.

116. a true Englishman

117. His true feelings are...

118. In true democracy corruption is not possible.

119. I suspected that he was not a true partner.

120. It took me hours to find out my true aim.

121. That was true amusement.

122. true lovers

Rezultă, aşadar, că vorbitorul garantează ceea ce spune. El îşi proiectează conştiinţa de a fi asupra lucrurilor, iar astfel, lucrurile concepute devenite evenimente reflectă fiinţa vorbitorului.

7.2.6.2. Diferenţe între adjectivele de adevăr şi adjectivele de exprimare

Am afirmat, la începutul analizei adjectivelor de adevăr, că adjectivele exprimării (5.6.), adjective dominate de dimensiunea *intellection*, relaţionează obiectul semantic cu adevărul sau lipsa de adevăr a acestuia. Diferenţele dintre cele două categorii de adjective sunt implicite structurii de semnificaţie şi rezidă în faptul că adjectivele de intelecţiune sunt dominate de dimensiunea *intellection*. Stabilesc, astfel, o relaţie cu esenţa clasei de obiecte semantice cărora li se aplică adjectivul şi gradul de adevăr pe care adjectivul îl comunică. Gradul de adevăr definit este exprimat în tradiţie. Din contră, adjectivele de adevăr consideră obiectul semantic selectat ca fiind cunoscut, iar odată cunoscut, ca fiind un eveniment. Constructului semantic, adică evenimentului, i se proiectează sau i se atribuie propria conştiinţă de a fi a subiectului vorbitor. Aşadar, diferenţa dintre cele două grupuri constă în dihotomia obiectiv (conferit de istorie şi de tradiţie, nu de cunoaştere) şi subiectiv (cunoaştere). În cazul adjectivelor de adevăr, dominate de dimensiunile *occurrence, event, factuality,* garantul adevărului este propriul individ care cunoaşte, vorbeşte şi care, deoarece vorbeşte, gândeşte.

Aparţin acestui câmp lexical adjectivele *believable, bogus, credible, doubtful, fake, false, misleading, questionable, right, sham, true, truthful, wrong.*

8

RECAPITULARE: ADJECTIVELE
CARE APARȚIN DIMENSIUNII *OCCURRENCE*

În capitolul 6 am realizat o analiză globală a relațiilor de semnificare ale adjectivelor structurate de dimensiunea *intellection* și a implicațiilor de tip intelectiv pe care fiecare dintre acestea le presupune. În acest capitol îmi propun să fac același lucru cu adjectivele guvernate de dimensiunea *occurrence*. Unele dintre relațiile de semnificare studiate în capitolul 6 coincid cu cele pe care urmează să le analizez în acest capitol. Voi semnala, așadar, relațiile de semnificare și operațiile intelective distincte ale acestor adjective.

Primul element pe care l-am semnalat în structura de semnificație a adjectivelor de ocurență este, la fel ca în cazul adjectivelor de intelecțiune, stabilirea unui obiect semantic ca obiect al unei rostiri. Această relație de semnificare, care este în sine o operație intelectivă, este esențială pentru combinația formată dintr-un adjectiv și un substantiv. În cazul adjectivelor de ocurență, operația intelectivă are caracteristici proprii evidențiate în explicația structurii lor de semnificație (8.1.). Valoarea acestei operații de intelecțiune poate fi consultată în subcapitolele 6.1. și 6.6.

Operațiile intelective de designare și determinare nu au același rol în cazul celor două categorii de adjective menționate mai sus. Adjectivele de ocurență se caracterizează prin lipsa lor de definire referitoare la capacitatea de designare. Modalitatea specifică a acestora de a stabili designarea este relaționată cu trăsăturile stării de lucruri denotate, aspect pe care îl vom analiza în cele ce urmează.

8.1. Structura semnificației adjectivelor care aparțin dimensiunii *occurrence*

Adjectivele de ocurență se caracterizează prin starea de lucruri stabilită, care in mod fundamental constă în considerarea obiectului semantic selectat ca eveniment, ca ceva care se petrece. Când o stare de lucruri se manifestă ca eveniment, se disting trei aspecte: faptul de a avea loc (ceea ce doresc să exprim prin cuvântul englezesc *occurrence*), evenimentul propriu-zis sau întâmplarea (*event*) și modalitatea de manifestare a acestui eveniment (ceea ce doresc să exprim prin cuvântul englezesc *factuality,* pe care, în lipsa unei expresii mai potrivite, îl traduc prin *factualitate*[145]).

8.1.1. Structurarea intelectivă

Această triplă distincție din cadrul unui eveniment se manifestă în limba engleză în semnificatele distincte pe care le conferă aceste adjective din perspectivă comparativă. După cum vom vedea mai jos, câmpurile lexicale pun accentul pe unul dintre cele trei aspecte, neexistând o opoziție absolută între ele. De fapt, toate trei se manifestă de fiecare dată când analizăm o întâmplare, dar unele elemente apar în mod spe-

---

[145]A se vedea nota 141. Având în vedere statutul asemănător al cuvântului în limbile română și spaniolă, am decis să folosim forma omologă din limba română [N. trad.].

cial în detrimentul altora, ceea ce ne permite să le distingem ca aspecte, ca relații de semnificare diferite în cadrul stării de lucruri pe care o semnifică adjectivele.

De fapt, această triplă distincție apare, după cum am putut vedea în analizele realizate (capitolul 7), sub forma unor dimensiuni structurate de ansamblul intelectiv pe care îl constituie aceste câmpuri lexicale adjectivale. Așadar, primul aspect al structurii de semnificație denotate de adjective este însăși starea de lucruri pe care o denotă și structurarea acesteia, aspecte care servesc la structurarea intelectivă a câmpurilor lexicale în discuție.

Astfel, dimensiunile *occurrence, event* și *factuality*, care indică aspectele componente ale stării de lucruri denotate, apar constant. Putem reprezenta schematic starea de lucruri:

Eveniment		
Faptul de a se petrece	Întâmplare	Factualitate

Această analiză compozițională a stării de lucruri ne permite să structurăm ansamblul intelectiv al câmpurilor lexicale ale adjectivelor din categoria *occurrence* în funcție de dimensiunile care le structurează:

Eveniment
Întâmplare
Adjective ale duratei
Adjective ale circumstanței
Factualitate
Adjective ale factualității
Adjective ale divertismentului
Adjective ale întâmplării
Adjective ale pericolului
Adjective ale adecvării
Adjective ale adevărului

8.1.2. Starea de lucruri ca obiect al cunoaşterii, starea de lucruri subiectivă

Adjectivele din categoria *occurrence* făuresc o stare de lucruri care reprezintă un eveniment, ceva care se petrece, deoarece se raportează la obiectul semantic ca la un obiect cunoscut, ca la un construct cunoscut care, datorită statutului său, poate fi considerat în modul convenient. Acesta este fundamentul stabilirii triplei distincţii pe care am văzut-o în starea de lucruri denotată, în starea de lucruri eveniment. Ceea ce denotă nu este un obiect din viaţa reală, ci un semnificat, un conţinut de conştiinţă. În calitate de conţinut de conştiinţă, acesta reprezintă un obiect mental, un obiect care se poate concepe în modul cel mai potrivit intenţiilor expresive ale vorbitorului, ale subiectului cunoscător.

Aşadar, putem observa acest triplu aspect sau dimensiune în toate stările de lucru denotate de adjectivele în cauză, dar în mod distinct. În cazul adjectivelor de circumstanţă, apar în special primul şi ultimul aspect, adică faptul de a se petrece (*occurrence*) şi obiectul care se petrece (*event*). Adjectivelor de durată le sunt specifice faptul de a se petrece şi evenimentul. În cazul celorlalte câmpuri lexicale apar cele trei aspecte, faptul de a se petrece, evenimentul şi modul în care se manifestă evenimentul. În mod normal, fiecare dintre aceste câmpuri lexicale structurează diferit elementele menţionate.

Aşadar, starea de lucruri priveşte multiplele obiecte semantice, dar, în principiu, nu spune nimic despre respectivele obiecte semantice, nici despre esenţa lucrurilor, nici despre designarea obiectelor din realitate; se dezvoltă însă, din punct de vedere intelectiv, o stare de lucruri distanţată de aceste obiecte. Mai mult, această stare de lucruri există în limbă ca semnificat istoric, fapt prin care putem considera acest semnificat istoric, care nu este deloc simplu, ca fiind un concept anterior, necesar intelecţiunii stării de lucruri pe care o denotă aceste adjective.

Starea de lucruri denotată de adjectivele de ocurenţă este posibilă mulţumită operaţiilor de tip intelectiv stabilite de vorbitor între relaţiile de semnificare care acţionează ca elemente ale combinaţiei. Stabilirea unui obiect semantic în calitate de ceva care se petrece este posibilă datorită faptului că obiectul semantic nu este considerat în sine, nici aşa cum ne spune limba că este potrivit tradiţiei, ci vorbitorul este cel care îl consideră ca obiect care există doar în conştiinţa sa. Starea de lucruri rezultantă este o stare de lucruri subiectivă, care face aluzie la subiectul locutor, iar cele spuse au valoare în măsura în care vorbitorul este garantul lor. Din acest punct de vedere, este neobişnuit ca adjectivele de adevăr să facă parte din acest grup de adjective.

Considerarea obiectului semantic selectat este, de asemenea, posibilă, chiar dacă nu în exclusivitate, datorită aspectelor introduse de adjective referitoare la totalitatea sau clasa de obiecte semantice căreia îi aparţine obiectul semantic selectat. Odată ce obiectul semantic selectat este anulat, semnificaţia pe care o conferă din perspectiva a ceea ce semnifică în sine ca semnificat lexicalizat şi tradiţional este cea a clasei sale, iar din perspectivă comparatistă este cea a celorlalte obiecte semantice ale clasei sale. Astfel, în exemplele pe care le-am analizat, *the last bus, brief comments, a casual glance* etc., aceste obiecte semantice nu erau definite în sine, ci în relaţie cu ceea ce semnificau în calitate de clasă, de esenţă a ceea ce semnifică.

Singurul caz pe care l-am catalogat ca fiind diferit era al adjectivelor de situaţie. Acestea nu necesită să facă referire la ansamblul sau clasa din care fac parte obiectele semantice selectate. Adjectivele de situaţie pun accentul pe cadrul în care se petrece evenimentul, depărtându-se puţin din acest punct de vedere de semnificația comună pe care o stabilesc adjectivele. Prin urmare, în exemplul *a daily task,* obiectul semantic apare mai bine definit și determinat.

În cazul adjectivelor din categoria *occurrence,* determinarea pe care toate obiectele semantice o necesită pentru a se putea stabili ca obiect al unei rostiri se realizează distinct. Pentru a nu fi virtual, obiectul semantic selectat este determinat în relație și comparativ cu celelalte obiecte ale clasei sale. Aceasta este, după cum am mai menționat, o altă operație intelectivă.

Realizarea stării de lucruri denotate de adjectivele de ocurență este tipică stării de lucruri pe care acestea o stabilesc. Sunt constructe semantice care denotă manifestarea într-un oarecare mod și, de fapt, se manifestă într-un mod determinat. Astfel, ultimul aspect sau ultima dimensiune pe care am semnalat-o apare în starea de lucruri care denotă ceva care se petrece. Este dimensiunea *factuality.* Ca dimensiune care structurează, este o trăsătură foarte importantă. Sunt multe adjectivele de factualitate și multe câmpurile lexicale dominate de această dimensiune.

8.1.3. Dimensiunea *factuality*

Realizarea stării de lucruri denotate de adjectivele de ocurență în câmpuri lexicale distincte privește conceptul de eveniment. Adjectivele pe care le-am numit de factualitate sunt foarte numeroase, fiecare dintre ele reprezentând modul de manifestare al unui eveniment. Câmpurile lexicale dominate de dimensiunea *factuality* reunesc o serie mai mult sau mai puțin numeroasă de adjective cu semnificație comună. Toate indică o modalitate de a se manifesta a evenimentului, modalitate pe care acestea o creează.

Pentru a ilustra aspectele de mai sus, mă voi opri asupra modalităților de manifestare date ale unui eveniment potrivit limbii engleze, pe care le-am numit adjective de *factualitate*[146]. Putem vedea în aceste adjective cum evenimentul se manifestă într-o modalitate necăutată sau necauzată cu anterioritate:

123. an accidental death

Modalitatea poate fi reală sau veridică:

124. The actual words he uttered.

Sau adiţională:

125. additional information

Sau se poate manifesta în sine:

126. ...aimless violence in present-day society

Sau poate fi regulată, manifestându-se la intervale de timp sau între alte realizări ale evenimentului:

127. an alternate route

Sau realizările se pot manifesta una după cealaltă:

128. alternating colours of neon lights

Sau într-o manieră distinctă una faţă de cealaltă:

129. alternative waves of good and bad news

Sau fără un plan sau un motiv de a fi:

130. Linguistic signs are arbitrary.

Sau astfel încât să anunţe sau să preconizeze succesul unui eveniment:

131. an auspicious piece of information

---

[146] Exemple preluate din dicţionarul Colins-Cobuild.

Modalitatea poate fi comună cu multe alte evenimente, realizându-se frecvent:

132. This mistake is quite common. Sparrows are quite common.

Sau poate sugera lipsa de importanță:

133. Going out for dinner on Sundays is commonplace.

Sau se poate realiza în același fel:

134. That was her constant activiy when at home.

Sau poate fi tipică unui moment, unei circumstanțe sau unui loc:

135. the customary consumption of tobacco by adults

Sau poate fi o modalitate conștientă și hotărâtă cu anterioritate de subiectul cunoscător:

136. the deliberate use of silence in conversation

Sau opresivă și amenințătoare:

137. I soon had the eerie feeling that something mischievous could happen.

Sau poate urmări obținerea unor rezultate bune:

138. His teaching methods are quite effective.

Sau poate privi rezultatele așteptate:

139. an effectual resolution

Lista se poate completa, înregistrând un total de 88 de adjective (a se vedea paragraful final din subcapitolul 7.2.1.1.), fiecare cu utilizările sale multiple.

Avem, aşadar, un ansamblu de modalităţi referitoare la manifestarea unui eveniment, ansamblu pe care locutorii îl cunosc atunci când vorbesc şi când transformă un obiect semantic determinat în ceva care se petrece. Nu contează dacă obiectul semantic selectat are o designare definită sau nu. Acesta apare ca un obiect care se petrece, atribuindu-i-se aceleaşi caracteristici care se manifestă.

Obţinem, astfel, într-o formă verificabilă, valoarea acestor adjective abstracte. Adjectivele de ocurenţă selectează un obiect semantic ca obiect al unei rostiri şi îl transformă în eveniment. Limba dispune de forme lexicale multiple care ne spun cum se poate manifesta acest eveniment.

Mai mult, semnificatul, deşi istoric, nu este fix. Este fix în sensul că are un uz definit şi comun în comunitatea de vorbitori care făuresc limba. Dar din perspectiva realizării sale, întotdeauna este şi continuă să fie virtual, chiar după realizare, fiind un model pentru realizările ulterioare. Este şi s-a născut ca λόγος σημαντικός, se realizează şi continuă să fie λόγος σημαντικός.

Dimensiunea *factuality* nu se epuizează cu adjectivele pe care le-am numit de factualitate. După cum am mai menţionat, se realizează şi în alte câmpuri lexicale dominate de această dimensiune.

8.2. Adjectivele care aparţin dimensiunii *occurrence* şi dezvoltarea conceptelor semantice

Aşadar, observăm următoarele realizări ale semnificaţiei denotate de adjectivele de ocurenţă, realizări care provin din faptul că ceva se petrece. Pe de altă parte, sunt relaţii de semnificare existente în limbă ca semnificate istorice:

a) conceptul de întâmplare, aflat în plin proces de desfăşurare, sau conceptul de durată în sens propriu; acest concept este relaționat cu semnificatul care, pe de altă parte, există în limbă sub formă lexicalizată;

b) conceptul de a exista, aflat în proces de desfășurare și cu o ordonare autonomă a evenimentului chiar din interiorul semnificației; cu alte cuvinte, cel pe care l-am numit conceptul duratei retrospective, stabilirea unei perioade îndelungate, luând ca punct de referință un element al combinației în care apare adjectivul, mergând astfel în sens invers;

c) conceptul de cadru în care se manifestă un eveniment și întâmplarea propriu-zisă; cu alte cuvinte, stabilirea unui cadru arbitrar și nou în care se petrece ceva; făurirea acestui cadru și a acestui ceva care se petrece este condiția manifestării evenimentului creat, eveniment care nu este instantaneu;

d) conceptul de eveniment și modul acestuia de a se manifesta; în principiu, acesta din urmă este diferit în cazul fiecărui adjectiv; astfel, numărul modurilor de manifestare este egal cu numărul adjectivelor de factualitate; dar multe din aceste adjective pot avea caracteristici comune de manifestare;

e) conceptul de eveniment care se manifestă în mod potențial, nedeterminat în vreun fel, a cărui realizare este lipsită de cauzalitate;

f) conceptul de eveniment care se petrece dezordonat, cauzând astfel adesea ilaritate;

g) conceptul de eveniment care se petrece în mod neplanificat, necăutat;

h) conceptul de eveniment care se manifestă prin relaționarea cu siguranța sau cu pericolul experimentat de vorbitor;

i) conceptul de eveniment care se manifestă într-un mod pe care îl putem numi cerință de manifestare;

j) conceptul de eveniment care se manifestă ca proiecție a ființei subiectului cunoscător, a vorbitorului, asupra lucrurilor din lumea reală[147].

În concluzie, avem o listă lungă a elementelor pe care le reprezintă întâmplarea, evenimentul, ceea ce vorbitorul selectează și consideră eveniment.

Toate aceste moduri de manifestare a unui eveniment sunt, în realitate, concepte care se dezvoltă în expresie și care, pe de altă parte, există în limbă. Pot fi considerate, așadar, anterioare, concepte pe care vorbitorul le vehiculează, concepte învățate prin limbă, prin intermediul tradiției în tehnica vorbirii în vigoare dintr-o comunitate lingvistică și care nu sunt în mod obișnuit sau în mod normal lexicalizate. Sunt lexicalizate în combinația elementelor de semnificație. Sunt concepte anterioare care se manifestă în combinația unui obiect semantic selectat cu adjectivele de ocurență. Iar acest aspect nu apare în dicționar. Vorbitorul este cel care știe că ele există și știe cum să le utilizeze și cum să le combine.

Vorbitorii dobândesc prin tradiție această resursă existentă în limbă. Dar nu avem de a face cu semnificate propriu-zise, ci cu operații intelective învățate de vorbitori prin propria lor tradiție și care constituie aspectul dinamic, creativ și înnoitor al limbii. Nu trebuie să fim surprinși: limbajul constă tocmai în creația de semnificate. Semnificatul nu este deja făcut și, pe de altă parte, niciodată nu va fi ceva făcut. Semnificatul este pentru limbaj ceea ce limbajul este pentru semnificat. Sunt același lucru. Semnificatul istoric

---

[147] Înțeleg prin conceptul de *adevăr* conștiința de a fi proiectat asupra lucrurilor sau întâmplărilor care ne afectează într-un fel sau altul. Acest aspect este definit de Ortega y Gasset în moduri multiple. A se vedea nota 143.

este un tezaur comun, dar nu este static. Semnificatul istoric este deja realizat, dar este virtual, putând fi astfel utilizat de vorbitori.

Avea dreptate Whorf când a văzut o metafizică ascunsă în fiecare limbă, metafizică pe care, pe de altă parte, nu a știut să o explice. Aceasta, deoarece nu a abordat semnificatul și nu a oferit o definiție a limbajului. A conceput limbajul ca pe un dat care se găsește în individ, în mintea sa, aceasta fiind concepută ca ceva care se manifestă în om. Limbajul nu este distinct de om, nu este ceva care să se manifeste în om. Limbajul, la fel ca omul însuși, nu este altceva decât întâmplare, întâmplare pe care omul o experimentează ca protagonist, care de asemenea este întâmplare[148]. Limbajul nu este mai mult decât subiectul locutor și gândirea nu este mai mult decât activitatea necesară pentru ca omul să vorbească. Semnificatul este limbaj, deoarece limbajul este creație de semnificate. Semnificatul istoric este λόγος σημαντικός, lucru deja realizat și virtual, lucru care constatăm că e realizat în același timp. Metafizica de care vorbește Whorf există, dar nu este suficient să îi constatăm existența. Trebuie să o explicăm.

Prin urmare, referindu-ne la adjectivele de ocurență, toate conceptele anterioare necesare pentru a înțelege ceea ce semnifică respectivele adjective au de a face cu conceptele de *eveniment*, de *întâmplare* și de *factualitate*. Acestea se evidențiază într-un fel sau altul întotdeauna când se stabilește o combinație sau o semnificație cu un adjectiv de ocurență.

8.2.1. Concepte precedente și câmpuri lexicale

Creația unei combinații în care să apară unul din aceste adjective implică conceperea unui obiect semantic considerat eveniment. Aceasta implică multe operații intelective,

---

[148] Mă refer la cuvintele lui Ortega y Gasset menționate deja, potrivit notei 7.

după cum am menţionat deja. Evidenţierea unui aspect sau altul din eveniment, faptul de a dezvolta întâmplarea în sine (adjective ale duratei), cadrul necesar evenimentului (adjective de situaţie) sau modul de manifestare a unui eveniment (adjective ale factualităţii, ale divertismentului, ale întâmplării, ale pericolului, ale adevărului) sunt posibile mulţumită operaţiilor intelective pe care le realizează vorbitorul. Expresia lexicalizată a tuturor acestor adjective este o descriere a tuturor acestor relaţii de semnificare şi a conceptelor anterioare pe care le implică. Putem, aşadar, să reprezentăm contribuţia acestor adjective după cum urmează:

Operaţii intelective			Câmpuri lexicale
Descrierea unui eveniment ca	Faptul de a se petrece	În desfăşurare	Adjective ale duratei
	Obiectul care se petrece	Cadrul	Adjective ale situaţiei
	Modul în care se petrece	Nivelul de factualitate	Adjective ale factualităţii
			Adjective ale divertismentului
			Adjective ale întâmplării
			Adjective ale pericolului
			Adjective ale oportunităţii
			Adjective ale adevărului

8.3. Participarea subiectului cunoscător

Transformarea unui obiect semantic într-un concept dat ca eveniment, distincția dintre întâmplarea în sine, eveniment și modul în care se petrece respectivul eveniment, realizarea modalității de manifestare a respectivului eveniment în multiplele înfăptuiri pe care le prezintă aceste adjective sunt posibile doar datorită operațiilor de intelecțiune pe care le realizează subiectul cunoscător, vorbitorul, care transformă conceptele tradiționale în modul dorit. Aceste adjective sunt, prin urmare, subiective, iar starea lor de lucruri depinde integral de mintea care le concepe.

Dacă reluăm exemplele analizate, vom vedea că valoarea lucrului exprimat depinde totalmente de subiectul cunoscător. Exemplele:

140. briefs comments

141. the last bus

142. a daily task

143. a casual glance

144. absurd problems

145. a random selection of books

146. a safe road

147. drastic measures

148. a true story

Nu spun, în realitate, nimic care să afecteze în mod direct ceea ce este și constituie fiecare dintre obiectele semantice selectate. Acestea nu sunt definite nici cu privire la ceea ce semnifică în calitate de concepte, nici în ceea ce privește esența lor sau aspectul pe care îl designează. Pe de altă parte, în combinaţiile acestor adjective, designarea nu este un element cu deosebire semnificativ. Determinarea se realizează în măsura în care contribuie la considerarea obiectului semantic ca eveniment, după cum am mai spus deja. Aceste adjective se definesc prin operaţiile intelective pe care le realizează vorbitorul în momentul înfăptuirii lor, operaţii care ne oferă relaţiile de semnificare explicate şi care se realizează aşa cum am mai explicat.

9

SEMNIFICAȚIA ABSTRACTĂ STRUCTURATĂ ÎN FUNCȚIE DE DIMENSIUNEA *VALUATION*

Ultimul grup de câmpuri lexicale cu caracter abstract, care pune accentul pe subiectul cunoscător, este grupul de adjective dominate de dimensiunea *valuation*. Acestea denotă o semnificație abstractă, care nu este însă atât de complicată sau sinuoasă ca în cazul adjectivelor de intelecțiune sau de ocurență. Totuși, spre deosebire de acestea, adjectivele evaluării au un caracter subiectiv accentuat. Exprimă o evaluare a obiectului semantic selectat, care nu reprezintă altceva decât definirea atitudinii vorbitorului față de acest obiect. Adjectivele dominate de dimensiunea *valuation* sunt adjective ale frumuseții, ale curățeniei, ale ușurinței, ale importanței, ale intensității și ale calității.

Spre deosebire de adjectivele de intelecțiune și de ocurență, adjectivele evaluării sunt descriptive. Probabil din acest motiv ele nu prezintă o structurare. Fiecare câmp lexical descrie o stare de lucruri determinată, fără o altă conexiune cu celelalte câmpuri lexicale care contribuie la evaluarea lucrurilor reprezentate de obiectul semantic pe care îl selectează, adică exprimă atitudinea vorbitorului față de acesta.

9.1. Adjective ale frumuseții

Acest câmp lexical este constituit dintr-un total de 65 de adjective. Indică evaluarea realizată de vorbitor cu referire la ceea ce numim frumusețea (sau negarea ei) lucrurilor, date și tratate ca fiind cunoscute.

9.1.1. Adjectivul *awkward*

Acest adjectiv este reprezentativ pentru propria denotare a câmpului lexical. Indică atitudinea vorbitorului, a subiectului cunoscător, față de lucruri. Să luăm un exemplu:

149. an awkward gesture

Dacă analizăm starea de lucruri denotată, observăm următoarele elemente de semnificație:

a) un obiect semantic selectat, care este definit și care se aplică în mod fundamental ființelor umane și, pornind de aici, gesturilor și mișcărilor acestora[149];

b) relația obiectului semantic selectat cu clasa sau esența sa;

c) semnificația denotată de adjectiv, care constă în descrierea atitudinii vorbitorilor față de obiectul semantic selectat pe care îl evaluează într-un mod sau altul;

d) subiectul cunoscător, vorbitorul, care creează starea de lucruri denotată de adjectiv și de obiectul semantic, aplicând cele denotate de adjectiv substantivului.

Acest ultim element apare uneori în expresie, iar alteori se face doar referire la subiectul vorbitor sau la interlocutorul său. Spre exemplu:

---

[149] A se vedea subcapitolul 5.6. (Martínez del Castillo, 1999) referitor la expansiunea de semnificat a adjectivelor.

150. It is awkward to me to behave in that way.

Faptul că acest element apare în expresie evidenţiază caracterul subiectiv al adjectivului. El denotă o stare de lucruri care referă subiectul cunoscător, subiectul care creează semnificaţia, vorbitorul. Acesta poate exprima situaţia în mod simplu sau poate face referire la el însuşi sau la un alt subiect cunoscător.

Acest adjectiv are o capacitate de designare bine definită, aplicându-se aproape exclusiv fiinţelor umane. I se neagă astfel caracterul abstract, adjectivul apropiindu-se mult de adjectivele descriptive, care în general sunt concrete. Totuşi, când acest adjectiv cunoaşte expansiuni, admite alte tipuri de obiecte semantice. Cu toate acestea, prin semnificaţia sa şi prin caracterul subiectiv pe care îl denotă, face ca relaţia cu subiectul cunoscător să fie mai evidentă. Astfel, în următorul exemplu preluat din dicţionarul Collins-Cobuild, adjectivul se aplică aparent unui artifact creat de fiinţele umane, dar, în realitate, continuă să facă aluzie la subiectul care concepe şi creează semnificaţia dată:

151. The machine was very awkward to use.

Se înţelege prin forţa evidenţei că adjectivul face referire la persoana care utilizează maşinăria în cauză. Ar trebui să interpretăm combinaţia ca „someone moves awkwardly, since the machine is difficult to use". Cu alte cuvinte, acest adjectiv se defineşte prin relaţia sa cu subiectul cunoscător care creează semnificaţia dată. Această expansiune de semnificat, în calitate de expansiune de semnificat, face combinaţia adjectivului mai complicată; introduce relaţii de semnificare pe care subiectul cunoscător, vorbitorul (sau ascultătorul) trebuie să le introducă la nivel intelectiv[150].

---

[150] Această problemă a introducerii relaţiilor de semnificare în expresie este caracteristică adjectivelor abstracte. Am abordat aceste aspecte în

Adjectivul poate face referire la subiectul cunoscător, deoarece însuși subiectul vorbitor consideră constructul semantic ca atare sau, cu alte cuvinte, ca fiind cunoscut. Mașinăria din exemplul 151 nu poate fi *awkward*, deoarece adjectivul se aplică doar ființelor umane, iar mașinăria nu este decât un artifact, un lucru. Dar vorbitorul o consideră nu ca pe ceva existent în sine și prin sine, ci ca pe obiect existent în mintea sa, ca obiect cunoscut. Odată concepută astfel, o mânuiește după cum consideră de cuviință[151].

Aparțin acestui câmp lexical adjectivele: *abhorrent, adorable, appalling, appealing, attracted, attractive, awkward, beautiful, comely, delicate, desirable, detestable, disgusting, drab, dreadful, dull, elegant, enchanted, enchanting, enticing, fascinated, fascinating, fashionable, frightful, ghastly, glorious, good-looking, graceful, handsome, hateful, hideous, horrendous, horrible, horrid, horrific, horrifying, impressive, indelicate, loathsome, lovable, lovely, luscious, majestic, nasty, nice, odious, off-putting, ornamental, picturesque, pleasant, presentable, pretty, quaint, repellent, repulsive, revolting, sensational, shapely, stately, striking, stupendous, tempting, terrible, ugly, unattractive.*

9.2. Adjective ale curățeniei

Acest câmp lexical este format din 24 de adjective care denotă o stare de lucruri care îl definește pe vorbitor cu referire la semnificația pe care o numim *curățenie*.

---

subcapitolul 6.5. Pe de altă parte, introducerea acestor relații are de a face cu expansiunile de semnificat, problemă care se manifestă cu precădere în cazul adjectivelor concrete, pe care le vom aborda mai încolo. Despre expansiunile de semnificat am vorbit deja de mai multe ori și voi mai vorbi în cadrul analizei următoarelor adjective. Pentru expansiunile de semnificat, a se vedea Martínez del Castillo, 1999: subcapitolele 5.6.

[151] A se vedea nota 140.

9.2.1. Adjectivul *clean*

Adjectivul *clean* indică atitudinea vorbitorului faţă de obiectul semantic selectat şi faţă de ceea ce numim curăţenie. Să luăm un exemplu:

152. His room was clean and tidy.

În starea de lucruri denotată observăm următoarele relaţii de semnificare:

a) un obiect semantic selectat ca obiect al unei rostiri; Acest obiect semantic este, în principiu, indefinit. Adjectivul se poate aplica oricărui tip de obiect semantic. Nu stârneşte interes tipul de clasă semantică căreia îi poate aparţine, ci atitudinea vorbitorului, care defineşte cu aceeaşi consideraţie ceea ce numim curăţenie, iar acest aspect are o amploare considerabilă.

b) semnificaţia conferită de adjective, cu alte cuvinte, ceea ce înţelegem prin curăţenie, se defineşte în sensul exprimat mai sus;

c) subiectul cunoscător, vorbitorul, care îşi indică atitudinea faţă de obiectul semantic selectat.

Pentru a defini obiectul semantic trebuie să luăm în calcul două aspecte: în primul rând, obiectul semantic în sine, iar în al doilea rând, atitudinea vorbitorului care aplică sau care poate aplica conceptul de curăţenie oricărui lucru. Astfel este definit şi conceptul de curăţenie. Nu este acelaşi lucru dacă *clean* i se aplică lui *life* sau dacă se aplică unui lucru concret, cum ar fi *shirt*, sau unui lucru totalmente abstract ca *reputation* sau unui animal, cum ar fi *cat*. În fiecare caz definim, pe de o parte, obiectul semantic şi, pe de altă parte, ceea ce se consideră prin *clean* sau prin curăţenie. Conceptul de *curăţenie* variază în funcţie de obiectul căruia i se aplică. Acest fapt contribuie la determinarea obiectului semantic.

Din perspectiva contribuţiei adjectivului, obiectul semantic este determinat într-un dublu sens: în sine, ca obiect semantic, şi prin faptul că se aplică adjectivului, definindu-se atât obiectul, cât şi ceea ce defineşte obiectul, adică însuşi conceptul de *curăţenie*.

Aceste aspecte sunt relaţionate în primul rând cu indefinirea capacităţii de designare a adjectivului. *Clean* este un adjectiv abstract prin relaţia pe care o creează vorbitorul utilizându-l. În al doilea rând, este relaţionat cu faptul că adjectivul se poate aplica oricărui lucru. Cu alte cuvinte, indefinirea capacităţii de designare a adjectivului îi conferă capacitatea de a se aplica oricărui lucru, având în vedere că această capacitate de designare nedefinită se află în subordinea propriului concept de curăţenie: acesta se creează într-un fel sau altul în combinaţie cu adjectivul.

În consecinţă, *clean* se poate aplica multor tipuri de obiecte semantice fără să fie nevoie să vorbim despre expansiuni de semnificat. Exemplele următoare preluate din dicţionarul Collins-Cobuild:

153. You'll be all right if you lead a good clean life.

154. Applicants must have a clean driving license.

155. They wanted to maintain a clean international reputation.

Nu prezintă nicio alteraţie a stării de lucruri pe care o denotă. Vorbim despre o stare de lucruri la baza căreia se află conceptul de curăţenie, concept care se defineşte şi se aplică obiectelor semantice reprezentate în combinaţii.

Cu toate acestea, adjectivul *clean* nu este lipsit de expansiuni de semnificat:

156. ...clean jokes

157. a clean fight

Nici *joke* şi nici *fight* nu au nevoie de adjectiv pentru a se defini pe sine. Se combină cu adjectivul pentru a semnifica un alt lucru. Combinaţia cu adjectivul face referire la un alt lucru, nu la descrierea celor două obiecte semantice selectate. Combinaţiile din exemple 156 şi 157 se pot interpreta prin introducerea unor relaţii de semnificare de tipul „a fight making someone to feel clean[152]".

Sunt, aşadar, expansiuni de semnificat care cer participarea subiectului cunoscător pentru a căuta un sens combinaţiei, fapt care contribuie la determinarea obiectului semantic (subcapitolul 6.5.).

Aparţin acestui câmp lexical adjectivele: *clean, dirty, disorderly, filthy, foul, gluey, greasy, immaculate, messy, neat, oily, orderly, pure, shaggy, smart, soiled, sordid, spick-and-span, spruce, squalid, stained, sticky, tidy, trim.*

9.3. Adjective ale uşurinţei

Acest câmp lexical este compus din cinci adjective care denotă o stare de lucruri ce evidenţiază atitudinea vorbitorului, subiect cunoscător, faţă de ceea ce consideră uşor sau dificil într-o acţiune sau ca o consecinţă a unei acţiuni sau a unei situaţii. Sunt adjective bine definite în ceea ce priveşte obiectul semantic despre care trebuie să semnifice. Desigur, aceasta se realizează în lucruri concrete, după cum vom vedea în continuare.

---

[152] Acest tip de interpretare a combinaţiilor formate din adjectiv şi substantiv a fost propus de Aarts şi Calbert (1979), după cum am văzut deja în subcapitolul 2.3.

9.3.1. Adjectivul *easy*

Adjectivul *easy* și antonimul său *difficult* sunt adjectivele cele mai reprezentative ale acestui câmp lexical. Am precizat în paragraful anterior că aceste adjective se aplică activităților și rezultatelor lor, fapt care se poate vedea sub diverse forme. Să luăm un exemplu:

158. The house is easy to keep clean.

În acest exemplu, este clar faptul că adjectivul semnifică o activitate. Dar această activitate se poate concepe (și exprima) în cadrul obiectului propriu-zis:

159. The house is easy to clean.

În acest caz, adjectivul nu mai semnifică în mod direct activitatea, ci obiectul respectivei activități. Acest fapt ne determină să considerăm obiectul semantic selectat ca fiind diferit. Putem, de asemenea, spune:

160. It is quite easy to get on well with Peter.

Utilizăm din nou obiectul propriu al acestui adjectiv, un fapt, o activitate. Dar putem concepe respectiva activitate din perspectiva obiectului acesteia (care în exemplu se referă la o persoană), ca înainte:

161. Peter is easy to get on well with.

Sau putem concepe acest fapt al experienței vorbind despre atributele acestui obiect care reprezintă o faptă sau o activitate:

162. Peter has an easy temperament.

Cu alte cuvinte, avem un schimb de perspectivă. Ceea ce facem, de fapt, este să privim din mai multe perspective conceptuale aceeași realitate.

În concluzie, primul element din structura de semnifica-
ție a adjectivului *easy*, elementul căruia i se aplică activita-
tea, poate suferi schimbări din mai multe puncte de vedere,
dar întotdeauna denotă același tip de obiect semantic. Aces-
ta are de a face cu expansiunile de semnificat pe care le-am
menționat deja de atâtea ori[153].

Cel de-al doilea element al structurii de semnificație a
acestui adjectiv este propria semnificație lexicală a adjecti-
vului, care indică o stare de lucruri a cărei semnificație rezi-
dă în ceea ce se înțelege în limbă prin ușurința sau dificulta-
tea realizării unei activități, aceasta fiind înțeleasă așa cum
am explicat mai sus.

Cel de-al treilea element este reprezentat de atitudinea
vorbitorului față de această ușurință sau dificultate. Aceasta
este trăsătura, relația de semnificare care definește cel mai
bine adjectivul în cauză. Este, așadar, un adjectiv subiectiv,
care ne vorbește despre atitudinea subiectului cunoscător.
Acest fapt se manifestă într-un dublu sens. Pe o parte, în
garanția celor rostite, vorbitorii interpretând adevărul celor
spuse ca fiind propriu subiectului locutor, cu alte cuvinte,
ca fiind rostit de cel care vorbește. Pe de altă parte, se ma-
nifestă în schimbarea constantă de perspectivă generată de
adjectiv. Acesta se aplică atât activităților în sens propriu,
cât și subiectului care realizează respectivele activități sau
obiectului sau rezultatului activității în cauză.

Schimbarea de perspectivă a obiectului selectat este posibi-
lă doar dacă există o minte capabilă să îl conceapă din puncte
de vedere diferite. În plus, toate acestea reprezintă o operație
intelectivă manifestată în combinația elementelor care repre-
zintă structura de semnificație a adjectivului *easy*.

Aș dori să insist asupra faptului că această operație inte-
lectivă este posibilă, deoarece elementul selectat este perce-

---

[153] Martínez del Castillo, 1999: 5.6.

put ca obiect conceput, cu alte cuvinte, ca obiect cunoscut, ca obiect care există doar în mintea celui care cunoaşte sau a celui care vorbeşte.

Este, de asemenea, un adjectiv abstract. Prin natura sa subiectivă ar fi imposibil ca adjectivul să nu fie abstract[154]. În plus, dacă adjectivul are capacitate definită de designare, după cum am explicat, aceasta este sensibilă la schimbarea de perspectivă.

Aparţin acestui câmp lexical adjectivele: *arduous, difficult, easy, straightforward, tricky.*

9.4. Adjective ale importanţei

Acest câmp lexical este format din 33 de adjective care se caracterizează prin denotarea unei stări de lucruri relaţionate cu atitudinea vorbitorului faţă de constructe semantice de tip abstract.

9.4.1. Adjectivul *chief*

Adjectivul *chief* se aplică lucrurilor abstracte, adică elaborate la nivel mental. Prin expansiunea de semnificat se poate aplica, de asemenea, lucrurilor concrete.

163. The chief cause of the country's prosperity.

Structura de semnificaţie a acestei combinaţii este formată din următoarele elemente:

a)   un obiect semantic selectat ca obiect al unei rostiri;

---

[154] Insist asupra faptului că termenii *abstract* şi *concret* aplicaţi cunoaşterii, semnificatului, sunt termeni relativi. Pe de altă parte, subiectul şi obiectul sunt cei doi poli ai cunoaşterii, ceea ce sugerează faptul că sunt doi poli care se întâlnesc întotdeauna în obiectul cunoscut şi, prin urmare, în semnificat. Din acelaşi motiv, termenii *subiectiv* şi *obiectiv* aplicaţi semnificatelor sunt, de asemenea, relativi (2.5.1.).

b) relaţia sau considerarea esenţei sau a totalităţii clasei căreia îi aparţine obiectul semantic;

c) participarea subiectului cunoscător care creează starea de lucruri în sensul specificat şi în relaţie cu elementele semnalate.

Componenta principală a structurii de semnificaţie a acestei combinaţii din care face parte adjectivul *chief* este contribuţia subiectului cunoscător. Adjectivul denotă o stare de lucruri care îl defineşte în relaţie cu obiectul semantic selectat şi cu clasa sau contextul său.

Tipul de obiect semantic selectat reprezintă o elaborare mentală, dar, la fel ca în alte cazuri, adjectivul se extinde, putându-se aplica obiectului concret:

164. He is the chief opponent to reformation.

Pe de altă parte, substantivul *opponent* nu denotă un obiect semantic concret, ci un obiect care adaugă relaţii de semnificare de tip abstract unui obiect semantic concret, care poate fi o fiinţă umană, astfel încât îşi pierde din caracterul concret.

Aparţin acestui câmp lexical adjectivele: *basic, capital, chief, critical, crucial, epoch-making, essential, fundamental, grave, important, key, main, major, mere, minor, negligible, petty, pompous, primal, primary, prime, principal, secondary, seminal, serious, significant, solemn, special, subordinate, subsidiary, tertiary, trifling, trivial.*

9.5. Adjective ale intensităţii

Fac parte din acest câmp lexical puţine adjective care exprimă atitudinea vorbitorului faţă de ceea ce se rosteşte în relaţie cu semnificatul pe care îl poate avea ca obiect semantic. Acest aspect implică, la rândul său, considerarea obiectului rostirii ca ceva care se petrece.

9.5.1. Adjectivul *acute*

Combinația care îl conține pe adjectivul *acute* face aluzie la atitudinea subiectului cunoscător referitoare la ceea ce numim intensitatea obiectului semantic și la clasa obiectului semantic. Intensitatea unui obiect semantic, obiect conceput, nu real, ne determină să îl considerăm pe acesta ca pe ceva care se manifestă într-un sens determinat. Spre exemplu:

165. He is an acute observer.

În starea de lucruri denotată de combinație observăm următoarele relații de semnificare de tip intelectiv:

a) un obiect semantic selectat ca obiect al unei rostiri; vorbim despre un substantiv care nu referă direct obiectele reale, dar care adaugă relații de semnificare de tip abstract obiectelor reale, în acest caz ființelor umane;

b) considerarea obiectului semantic în relație cu esența sa sau cu ansamblul de obiecte semantice din aceeași clasă;

c) semnificația proprie a adjectivului, o descriere a atitudinii vorbitorului referitoare la esența obiectului semantic selectat;

d) conexiunea acestor relații de semnificare cu propria denotare a adjectivului face ca obiectul semantic să fie considerat ca ceva care se manifestă în sine, evidențiindu-i-se astfel intensitatea, care constituie elementul la baza căruia vorbitorul își exprimă atitudinea;

e) contribuția vorbitorului care realizează toate aceste relații de semnificare.

Acute este, aşadar, un adjectiv abstract. Nu defineşte obiectul semantic căruia i se aplică, acesta neavând, la rândul său, o designaţie definită. Obiectele semantice cu care obişnuieşte să se combine adjectivul indică relaţii de semnificare de tip abstract. Ele adaugă relaţii de semnificare pe baza altor relaţii de semnificare care au sau care obişnuiesc să aibă o designaţie definită.

Dar contribuţia principală a adjectivului constă în denotarea atitudinii vorbitorului în faţa faptului creat. Este, aşadar, un adjectiv subiectiv.

Fac parte din acest câmp lexical adjectivele: *acute, faint, grand, gross, intense, signal, terrific.*

9.6. Adjective ale calităţii

Fac parte din acest câmp lexical 41 de adjective care se caracterizează prin starea de lucruri denotată: expresia atitudinii vorbitorului faţă de obiectul semantic selectat, evidenţiindu-se în combinaţie esenţa şi ceea ce numim calitatea obiectului.

9.6.1. Adjectivul *good*

Good este, probabil, adjectivul care demonstrează cel mai bine caracterul unui adjectiv subiectiv. Putem anticipa, aşadar, faptul că *good* se poate aplica aproape tuturor tipurilor de obiecte semantice. Specificitatea acestui adjectiv nu rezidă în tipul de obiect semantic, ci în evaluarea pe care i-o face vorbitorul, fiind comparat cu obiectele care au aceeaşi esenţă sau care aparţin aceleiaşi clase. Aşadar, în exemplul:

166. We had a really good time.

Starea de lucruri denotată, în realitate, de combinaţie nu spune nimic despre obiectul semantic *time,* elementul cu care se combină adjectivul. Toată semnificația pe care o conferă combinația este conținută și relaționată cu subiectul care o creează. *Time* nu este altceva decât motivul care face ca vorbitorul să interpreteze situația care descrie modul pe care îl numește și îl evaluează ca *good*.

Semnificația poate apărea ca distinctă în următorul exemplu preluat din dicționarul Colllins-Cobuild:

167. good agricultural land

Accentul nu se mai pune pe persoana care evaluează, ci, aparent, pe obiectul selectat, *land*. Există, așadar, un schimb de perspectivă. Se accentuează obiectul cunoașterii, dar evaluarea este realizată de vorbitor și, prin urmare, continuă să fie aceeași. Vorbim despre o evaluare, iar în sine, aceasta nu poate fi un atribut definitoriu al obiectului semantic selectat despre care se spune ceva, trebuie să presupunem că despre obiectul semantic selectat se spune ceva, că acesta este relaționat cu celelalte obiecte ale clasei sale și că este comparat cu acestea. Totuși, vorbim despre o evaluare și despre o stare de lucruri care face referire la vorbitor. Trecerea de la o perspectivă la alta este o caracteristică proprie acestui adjectiv și se manifestă ca rezultat al stării de lucruri pe care o semnifică. Dar aceste aspecte se bazează pe expansiunile de semnificat despre care am vorbit deja.

Pe de altă parte, pentru ca obiectul semantic din combinație, *land,* să poată fi evaluat, este nevoie de o specificare a tipului de obiect la baza căruia se realizează respectiva evaluare. Aceasta este conferită de context, adică de modificatorul *agricultural*. Cu alte cuvinte, determinarea obiectului semantic despre care se spune ceva este conferită în combinație de aceste elemente, fapt care ne indică din nou indefinirea specifică semnificației adjectivului. Ca expresie a atitudinii subiectului cunoscător, vorbitorul necesită o specificare într-un fel sau altul. Aceasta, care nu este altceva decât o operaţie intelectivă a determinării, este conferită de un element în principiu marginal, un element din context.

În următorul exemplu:

168. We took full advantage of his good nature.

Observăm că obiectul semantic selectat care se combină cu adjectivul nu face aluzie la obiectele din clasa sa, ci doar la evaluarea realizată. Evaluarea se produce cu ajutorul unui subiect care de abia apare. Nu se spune nimic despre ceea ce semnifică substantivul selectat. Niciunul dintre elementele complete de conţinut ale expresiei nu reprezintă obiectul evaluării pe care o efectuează subiectul gramatical *we*. Evaluarea realizată de subiectul vorbitor, care ar trebui să coincidă cu subiectul gramatical, este realizată pe baza celuilalt subiect exprimat în mod indirect prin posesiv. Combinaţia se poate interpreta ca „he is very kind, and because of this we took full advantage of this fact". *Nature* poate reprezenta un atribut al lucrului despre care se spune ceva. Ca atare, este doar un motiv utilizat după bunul plac al vorbitorului cu scopul de a semnifica ceea ce îşi propune. În sine, combinaţia se învârte în jurul obiectului despre care spune ceva.

Aşadar, capacitatea intelectivă umană este cea care trebuie să completeze relaţiile de semnificare şi referirile implicate de expresie. Vorbitorul, subiectul cunoscător, efectuează o evaluare, fără să intereseze ce se află la baza acesteia. Contează faptul că a fost realizată o evaluare, că aceasta este deja realizată şi că referă subiectul care a realizat-o.

Adjectivul *good* face astfel referire la toată semnificaţia conferită de subiectul care o execută. În acest sens, poate evidenţia propriul subiect al evaluării sau obiectul evaluat.

Aşadar, *good* este un adjectiv subiectiv. Exprimă atitudinea vorbitorului în faţa obiectului semantic selectat şi decizia pe care o raportează acesta. Este, prin urmare, și un adjectiv abstract. Relațiile de semnificare pe care le denotă nu au ca finalitate descrierea obiectului semantic selectat, ci descrierea stării de spirit a subiectului cunoscător referitoare la calitatea obiectului semantic selectat.

La fel ca *good*, și celelalte adjective ale calității exprimă evaluări ale subiectului locutor în sensul specificat de adjectiv. Putem observa acestea în următoarele exemple:

169. We had an excellent day.

170. an awful dangerous road

171. fine day

172. invaluable help

173. a magnificent rolls Royce

174. a marvelous system

175. precious belongings

În realitate, nu se spune nimic despre ceea ce semnifică substantivul, despre ceea ce semnifică obiectul semantic selectat. Dacă obiectele menționate în exemplul 175 sunt într-un fel sau altul nu vom ști niciodată din această expresie. Pot fi jucăriile unui copil, lucruri care îi făuresc viața și lumea, pot fi obiecte de artă sau orice alte obiecte. Ceea ce contează este faptul că, fiind indeterminate, sunt apreciate de locutor.

Aparțin acestui câmp lexical adjectivele: *abysmal, awful, bad, choice, congenial, excellent, fine, good, high-class, inferior, invaluable, magnificent, marvellous, mediocre, middling, okay/OK, optimum, passable, posh, precious, priceless, rank, satisfactory, select, severe, shoddy, smashing, splendid, super, superb, superior, superlative, supreme, swell, tawdry, valuable, valueless, wholesome, wonderful, worthless, worthwhile.*

10

RECAPITULARE: ADJECTIVELE
CARE APARȚIN DIMENSIUNII *VALUATION*

10.1. Starea de fapt denotată

Caracteristica definitorie cea mai însemnată a combina-
ției din care fac parte aceste adjective este semnificația su-
biectivă. Adjectivele stabilesc o stare de lucruri care defineș-
te atitudinea vorbitorului față de un obiect semantic selectat
și față de o relație de semnificare denotată de adjectiv. Prin
urmare, aceste două elemente ne revelează seria de opera-
ții intelective realizate de subiectul cunoscător în generarea
semnificatelor acestor adjective.

Obiectul semantic ca atare nu interesează în cadrul com-
binației. În realitate, el este definit, dar nu prin intervenția
adjectivului. Obiectul semantic reprezintă motivul la baza
căruia se definește subiectul cunoscător, vorbitorul. Astfel,
adevărul afirmației exprimate în combinație depinde total-
mente de cel care o rostește, de vorbitor.

Pe de altă parte, relația de semnificare denotată de adjec-
tiv obișnuiește să fie difuză. În realitate, semnificatul este de-
finit de alte elemente care contribuie la specificarea semni-
ficației adjectivului. Exemplul tipic este, probabil, adjectivul

good, dar nici adjectivul *clean* nu este mai puțin caracteristic. Ceea ce semnifică, în realitate, relația de curățenie (*clean*) este definit de obiectul semantic cu care se combină adjectivul. Astfel, nu putem spune că adjectivul *clean* este același în următoarele exemple preluate din dicționarul Collins-Cobuild:

176. a white clean shirt

177. She is clean and tidy.

178. The tactical bomb is reasonably clean.

179. Applicants must have a clean driving licence.

180. Dump the goods and run off, so if they catch you, you are clean.

În fiecare caz, contribuția adjectivului, conceptul de *clean,* este definită chiar de elementul pe care adjectivul trebuie să îl definească.

Prin urmare, atât obiectul semantic, cât și adjectivul ca atare sunt doar motive pentru a exprima adevăratul conținut conferit de combinație.

Ceea ce interesează în combinație este expresia atitudinii vorbitorului, care utilizează pentru acest scop atât obiectul semantic selectat, cât și propria semnificație a adjectivului. Aceasta este, în sine, o operație de intelecțiune, punându-se accentul pe un obiect pentru a semnifica o stare proprie, fiind implicate alte operații intelective.

Operația determinării, orientarea semnificatelor virtuale înspre lucruri, se realizează prin contribuția ambelor elemente, obiectul semantic și semnificația proprie a adjectivului.

Operația de stabilire a unei designații se realizează cu elementele proprii ale designării, dar, având în vedere că interesul este altul, designarea şi determinarea contribuie la îndeplinirea acestui scop. Astfel, am văzut că în exemplul:

181. good agricultural lands

Conceptul de *good* este conferit de adjectivul modificator *agricultural*. Astfel, deşi existentă, nestârnind interesul, designaţia sa este diluată.

După cum am văzut, în cazul acestor adjective, schimbarea de perspectivă a subiectului cunoscător faţă de obiectul cunoscut este foarte frecventă. De fapt, expresia pune în mod aparent accentul pe obiectul cunoscut pe care îl descrie. Dar această descriere nu reprezintă valoarea expresiei. Valoarea expresiei stă în evaluarea, în manifestarea atitudinii vorbitorului prin intermediul elementelor expresiei. Această schimbare de perspectivă este posibilă doar dacă este luat în considerare în expresie subiectul cunoscător capabil să treacă de la o perspectivă la alta. Se înregistrează o contribuţie atât din partea obiectului selectat, cât şi din partea semnificaţiei adjectivului.

În ultimul rând, adjectivele dominate de dimensiunea *valuation* sunt adjective abstracte; ele spun ceva despre un lucru căruia nu i se aplică şi cu care se combină. Reprezintă un nod de relaţii de semnificare care necesită participarea activă a subiectului care ştie cu ce scop se pot realiza.

10.2. Relaţiile de semnificare evaluate

Relaţiile specifice care determină constructul semantic transformându-l în obiect al rostirii şi care sunt conferite de adjectivele de evaluare sunt următoarele:

a) relaţia de semnificare referitoare la ceea ce se înţelege prin frumuseţe;

b) relația de semnificare referitoare la ceea ce se înțelege prin curățenie;

c) relația de semnificare referitoare la ceea ce se înțelege prin ușurința realizării unei acțiuni;

d) relația de semnificare referitoare la ceea ce se înțelege prin importanța unui lucru referitor la valori determinate;

e) relația de semnificare referitoare la ceea ce se înțelege prin intensitatea unui lucru care se manifestă;

f) relația de semnificare referitoare la ceea ce se înțelege prin calitatea unui lucru.

Fiecare dintre aceste tipuri de evaluare generează câmpuri lexicale distincte mai mult sau mai puțin numeroase.

11

SEMNIFICAȚIA CONCRETĂ

DE TIP SUBIECTIV

În ultimul rând, identificăm în cadrul semnificației subiective a adjectivelor un grup de câmpuri lexicale ai cărui membri semnifică stări de lucruri pe care le putem numi concrete și care stabilesc în același timp relații de semnificare care fac aluzie la subiectul cunoscător. Aparțin acestui grup câmpurile lexicale ale adjectivelor care exprimă vârsta, locația, mișcarea, direcția, poziția și vremea.

Avem de a face cu o serie de adjective concrete, care definesc în mod direct obiectul semantic selectat. Spre deosebire de adjectivele abstracte pe care le-am analizat, adjectivele concrete influențează direct obiectul semantic căruia i se aplică. În principiu, toate combinațiile formate dintr-un adjectiv și un substantiv, toate adjectivele care se proiectează asupra unui obiect semantic îl modifică pe acesta într-un mod sau altul. Adjectivele dominate de dimensiunile *intellection, occurrence* și *valuation* modifică indirect obiectul semantic, introducând relații de semnificare absente din expresie, considerând obiectul semantic ca ceva care se manifestă sau utilizând obiectul semantic pentru a introduce o evaluare realizată de subiectul cunoscător pe baza contribuției adjectivului. Rezultatul rezidă în faptul că obiectul semantic selectat apare ca modificat sau alterat, dar niciodată în sine. Influența pe care o stabilesc adjectivele abstracte este indirectă.

Din contră, adjectivele pe care le-am denumit concrete stabilesc o influență directă. Obiectul semantic selectat este influențat de contribuția adjectivului, astfel încât apare ca obiect semantic distinct, întotdeauna în cadrul obiectelor semantice ale clasei sale. Spre deosebire de acestea, adjectivele abstracte își influențează clasa înainte de a își influența obiectul semantic selectat.

Specificitatea acestor adjective concrete, la fel ca in cazul adjectivelor deja analizate, constă în stabilirea unei serii de relații de semnificare care fac aluzie la subiectul locutor. În ciuda caracterului concret, ele spun ceea ce spun fundamentându-și aprecierea pe care subiectul cunoscător, subiectul vorbitor, o stabilește la baza elementelor pe care le selectează. Dintre cei doi termeni ai teoriei cunoașterii, acest tip de adjective pune accentul pe subiectul cunoscător. Spre exemplu:

182. a young man; a new house; ageless truth; a brand-new car; a budding poet; a callow youth

Când rostim una dintre aceste combinații descriem obiectul selectat, dar o facem la baza aprecierii pe care subiectul cunoscător i-o stabilește acestuia. Fundamentul adevărului afirmației ține de vorbitor, fiind astfel înțeles de vorbitori. Eu îl pot aplica foarte bine pe *young* unui obiect semantic care, în comparație cu alte obiecte semantice din clasa sa, nu este cel mai adecvat. Astfel, în următorul dialog:

183. I'm worried about father's operation.
    How old is he?
    Oh, no, he's only sixty-two.

Fundamentul adevărului afirmaţiei care conţine aceste adjective rezidă în vorbitor, fiind indiferent dacă adjectivul se aplică unui obiect semantic mai mult sau mai puţin adecvat. Funcţia acestor adjective este denotarea unei stări de lucruri care face aluzie la subiectul cunoscător, la vorbitor, unicul responsabil de ceea ce se rosteşte.

11.1. Adjective care exprimă vârsta

Adjectivele care exprimă vârsta stabilesc relaţii de semnificare care definesc obiectul semantic selectat în relaţie cu ceea ce se înţelege în limbă prin *vârstă*. Conceptul de vârstă se stabileşte în limbă prin analogie cu fiinţa umană. Astfel, majoritatea adjectivelor care exprimă vârsta semnifică doar despre fiinţa umană. Deşi mai puţine, există, de asemenea, adjective care semnifică doar despre clasa nonumană, care se asimilează lucrurilor nonvii /-uman: - viu/. Pe de altă parte, adjectivului celui mai reprezentativ al acestui câmp lexical, *old,* nu i se aplică distincţia uman/ nonviu.

În analogie cu fiinţele umane, adjectivele vârstei se structurează în trei zone de semnificare pe care le putem formula ca adjective ale vârstei fragede, ale vârstei depline şi ale vârstei avansate[155]. Aspectul cel mai caracteristic al adjectivelor vârstei este stabilirea a două tipuri de structuri de semnificaţie: semnificaţia propriu-zisă şi semnificaţia retrospectivă.

11.1.1. Vârsta propriu-zisă: adjectivul *new*

Din punct de vedere intelectiv, adjectivele care exprimă vârsta propriu-zisă, cum este *new,* se caracterizează prin stabilirea unei semnificaţii în mod fundamental de tip descriptiv. Pe de altă parte, în calitate de adjective subiective, fac

---

[155] Pentru un studiu al adjectivelor vârstei, se poate consulta Geckeler (1976), Inmaculada Corrales Zumbado (1969) şi Martínez del Castillo (1989).

aluzie la subiectul cunoscător. Sunt, aşadar, adjective concrete şi subiective. Astfel, în exemplul:

184. a new house

Observăm următoarele relaţii de semnificare care au de a face cu contribuţia adjectivului la starea de lucruri denotată:

a) un obiect semantic selectat ca obiect al unei rostiri, *house;*

b) influenţa pe care adjectivul o răsfrânge asupra lui însuşi, adică semnificaţia de vârstă conferită de adjectiv, din perspectiva adjectivului;

c) participarea subiectului cunoscător care stabileşte respectiva relaţie semnificativă.

Relaţia de influenţare a obiectului semantic selectat de adjectiv nu este definită. Este o relaţie care se realizează în modul şi în măsura pe care o stabileşte subiectul cunoscător, vorbitorul. Nu denotă o stare de lucruri care să convină *per se* obiectului semantic selectat.

New este un adjectiv concret. Descrie obiectul semantic într-un sens bine determinat, nefiind necesară relaţionarea lui cu alte obiecte din clasa sa. Descrierea pe care o stabileşte nu modifică obiectul semantic în esenţa sau în clasa sa, ci creează un nou obiect semantic în cadrul clasei căreia îi aparţine. Este un adjectiv descriptiv, inerent[156], care modifică obiectul semantic în totalitate, fără a altera însă efectivitatea acestuia, adică fără a îi altera esenţa ca obiect semantic.

Fiind concret, descriptiv şi inerent, adjectivul *new* se poate modifica şi intensifica. Semnificaţia pe care acesta o conferă este suficient de autonomă faţă de obiectul seman-

---

[156] Quirk, 1985: 435, 439.

tic căruia i se aplică; ea se poate intensifica fără să afecteze natura obiectului semantic în cauză, afectând doar relaţia de semnificare introdusă de adjectiv.

Expansiunile semnificatului

Fiind subiectiv, adjectivul *new* are tendinţa de a cunoaşte expansiuni de semnificat, la fel ca toate adjectivele reprezentative ale acestui câmp lexical (*old, young, adolescent*). În acest caz, semnificaţia denotată devine totalmente distinctă de cea pe care o descriem. Când îşi extinde semnificaţia, adjectivul *new* (şi toate cele menţionate) introduce relaţii de semnificare foarte asemănătoare cu relaţiile de semnificare ale adjectivelor de intelecţiune. Acestea sunt înţelese datorită operaţiilor intelective introduse de vorbitori. Astfel, în următoarele combinaţii:

185. Astronomers have registered a new star.

186. Biologists have found a new mammal in Indonesia.

187. Let's have a new start.

Adjectivul *new* îşi pierde întregul caracter descriptiv. Introduce relaţii de semnificare indispensabile dobândirii unui sens de către combinaţie. Exemplele citate pot fi interpretate după cum urmează: „Astronomers have registered a star which has been unknown so far", „Biologists have found a mammal unknown to science", şi „Let's start again". Cu alte cuvinte, realizăm o serie de operaţii intelective datorită cărora introducem relaţii de semnificare neexplicite în expresie, prin care expresia are sens[157].

De asemenea, semnificaţia lui *new* se poate extinde într-o altă direcţie, această expansiune de semnificat datorându-se chiar caracterului său specific adjectival de a denota o stare

---

[157] A se vedea subcapitolul 6.5.

de lucruri care trimite la subiectul cunoscător. Se mai extinde atunci când se aplică obiectelor semantice care spun ceva despre ceea ce ele semnifică, dar care nu definesc în mod propriu ceea ce semnifică. Următorul exemplu este relevant:

188. There is a new teacher in the school.

Adjectivul *new* se combină cu un substantiv care vorbeşte despre fiinţele umane, fără să spună nimic despre acestea, dar care, odată ce consideră conceptul de fiinţă umană ca fiind dat, adaugă noi relaţii de semnificare. Astfel, adjectivul *new* spune ceva despre aceste relaţii pe care le-am putea numi de ordinul doi în cadrul obiectului, al substantivului cu care se combină. Starea de lucruri semnificată este mai complicată. Îl obligă pe vorbitor să uite de ceea ce îl defineşte pe *teacher* ca un substantiv care spune ceva despre fiinţele umane şi să se fixeze pe aceste relaţii de semnificare adiţionale. După cum se vede, aceasta este o operaţie mentală pe care trebuie să o realizeze vorbitorul pentru a înţelege şi pentru a crea acest tip de relaţii de semnificare. Exemplul se poate parafraza ca „There is someone who is a teacher and new to the school.", propoziţie în care se accentuează faptul că *new* nu spune nimic despre *teacher* ca obiect semantic în sine, dar care stabileşte relaţii de semnificare în jurul lui şi în jurul altui element al combinaţiei, *school.*

Procesul de intelecţiune

Aceste fapte, care sunt expansiuni de semnificat şi pe care le-am explicat deja de nenumărate ori sub diverse forme, evidenţiază singura realitate care explică semnificatul: omul, când vorbeşte, se apropie de realitate după cum poate şi după cum consideră mai potrivit. Cum o face? Fiecare în funcţie de libertatea, de istoricitatea şi de gradul lui de cunoaştere a tradiţiei. Aceste aspecte evidenţiază nici mai mult, nici mai puţin intelecţiunea umană, apropierea omului cu gândul său (format în mod individual şi istoric), cu libertatea sa, cu inteligenţa sa (de asemenea formată în mod individual şi istoric) şi cu istoricitatea sa de lumea care îl înconjoară şi transformarea posterioară pe care o captează prin cuvintele unei limbi[158]. Vorbitorul porneşte întotdeauna de la început, de la prima intelecţiune de care are nevoie pentru a transforma lumea. Şi cum nu poate să transforme lumea în sine în mod primar sau în mod direct, o transformă în cuvinte. Îşi creează propria gândire, propria expresie şi propia limbă, ca şi cum ar fi primul care se apropie de realitate şi ca şi cum ar fi prima dată când se apropie de ea. De fapt, în realitate, nimic din toate acestea nu există decât în conştiinţa vorbitorului, în cunoaşterea dobândită. Iar atunci când îşi creează gândirea, limba şi expresia, vorbitorul dobândeşte din nou respectivele creaţii, ca o cunoaştere care trebuie să servească ca ghid pentru noile apropieri de lume şi pentru noile creaţii.

Astfel, semnificatul nu există, ci se realizează în vorbire. Nici limba şi nici gândirea nu există, ci se realizează în vorbire. Limbajul, limba, gândirea istorică există şi se manifestă în vorbire. Sunt virtuale în sensul că există în cunoaşterea vorbitorilor, sunt realizate în măsura în care există în conştiinţa vorbitorilor şi în tradiţie. Sunt λόγος σημαντικός, un tezaur de semnificaţii comune, virtuale, care servesc ca modele pentru noile creaţii.

Expansiunile de semnificat sunt semnificative în cazul adjectivelor concrete. Fiind adjective concrete în sensul propriu, ajung să denote semnificaţii abstracte la nivel extins. Iar expansiunile de semnificat se manifestă în mod caracteristic întotdeauna când adjectivele spun ceva despre ceea ce este uman[159].

---

[158] Martíez del Castillo, 1999: capitolul 3.

[159] Martínez del Castillo, 1999: 5.6. şi 6.5.1.

Din punct de vedere intelectiv, adjectivele care exprimă vârsta prezintă o dublă structurare. Pe de o parte, avem așa-numita vârstă proprie, care poate fi fragedă, deplină sau avansată. Relațiile de semnificare care se evidențiază în fiecare caz sunt, după cum observăm, distincte.

Aparțin acestui câmp lexical format din adjective ale vârstei propriu-zise, următoarele adjective structurate după cum urmează:

a) adjectivele vârstei fragede: *adolescent, boyish, brand-new/ brandnew, budding, callow, childish, childlike, girlish, immature, infantile, junior, juvenile, new, precocious, precocious, pristine, ripe, teenage, young, younger, youthful.*

b) adjectivele vârstei depline: *adult, full-grown, grown-up, mature, middle-aged, seasoned.*

c) adjectivele vârstei avansate: *aged* [éidgid], *ageless, decrepit, doddering/doddery, elder, elderly, hoary/hoar, old, second-hand, senescent, senile, senior, superannuated, timeworn, venerable, veteran.*

11.1.2. Vârsta din punct de vedere retrospectiv: adjectivul *novel*

Starea de lucruri semnificată de adjective este distinctă când e dominată de dimensiunea *retrospective.* Următoarele adjective sunt determinate de această dimensiune:

a) adjectivele vârstei retrospective avansate: *ancient, antiquated, antique;*

b) adjectivele vârstei retrospective scurte: *short, fresh, novel, premature, recent.*

Adjectivele care exprimă vârsta retrospectivă stabilesc o relaţie referitoare la vârstă din perspectiva momentului vorbirii, care nu este altceva decât momentul în care se situează vorbitorul. Starea de lucruri denotată poate fi analizată în următorul exemplu:

189. a novel interpretation of an old theory

În această combinaţie formată dintr-un adjectiv şi un substantiv, observăm următoarele elemente:

a) un obiect semantic selectat ca obiect al unei rostiri; se spune ceva despre *interpretation*, un substantiv de tip abstract;

b) relaţia dintre acest obiect semantic şi restul obiectelor semantice din clasa sau totalitatea sa;

c) semnificaţia proprie conferită de adjectiv, descrierea vârstei obiectului semantic selectat.

Ca în cazul adjectivelor abstracte, adjectivul *novel* stabileşte o descriere, dar aceasta nu ia în calcul obiectul semantic în sine, ci îl plasează în relaţie cu alte obiecte din aceeaşi clasă. Obiectul semantic rezultant semnifică, aşadar, în comparaţie cu alte obiecte din clasa sa, astfel încât *a novel interpretation* se diferenţiază de la început de *any other interpretation*.

Această stare de lucruri denotată se află în contrast evident cu starea de lucruri pe care am văzut-o în cazul adjectivului *new*. În analiza realizată, am spus că adjectivul este descris în sine şi în cadrul propriei clase. În cazul de faţă se creează o nouă clasă de *interpretation*, astfel încât conceptul iniţial de *interpretation* nu mai este valid. Relaţiile de semnificare introduse de adjectiv realizează o nouă clasă, distinctă de cea iniţială.

Expansiunile semnificatului și procesul de intelecțiune

Dar această stare de lucruri nu este deloc nouă în cazul adjectivelor care exprimă vârsta. Adjectivul *new* pe care l-am analizat semnifică despre vârsta propriu-zisă și își extinde semnificația; după cum am mai spus, datorită expansiunilor de semnificat, introduce relații de semnificare care determină înțelegerea combinației prin intermediul operațiilor intelective pe care le realizează vorbitorul. Exemplul 189 introduce aceleași relații de semnificare ca în următoarea combinație:

190. a new interpretation of an old theory

Există, așadar, două modalități diferite care duc în același punct. În cazul lui *novel* realizăm acest tip de relații de semnificare specifice adjectivelor abstracte în mod propriu, deoarece adjectivul face o descriere a respectivului tip de relații în conținutul său lexical, iar în cazul lui *new* ajungem la același rezultat prin intermediul expansiunilor de semnificat.

Valoarea lexicalizărilor adjectivelor

Faptul lexicalizării unui construct semantic prin intermediul unor relații de semnificare determinate și expansiunea unor semnificate până la punctul în care denotă același lucru ca primele lexicalizări ne vorbesc despre natura lexicalizărilor. Ne spun, în primul rând, care este gradul de abstractizare al lexicalizării unui semnificat determinat. În al doilea rând, ne vorbesc despre modalitatea în care se formează semnificatele.

Vorbind despre contribuția unui adjectiv determinat, am spus de multe ori că obiectul discuției era descrierea unei relații determinate. În acest caz, există două operații distincte.

Prima este apropierea de faptul experienţei, operaţie concepută la un nivel determinat de abstractizare, cu un număr determinat de operaţii intelective. Cea de a doua este fixarea sau lexicalizarea acestui construct semantic, care se fixează şi devine tradiţional, comun, adică devine cuvânt. Noul cuvânt lexicalizat are un grad de abstractizare determinat, care poate fi descifrat prin analiza procesului iniţial de intelecţiune.

Astfel, constructele semantice sunt distincte între ele. Unele sunt mai abstracte sau mai complicate, altele introduc mai multe relaţii de semnificare sau, odată formate, se utilizează pentru a introduce relaţii de semnificare ulterioare într-un anume sens, iar fiecare dintre acestea răspunde la anumite operaţii intelective şi la un grad de abstractizare determinat, la o istoricitate determinată sau la condiţiile de creare de către subiecţii istorici.

11.2. Adjective ale locaţiei

Câmpurile lexicale ale adjectivelor subiective de tip concret nu prezintă nicio structurare. Unicul element comun este natura lor subiectivă, fapt care uneşte atât adjectivele abstracte din categoria *intellection,* cât şi pe cele din categoriile *occurrence* şi *valuation.* Expresia locaţiei lucrurilor are de a face, de asemenea, cu perspectiva subiectului cunoscător în cadrul creaţiei lexicale.

Aceste adjective cunosc o dublă structurare internă foarte asemănătoare cu cea a adjectivelor care exprimă vârsta şi durata. Unele indică o locaţie absolută, iar altele o locaţie relativă.

Această distincţie este relaţionată cu opoziţia pe care tocmai am analizat-o în cadrul adjectivelor vârstei (propriu-zise: retrospective), opoziţie pe care am întâlnit-o şi în cazul adjectivelor duratei (propriu-zise: retrospective).

Această opoziție introduce două tipuri distincte de structuri de semnificație, care implică două tipuri diferite de operații intelective.

11.2.1. Locația absolută: adjectivul *present*

Adjectivul *present* exprimă două tipuri de semnificate cu aceeași structură intelectivă. Pe de o parte, exprimă ceea ce am putea numi *locație* cu referire la existență și, pe de altă parte, locația cu referire la loc. În ambele cazuri, adjectivul denotă participarea subiectului cunoscător care se relaționează pe sine sau alte lucruri cu obiectul semantic selectat. Astfel, în ambele exemple:

191. The present headmaster is a new teacher.

192. There were two students present.

Observăm următoarele elemente ale structurii de semnificație:

a) un obiect semantic selectat ca obiect al unei rostiri;

b) relația obiectului semantic selectat cu conceptul de existență sau de locație;

c) relația obiectului semantic cu existența sau cu locația și cu subiectul cunoscător. Această relație este exprimată la nivel lexical de adjectiv.

Această ultimă relație se poate exprima în două moduri distincte, fie prin referirea la subiectul locutor care stabilește respectiva relație, fie prin stabilirea unui context în acord cu care relația în cauză are un suport. În ambele cazuri se conferă un suport, o valoare de adevăr lucrului care se rostește. Iar acest suport este stabilit de subiectul vorbitor.

Aşadar, adjectivul se defineşte prin această ultimă relaţie. Subiectul cunoscător este subiectul care stabileşte relaţia de prezenţă într-un sens sau altul, indiferent dacă se face referire la existenţă sau la locaţie.

Pe de altă parte, acest adjectiv este descriptiv, adică concret, un adjectiv cu o capacitate definită de designare. Stabileşte o descriere a unei serii de relaţii de semnificare care, pe de altă parte, are suport în realitate.

11.2.2. Locaţia relativă: adjectivul *close*

Adjectivele care exprimă locaţia relativă sunt mult mai numeroase. Aparţin acestui câmp lexical adjectivele: *adjacent, apart, close, contiguous, detached, distant, downstairs, exterior, external, in, indoor, inmost, inner, innermost, inside, interior, internal, left, left-hand, near, nearby/near(-)by, neighbo(u)ring, neighbo(u)rly, next(-)door, next(-)door, out, outdoor, outer, outermost, outside, present-day, right, right-hand, surrounding, there, unsettled, uppermost, upstairs.*

Aceste adjective stabilesc o relaţie de trei termeni: relaţionează două obiecte semantice din perspectiva subiectului, care stabileşte respectiva relaţie. Astfel, în exemplul:

193. They were close enough to get in contact without being observed.

Această relaţie are trei termeni, persoanele care intervin şi subiectul locutor care nu apare. Adjectivul din exemplu cunoaşte o extindere tipică într-un sens bine determinat. Elementele structurii de semnificaţie ale combinaţiei sunt următoarele:

a) un obiect semantic selectat ca obiect al unei rostiri; acesta este în mod necesar dublu, iar în caz contrar este relaţionat în context cu un alt element sau obiect semantic prin intermediul unui tip de relaţie gramaticală;

b) relația pe care adjectivul o stabilește la baza acestui dublu obiect semantic;

c) participarea subiectului cunoscător care stabilește această relație între cei doi participanți la obiectul semantic selectat și propria sa intervenție.

Dublul obiect semantic selectat se poate stabili în multiple moduri, după cum am spus. În următorul exemplu, obiectul semantic se stabilește în mod distinct:

194. He got closer so that he could observe.

Contextul din exemplul de mai sus ne definește dublul element pe care îl formează obiectul semantic selectat și, în mod normal, locul unde se desfășoară cele menționate. Acest loc nu este specificat, ci apare implicit în expresie.

Așadar, acest adjectiv își definește contribuția chiar în actul vorbirii și depinde în acest sens de vorbitor, cel care selectează elementele cu care se combină adjectivul în modul pe care îl consideră cel mai potrivit intențiilor sale expresive.

Subiectul cunoscător și procesul de intelecțiune

Dar acest procedeu nu este altceva decât manifestarea relațiilor de semnificare realizate atunci când un adjectiv se combină cu un substantiv, procedeu pe care îl analizăm în cazul tuturor adjectivelor. Vorbim despre operații intelective, operații ale subiectului vorbitor, care se află într-o triplă încrucișare de relații. Pe de o parte, subiectul se apropie de realitate în modul pe care îl consideră cel mai potrivit, prin simțuri, prin relaționarea faptelor, prin deducerea concluziilor din experiențele trecute, prin introducerea faptelor cunoscute, prin îndepărtarea sau prin creația de presupuneri pentru a explica ceea ce cunoaște prin intermediul cunoștințelor dobândite. Pe de altă parte, subiectul locutor se găsește în faţa unei serii de cunoştinţe tradiţionale, care îi stau la dispoziţie pentru a fi utilizate, semnificate care se manifestă în diverse moduri şi procedee de aplicare şi combinaţie, de reguli şi convenţii, semnificate relaţionate cu modalitatea de a concepe realitatea şi lumea şi de a le transforma pe acestea în cuvintele unei limbi. În ultimul rând, întâlneşte o serie de cunoştinţe personale, relaţionate cu modalitatea anterioară de concepere a realităţii şi cu modalitatea de a exprima aceste fapte sau alte lucruri similare ale realităţii anterioare. În această ţesătură de relaţii, individul, care începe întotdeauna de la zero, alege ceea ce îi convine, anumite fapte sau altele, atât pentru a concepe realitatea, cât şi pentru a o exprima[160].

11.3. Adjective ale mişcării

Conceptul de mişcare este unul dintre conceptele fundamentale pe care anumite limbi le utilizează pentru a descrie faptele realităţii. Acesta se bazează în mod direct pe conceptele de *spaţiu* şi *timp*, concepte cardinale în limbile SAE, din care, aşa cum afirmă Whorf, face parte şi limba engleză[161].

În cazul adjectivelor limbii engleze, conceptul de mişcare se realizează în mod fundamental pentru a semnifica un aspect al acesteia: durata mai mică sau mai mare (viteza) de executare.

11.3.1. Adjectivul *fast*

Este un adjectiv concret care descrie realizarea mişcării în sensul duratei sale scurte. Este, de asemenea, un adjectiv care face referire la subiectul vorbitor, cel care evaluează

---

[160] Martínez del Castillo, 1999: capitolul 3.

[161] Whorf (1956). SAE este abrevierea de la Standard Average European, făcând referire la limbile indoeuropene în sensul de Sprachbund [N. trad.].

această durată ca fiind scurtă. Starea de lucruri denotată îi revine în întregime celui care vorbește. Astfel, în exemplul:

195. a fast car

Starea de lucruri denotată are următoarele elemente:

a) un obiect semantic selectat ca obiect al unei rostiri; în exemplul dat, respectivul obiect semantic este reprezentat de un substantiv concret;

b) relația pe care subiectul vorbitor o stabilește între obiectul semantic selectat și ceea ce propriul vorbitor consideră ca fiind durata adecvată a obiectului semantic selectat;
Această relație este implicită lexicalizării adjectivului, aportului acestuia în calitate de cuvânt tradițional. Cu toate acestea, în cazul cuvântului tradițional, pentru a fi permisă realizarea, cel de-al doilea termen al acestei relații este un termen deschis, nespecificat, care în mod necesar trebuie să completeze subiectul vorbitor când realizează semnificația adjectivului.

c) propria participare a subiectului cunoscător, a subiectului vorbitor care realizează semnificația conferită de adjectiv.

Avem, așadar, un adjectiv concret care face aluzie la subiectul vorbitor, care realizează posibilitățile de semnificație oferite de propriul adjectiv lexical. Starea de lucruri denotată rezultantă este foarte asemănătoare cu starea de lucruri denotată de un adjectiv din categoria *evaluation*.

Diferențele față de adjectivele evaluării

Diferențele dintre cele două categorii menționate trebuie căutate în natura distinctă a fiecărui adjectiv. Adjectivele dominate de trăsătura *valuation* sunt adjective abstracte care denotă starea de lucruri prin introducerea unor relaţii de semnificare absente, cum ar fi relaţionarea obiectului semantic selectat cu obiectele semantice ale clasei sale. Din contră, un adjectiv precum *fast*, adjectiv al mişcării, este un adjectiv concret, descriptiv care nu necesită relaţionarea obiectului semantic selectat cu nicio altă considerare care să aibă de a face cu el. Dacă *fast* creează un nou obiect semantic, această creaţie se realizează în cadrul propriei clase căreia îi aparţine acesta. Sunt, aşadar, două tipuri de semnificaţii distincte, care implică, de asemenea, două tipuri distincte de operaţii intelective. Adjectivul *fast* introduce noţiunea de viteză, noţiune care, chiar dacă există în adjectiv, nu este realizată în niciun sens. Aceasta se realizează în conştiinţa vorbitorului.

Aparţin acestui câmp lexical adjectivele: *articulated, express, fast, gradual, hasty, horse-drawn, hurried, immobile, mobile, motionless, motive, moving, quick, rapid, rushed, slow, sluggish, speedy, static, stationary, still, swift.*

11.4. Adjective ale direcţiei

Un concept care provine direct din conceptul de mişcare, concept care, după cum am menţionat, se bazează pe conceptele de *spaţiu* şi *timp*, este conceptul de *direcţie*. Acest fapt implică mişcarea şi o specificare într-un sens determinat.

În cazul adjectivelor limbii engleze, realizarea semnificatelor lexicale evidenţiază dependenţa acestor adjective de conceptul de *spaţiu*. Specializarea adjectivelor în sensul specificat rezidă în faptul că toate conceptele implicite sunt realizate prin intermediul unor cuvinte care sunt prepoziţii sau adverbe utilizate uneori ca adjective.

11.4.1. Adjectivul *backward*

Acest adjectiv stabileşte o stare de lucruri care implică conceptele de *mişcare* şi *spaţiu*, după cum am menţionat mai sus. Astfel, în exemplul:

196. a backward step

Adjectivul se combină cu un substantiv care indică mişcarea.

Aceste adjective au un grad descriptiv ridicat, adică sunt concrete, fapt care ne vorbeşte despre specializarea aplicării lor sau despre capacitatea lor definită de designare. Aşa stau lucrurile în cazul lui *backward*, astfel că, în cadrul obiectu- lui semantic selectat din exemplu, acesta ne vorbeşte despre mişcare şi, prin urmare, despre spaţiu. Singurul aspect nou pe care îl aduce adjectivul este direcţia acestei mişcări rea- lizate în spaţiu. Starea de lucruri denotată constă din urmă- toarele elemente:

a) un obiect semantic selectat ca obiect al unei rostiri;

b) semnificaţia denotată de adjectiv, relaţia cu direcţia unei mişcări implicite a obiectului semantic selectat; această direcţie este o dimensiune deschisă pe care o realizează vorbitorul;

c) participarea subiectului vorbitor, care constă în per- pectiva mulţumită căreia se realizează semnificaţia adjectivului. Această perspectivă este o operaţie in- telectivă care realizează dimensiunea deschisă a di- recţiei într-un sens determinat, depinzând de poziţia şi circumstanţele care îl afectează pe subiectul cunos- cător sau locutor.

Aşadar, *backward* este un adjectiv subiectiv care face alu- zie la circumstanţele care îl afectează pe subiectul locutor.

Este un adjectiv concret, cu un grad ridicat de specializare în aplicarea obiectului, adică cu o capacitate de designare bine definită.

Valoarea lexicalizărilor şi procesul de intelecţiune

Faptul că adjectivul *backward* este, în realitate, un adverb adjectivizat ne vorbeşte despre valoarea lexicalizărilor. Limba engleză are o lacună în cazul acestei semnificaţii. Necesită un adjectiv care să îndeplinească funcţia de semnificare aşa cum o face acest adverb; încă nu a fost lexicalizat un cuvânt care să ocupe acest spaţiu ca adjectiv, care să înlocuiască adverbul care trebuie să îndeplinească funcţia adjectivului. Totuşi, probabil că nu va ajunge să îl lexicalizeze niciodată. Dar lucrurile stau în felul următor: există un semnificat adjectival realizat de un adverb cu funcţie adjectivală. Semnificatul este creat şi este tradiţional. Cuvântul nu este propriu acestui semnificat, dar îi îndeplineşte funcţiile. Lacuna de care vorbesc este, aşadar, teoretică, nu reală. Pe de altă parte, toate adjectivele înregistrate în acest câmp lexical sunt fie prepoziţii, fie adverbe, adică prezintă aceeaşi problemă.

Se manifestă, astfel, procesul de creaţie de semnificate istorice. Şi totul, la rândul său, manifestă procesul de intelecţiune: nu toate semnificatele unei limbi, nu toate semnificatele istorice sunt lexicalizate. Unele au o lexicalizare bine definită; altele constau în relaţii de semnificare evidenţiate în vorbire şi nelexicalizate; iar altele sunt relaţii de semnificare noi care se creează în realizarea semnificatelor tradiţionale. Unele au cuvinte specifice care îndeplinesc o singură funcţie, iar altele sunt îndeplinite de cuvinte cu alte funcţii. Dar toate au în comun faptul că se creează (sau se recreează) în vorbire. Astfel, trebuie să facem distincţia între semnificaţia dată şi lexicalizarea ei.

Aparțin acestui câmp lexical adjectivele: *backward, direct, down, forward, inward, outward, through, up, upward.*

11.5. Adjective ale poziției

Adjectivele poziției realizează o descriere a unei stări de lucruri care implică participarea subiectului cunoscător, vorbitorul, care creează semnificația adjectivului. Sunt, așadar, adjective subiective care denotă stări de lucruri bazate pe conceptele de *formă, loc* și *mișcare.*

Pe de altă parte, aceste adjective au o capacitate de designare bine definită. Cu alte cuvinte, sunt adjective concrete, descriptive, bine definite în ceea ce privește obiectul semantic căruia i se aplică.

11.5.1. Adjectivul *erect*

Spre exemplu, când spunem:

197. He stood erect.

Denotăm următoarele relații de semnificare:

a) un obiect semantic selectat ca obiect al unei rostiri, care poate fi, ca în exemplu, o ființă umană; dar nu se referă la aceasta ca la o ființă umană, ci ca la un obiect;

b) considerarea acestui obiect semantic ca obiect fizic în propriile sale relații fizice;

c) considerarea obiectului semantic în legătură cu posibila realizare a condițiilor fizice ale acestuia; această realizare reprezintă semnificația conferită de adjectiv și este o operație intelectivă realizată de subiectul vorbitor;

d) participarea subiectului cunoscător, vorbitorul, care realizează toate aceste relaţii de semnificare.

Astfel, obiectul semantic selectat, fiinţa umană, este transformat în obiect fizic, fiind considerat în calitatea sa externă de figură, despre care ni se spune un aspect determinat. În combinaţie nu se menţionează nimic despre ceea ce este propriu obiectului semantic în cauză, o fiinţă umană, nici despre un astfel de obiect fizic, ci despre forma exterioară a respectivului obiect şi despre specificarea dată. Vorbitorii înţeleg combinaţia de mai sus, deoarece realizează toate aceste relaţii de semnificare, fapt care implică participarea lor intelectivă la combinaţie. Locutorii mânuiesc următoarele concepte: fiinţa umană, obiectul fizic cu proprietăţi fizice, forma obiectelor fizice şi specificarea dimensiunii în sensul poziţiei. Ei relaţionează conceptele în sensul explicat şi creează semnificaţia combinaţiei. În exemplul:

198. The earth is inclined.

Ca obiect semantic, *earth* este redus la forma externă pe care o poate avea, lucru care, dacă nu există la nivel mental, nu va ajunge niciodată să fie cunoscut.

Aparţin acestui câmp lexical adjectivele: *diagonal, drooping, erect, horizontal, oblique, parallel, perpendicular, prone, standing, upright, upside(-)down, vertical.*

11.6. Adjective care exprimă vremea

Adjectivele care exprimă vremea denotă o stare de lucruri care face aluzie la subiectul cunoscător, relaţionând obiectele din realitate şi subiectul cunoscător. În acest sens, stabilesc la nivel lexical o descriere la baza unor fapte naturale care sunt într-un anumit fel, dar care afectează fiinţa umană.

Deși poate fi considerată neutră sau simplă, descrierea stabilită este realizată în măsura în care îl afectează pe subiectul cunoscător, ființele umane.

11.6.1. Adjectivul *gloomy*

Astfel, în exemplul:

199. the gloomy cells of the prison

Observăm următoarele elemente ale stării de lucruri denotate:

a) un obiect semantic selectat ca obiect al unei rostiri; este vorba despre un loc, iar acesta este descris ca atare;

b) semnificația stabilită de adjectiv în funcție de semnificatul lexical; acesta descrie un loc stabilind o relație între ceea ce este obiectul semantic în sine și ceea ce semnifică pentru ființa umană vorbitoare, pentru subiectul cunoscător;

c) participarea vorbitorului, adică cel care realizează dimensiunea deschisă menționată în paragraful anterior.

Așadar, starea de lucruri denotată nu pune accentul pe descrierea aspectului în discuție, a obiectului semantic selectat, a locului, ci pe acel aspect al obiectului semantic care îl afectează pe vorbitor. Prin urmare, înainte de a semnifica despre un loc, adjectivul *gloomy* semnifică despre locutor. Este un adjectiv subiectiv.

Semnificația pe care o acoperă adjectivele acestui câmp lexical se realizează prin semnificații conotative care afectează profund ființele umane. În acest sens, multe adjective din alte câmpuri lexicale, cum ar fi *lovely, beautiful, glorious, awful, terrible, horrible, fine, clear, grey, warm, mild,* sunt folosite pentru a exprima semnificaţia proprie pe care o descriem. De exemplu:

200. a glorious day

201. fine day

202. awful weather

203. a terrible storm

204. It is sunny and clear.

Am încadrat aceste adjective în alte câmpuri lexicale (rămâne să analizăm întreaga semnificaţie obiectivă, atât abstractă cât şi concretă), deoarece funcţia lor în limbă este alta.

Acest fapt evidenţiază însă obiectul nostru de studiu, procesul de intelecţiune. Vorbitorul utilizează toate mijloacele pe care le are la îndemână, multe din acestea fiind multiple semnificate istorice. Structurarea lor nu este logică, iar formarea lor nu reprezintă un model. Atât semnificatele istorice, cât şi semnificaţiile (multe din acestea fiind, de asemenea, istorice) nu sunt deja făcute, ci se realizează întotdeauna în vorbire. Se realizează plecând întotdeauna de la fundamentul lor, de la început, de la conceperea realităţii de către vorbitor.

Se evidenţiază, astfel, modalitatea de a fi, caracterul şi motivul existenţei acestor adjective. Ele există şi se manifestă în limbă, deoarece semnalează caracterul subiectiv radical al semnificaţiei timpului. În limbă nu interesează ceea ce este timpul în sine, ci faptul că acesta afectează subiectul cunoscător şi locutor, care exprimă ceea ce cunoaşte în cuvintele unei limbi.

Aparţin acestui câmp lexical adjectivele: *airy, cloudy, dark, dim, foggy, freezing, gloomy, gusty, hazy, light, lighted, misty, overcast, shadowy, shady, stifling, sunny, windy.*

CONCLUZII

Studiul minții și al structurilor mentale

De-a lungul acestui studiu am văzut care sunt relațiile de semnificare evidențiate atunci când se realizează adjectivele într-o combinație formată dintr-un adjectiv și un substantiv. Vorbim despre relațiile de semnificare ale unor semnificate istorice, care se realizează în vorbire.

Am văzut structuri de semnificație mai mult sau mai puțin complexe. Adjectivele dominate de trăsătura *intellection* sunt mai complicate, mai puțin descriptive, necesită operații intelective superioare pentru ca acea combinație din care fac parte să confere un semnificat. Adjectivele din grupul *occurrence* sunt specifice în tipul de structură de semnificație creată. Adjectivele evaluării prezintă o structură de semnificație bine determinată, iar adjectivele concrete sunt descriptive și au o capacitate de designare specifică. Toate adjectivele sunt subiective și se explică în termenii cunoașterii.

În acest sens, am abordat întotdeauna operațiile intelective care au generat relațiile de semnificare denotate. Pe acestea le-am numit *operații de intelecțiune* sau *intelective*. Le-aș fi putut numi și *structuri mentale,* denumire folosită în studiile lingvistice actuale.

Studiul minţii, al structurilor mentale, al cunoaşterii, în cele din urmă, este de actualitate. Mintea şi structurile mentale sunt studiate din perspectivă lingvistică, dar în abordare se porneşte uneori de la presupuneri psihologice. Aceasta este mai mult sau mai puţin postura aşa-numitei lingvistici cognitive sau semantici cognitive. Lingvistica cognitivă urmăreşte să ajungă la cunoaşterea minţii şi a structurilor mentale plecând de la cogniţie, pe care nu o defineşte, dar care pare să aibă existenţă obiectivă. Se vorbeşte despre cogniţia umană şi se presupune că aceasta este mai amplă decât propria limbă. Se vorbeşte despre alte faţete ale cogniţiei, de care limba este indisociabilă. Cogniţia este concepută ca un aspect universal care cuprinde multe faţete ale cunoaşterii şi ale abilităţii.

Nici unul, nici altul nu se definesc, aplicându-se *petitio principii.* În primul rând, cunoaşterea şi abilitatea nu sunt definite, ci se iau ca atare. Nu ştim ce relaţie există între cunoaştere şi abilitate. Nu ştim ce este cunoaşterea, nici pe ce se fundamentează, nici cine cunoaşte, nici ce este cel care cunoaşte, nici ce este aşa-numita cogniţie. La aceasta se face întotdeauna referire ca la un principiu incontestabil.

În această cogniţie se găseşte limba, care apare „în mod organic" datorită unor factori (cu alte cuvinte, cauze, dar ce fel de cauze?) de interacţiune (este nevoie de acest cuvânt pentru a nu spune relaţiile dintre unele elemente şi altele?) a unor factori inerenţi (inerenţi cui?) şi empirici. Se obişnuieşte să se menţioneze printre factorii datorită cărora apare limba atât factori fiziologici, biologici cât şi comportamentali, psihologici, sociali şi culturali[162].

Se spune despre cogniţie că este o problemă interdisciplinară. Astfel, lingvistica trebuie să înveţe de la toate disciplinele care studiază factorii menţionaţi: psihologia, fiziologia,

---

[162] Langaker,1991: 1.

biologia, sociologia, cultura (iar aceasta ce este?), comporta-mentul. Lingvisticii nu îi rămâne decât să coroboreze ceea ce îi rezervă aceste discipline. În virtutea cărui lucru însă? Nimic mai absurd dacă dorim să studiem mintea şi struc-turile mentale. Omul este liber şi istoric. Omul este cel care vorbeşte şi gândeşte. Omul reprezintă mai mult decât biolo-gia sa, mai mult decât fiziologia sa. El îşi creează limbajul, limba, realitatea şi... semnificatul. Societatea depinde de om, acesta o creează, şi nu invers. Omul creează cultura ca pe o serie de obiecte istorice, ca pe o serie de obiecte care ma-nifestă istoricitatea omului. Dacă dorim să studiem mintea, structurile mentale, semnificatul, limbajul, limbile, trebuie să plecăm de la om, de la fiinţa liberă şi istorică pe care o creează lumea, realitatea şi mai ales de la propriile sale ma-nifestări, fie că acestea se numesc limbaj, limbă, semnificat, minte sau structuri mentale. Trebuie să plecăm de la o teorie a cunoaşterii, de la o teorie cu bază filosofică[163].

---

[163] Până astăzi s-a crezut că lingvistica nu are deloc de a face cu mintea şi, prin urmare, se afirmă următoarele despre semnificat într-un articol care a apărut în secţiunea *Notas e información* din *Revista Española de Lingüística*, 31,1, după ce au fost analizaţi nenumăraţii factori actuali care condiţionează lingvistica, între cei indispensabili (nu s-ar fi putut altfel!) aflându-se existenţa unor maşini gânditoare, prin relaţionarea lingvisticii cu orice tip de ştiinţe pozitive:
Procesele comunicative nu implică doar modulul cerebral lingvistic, ci şi mo-dulele conceptuale relaţionate cu interpretarea pragmatică [...]; şi studiul său, concursul diferitelor cunoaşteri. Prin urmare, viitorul lingvisticii este dispa-riţia, integrată în ştiinţa cognitivă sau, chiar mai mult, în ştiinţele biologice [...] (Revista Española de Lingüística, 31, 1: 193) [Traducere proprie].
Şi toate acestea fără ca cineva să spună ce este această ştiinţă cognitivă. Încă nu s-a obţinut răspunsul care să clarifice lucrurile, această opinie fiind publicată într-o revistă de lingvistică, în secţiunea *Notas e informa-ción*, şi nu ca articol al unui autor particular.

Modalitatea de a studia structurile mentale

Pe de altă parte, analiza diferitelor adjective s-a realizat în paralel cu semnalarea operațiilor intelective generatoare de relații de semnificare. Nu am încercat să le numesc, să le număr, să le grupez sau să le structurez. Astăzi, când formalismul este atât de important, este obișnuită semnalarea acestui tip de operații sau structuri, obiectivizându-le într-un tip de structură formală. De aceea ar fi trebuit să creez un sistem formal care să indice „interacțiunea", implicațiile acestor structuri, modul în care ele se grupează etc.

Dar lucrurile nu stau așa. O formalizare a structurilor mentale poartă în sine o obiectivizare a acestora, chestiune care nu este posibilă din următoarele motive:

a) structurile mentale nu există; omul le creează când gândește; nu au altă existență decât cea pe care le-o conferă omul când le creează;

b) omul este liber, în ciuda faptului că este istoric; structurile sale mentale nu sunt decât manifestările propriei libertăți, ale creației și ale inteligenței umane;

c) structurile mentale, ca manifestare a umanului, pot ajunge istorice, obiecte istorice create de subiectul istoric, adică omul; de fapt, sunt istorice, așa cum am văzut în analiza adjectivelor;

d) propriul caracter istoric al structurilor mentale face ca validitatea lor să fie limitată. Nu sunt universale, ci istorice. Vor fi valide într-o comunitate sau alta și vor ajunge să formeze ceea ce Whorf numea *metafizică*. Dar sunt limitate în sine, limitate la omul care vorbește. Iar acesta este o ființă umană care a venit pe lume.

Prin urmare, nimic nu se opune studiului minții și al structurilor mentale ca obiectivizarea lor. Mintea umană nu este deloc obiectivă. Nu există la nivel obiectiv. Se realizează în gândire și gândirea este posibilă datorită vorbirii. Și se vorbește întotdeauna.

Structurile mentale și semnificatul istoric

În analiza pe care am realizat-o nu am descris utilizările adjectivelor. Din contră, m-am bazat pe acestea și am analizat întotdeauna semnificatele istorice în cadrul unei combinații.

Avem de a face cu două lucruri distincte. Una este descrierea semnificatului, specifică dicționarelor sau analizei semnificatului conform principiilor oricărei discipline care se adecvează propriului său obiect de studiu (cum ar fi, după cum am văzut, lexematica sau clasematica lui Eugeniu Coșeriu, decompoziția lexicală graduală a lui Simon C. Dik, valoarea predicativă a lui Aarts & Calbert). De fapt, nu aș fi putut înainta cu această carte fără să iau în considerare concluziile despre semnificatele adjectivelor, așa cum le studiază aceste modele.

Alt aspect este analiza semnificatului cu referire la ceea ce constituie gândirea, ceea ce am făcut aici. Primul aspect, descrierea semnificatului, este o muncă anterioară analizei noastre. Cel de-al doilea aspect reprezintă o reabordare a semnificatului bazat pe concluziile studiului său, fiind încapsulat într-o teorie a cunoașterii.

REFERINȚE BIBLIOGRAFICE

Aarts, J.M.G. et J.P. Calbert (1979). *Metaphor and Non-Meta-phor: the Semantics of Adjective-Noun Combinations*, Tü-bingen: Max Niemeyer Verlag.

Adorno, Theodor W. (1986 [1956]). *Sobre la metacrítica de la teoría del conocimiento*, Barcelona: Planeta.

Bhat, D.N.S. (1994). *The Adjectival Category: Criteria for Di-fferentiation and Identification*, Amsterdam/ Philadelphia: John Benjamins Publishing Company.

Bloomfield, Leonard (1976 [1933]). *Language*, London: Allen & Unwin.

Bolinger, Dwight (1967). „Adjectives in English: Attribution and Predication", *Lingua 1967*, 1-34.

Bolinger, Dwight et Donald A. Sears (1981). *Aspects of Lan-guage*, New York: Hartcourt Brace Jovanovich College Publishers.

Collins Cobuild English Language Dictionary, London/ Glas-gow: Collins.

Chomsky, Noam (1957). *Syntactic Structures*, La Haya – Pa-rís: Mouton Publishers.

Chomsky, Noam (1959). „Review of Verbal Behaviour by B. F. Skinner", *Language* 35, 26-57.

Chomsky, Noam (1965). *Aspects of the Theory of Syntax*, Cambridge, Mass: The MIT Press.

Chomsky, Noam (1981). *Lectures on Government and Binding*, Dordrecht: Doris.

Chomsky, Noam (1984 [1975]). *Reflexiones sobre el lenguaje*, Barcelona: Planeta-Agostini.

Chomsky, Noam (1992 [1968]). *El lenguaje y el entendimiento*, Barcelona: Planeta-Agostini.

Chomsky, Noam et al. (1977). „Formal Analysis of Natural Language". R. Luce et al., eds. *Handbook of Mathematical Psychology*, vol. 2. New York: Wiley, 269-321.

Coleman, Linda et Paul Kay (1981). „Prototype Semantics: The English Verb Lie", *Language* 57, no. 1, 26-44.

Coşeriu, Eugenio (1952). *Sistema, norma y habla*, Montevideo: Librería Universitaria.

Coşeriu, Eugenio (1977 [1971]). *Tradición y novedad en la ciencia del lenguaje: estudios de historia de la lingüística*, Madrid: Gredos.

Coşeriu, Eugenio (1981 [1977]). *Principios de semántica estructural*, Madrid: Gredos.

Coşeriu, Eugenio (1982 [1962]). *Teoría del lenguaje y lingüística general*, Madrid: Gredos.

Coşeriu, Eugenio (1985a [1977]). *El hombre y su lenguaje: estudios de teoría y metodología lingüística*, Madrid: Gredos.

Coşeriu, Eugenio (1986a [1951]). *Introducción a la lingüística*, Madrid: Gredos.

Coşeriu, Eugenio (1986b [1973]). *Lecciones de lingüística general*, Madrid: Gredos.

Coşeriu, Eugenio (1987 [1978]). *Gramática, semántica, universales: estudios de lingüística funcional*, Madrid: Gredos.

Coşeriu, Eugenio (1988 [1957]). *Sincronía, diacronía e historia: el problema del cambio lingüístico*, Madrid: Gredos.

Coşeriu, Eugenio (1990). „Semántica estructural y semántica cognitiva". Homenaje al Profesor Francisco Marsá/ *Jornadas de Filología. Colecció homenatges*, Barcelona: Universidad de Barcelona, 239-282.

Coşeriu, Eugenio (1992 [1988]). *Competencia lingüística: elementos de la teoría del hablar*, Madrid: Gredos.

Coşeriu, Eugenio et Horst Geckeler (1974ª). *Structural Semantics*, Tübingen: Narr.

Coşeriu, Eugenio (1974b). „Linguistics and Semantics". A. T. Sebeok, ed, *Current Trends in Linguistics*, La Haya, 103-173.

Di Cesare, Donatella (1999). *Wilhelm von Humboldt y el estudio filosófico de las lenguas*, Traducción de Ana Agud, Anthropos.

Dik, Simon C. (1978). *Functional Grammar*, Amsterdam: North-Holland. Traducción española, 1981.

Dik, Simon C. (1978b). *Stepwise Lexical Decomposition*, Lisse: The Peter de Ridder Press.

Dik, Simon C. (1989). *The Theory of Functional Grammar, part 1: the Structure of the Clause*, Dordrecht: Foris.

Dik, Simon C, ed. (1983). *Advances in Functional Grammar*, Dordrecht: Foris Publications.

Dixon, R.M.W. (1982). *Where Have All the Adjectives Gone? and Other Essays in Semantics and Syntax*, Berlin/ New York/ Amsterdam: Mouton Publishers.

Dixon, R.M.W. (1992 [1991]). *A New Approach to English Grammar on Semantic Principles*, Oxford: Clarendon Press.

Engelkamp, Johannes (1981 [1974]). *Psicolingüística*, Madrid: Gredos.

Geckeler, Horst (1981). „Structural Semantics", H.J. Eikmeyer et H. Reiser, eds. *Words, Worlds, and Contexts*: New Approaches in World Semantics, Berlin/ New York: Walter de Gruyter, 381-413.

Geckeler, Horst (1976 [1971]). *Semántica estructural y teoría del campo léxico*, Madrid: Gredos.

Gran Enciclopedia Larousse, Barcelona: Planeta.

Heidegger, Martin (1970 [1950]). *Carta sobre el humanismo*, Madrid: Cuadernos Taurus.

Hörmann, Hans (1973 [1967]). *Psicología del lenguaje*, Madrid: Gredos.

Humboldt, Wilhelm von (1990 [1836]). *Sobre la diversidad de la estructura del lenguaje humano y su influencia sobre el desarrollo espiritual de la humanidad*, Traducción de Ana Agud. Madrid: Anthropos y Ministerio de Educación y Ciencia.

Katz, Jerrold J. (1964). „Semantic Theory and the Meaning of Good". *The Journal of Philosophy*, volume LXI, No 23, 739-766.

Katz, Jerrold J. (1990). „The Axiological Aspect of Idealized Cognitive Models". J. Tomaszczyk et Barbara Lewandowska Tomaszczyk, eds. *Meaning and Lexicography*, Amsterdam: John Benjamins, 135-165.

Lakoff, George (1990 [1987]). *Women, Fire and Dangerous Things: What Categories Reveal about the Mind*, Chicago/ Londres: The University of Chicago Press.

Lakoff, George et Mark Johnson (1980). *Metaphors We Live By*, Chicago: University of Chicago Press.

Langacker, Ronald (1986). *Foundations of Cognitive Grammar*, vol 1. Standford: Standford University Press.

Langacker, Ronald (1991). *Foundations of Cognitive Grammar*, vol II, *Descriptive Application*, Standford: Standford University Press.

Lee, Penny (1996). „The Whorf Theory Complex: A critical reconstruction". E.F. Konrad Koerner, ed. *Amsterdam Studies in the Theory and History of Linguistic Science*, Volume 81, Amsterdam/ Philadelphia: John Benjamins Publishing Company.

Ljung, Magnus (1970). *English Denominal Adjectives, A Generative Study of the Semantics of a Group of High-Frequency Denominal Adjectives in English*, Götaborg: Acta Universitatis Gothoburgensis, Gothenburg Studies in English, 21.

Longman Dictionary of Contemporary English (1981). Longman Group Limited.

Longman Lexicon of Contemporary English (1981). Longman Group Limited.

Lucy, John Arthur (1992). *Language Diversity and thought: A reformulation of the linguistic relativity hypothesis*, Cambridge: Cambridge University Press.

Martínez del Castillo, Jesús Gerardo (1997). *An Open Dimension of Meaning: a Semantic Study of Adjectives and Their Combinations*, Almería: Servicio de Publicaciones de la Universidad de Almería.

Martínez del Castillo, Jesús Gerardo (1999). *La intelección, el significado, los adjetivos.* Almería: Servicio de Publicaciones de la Universidad de Almería.

Martínez del Castillo, Jesús Gerardo (2001). *Benjamin Lee Whorf y el problema de la intelección,* Almería: Servicio de Publicaciones de la Universidad de Almería.

Martínez del Castillo, Jesús Gerardo (2001b). „El estudio de las estructuras mentales", *Epopeya. Revista de estudios ingleses* 1, 81-99, Almería: Servicio de Publicaciones de la Universidad de Almería.

Meyerson, Émile (1931). *Du cheminement de la pensée,* Paris: Librairie Félix Alcan.

Ortega y Gasset, José (1966 [1937]). *La rebelión de las masas,* Madrid: Austral.

Ortega y Gasset, José (1966). *El espectador.* Tomos III y IV, Madrid: Austral.

Ortega y Gasset, José (1971 [1935]). *Historia como sistema,* Madrid: Austral.

Ortega y Gasset, José (1985 [1925]). *La deshumanización del arte,* Barcelona: Planeta-Agostini.

Ortega y Gasset, José (1992 [1958]). *La idea de principio en Leibniz,* Madrid: Revista de Occidente en Alianza Editorial.

Ortega y Gasset, José (1992 [1984]). *¿Qué es conocimiento?,* Madrid: Revista de Occidente en Alianza Editorial.

Ortega y Gasset, José (1994 [1957]). *¿Qué es filosofía?,* Madrid: Revista de Occidente en Alianza Editorial.

Ortega y Gasset, José (1997 [1986]). *Ideas y creencias,* Madrid: Revista de Occidente en Alianza Editorial.

Ortega y Gasset, José (2001 [1957]). *El hombre y la gente,* Madrid: Revista de Occidente en Alianza Editorial.

Pottier, Bernard (1976 [1974]). *Lingüística general: teoría y descripción,* Madrid: Gredos.

Quirk, Randolph, Sidney Greenbaum, Geoffrey Leech et Jan Svartvik (1972). *A Grammar of Contemporary English,* London: Longman.

Quirk, Randolph, Sidney Greenbaum, Geoffrey Leech et Jan Svartvik (1985). A *Comprehensive Grammar of the English Language,* London and New York: Longman.

Quirk, Randolph et Sidney Greenbaum (1973). *A University Grammar of English,* London: Longman.

Quirk, Randolph et Gabrielle Stein (1990). *English in Use,* London: Longman.

Rábade, Sergio (1995). *Teoría del conocimiento,* Madrid: Akal Ediciones.

Rosch, Eleanor et B.B. Lloyd, eds. (1978). *Cognition and Categorization,* Hillsdale, N. H. Lawrence Erlbaum Associates.

Rosch, Eleanor et Carolyn Mervis (1975). „Family Resemblances: Studies in the Internal Structure of Categories", *Cognitive Psychology* 7, 573-605.

Rosch, Eleanor, Carolyn Mervis, Wayne Gray, David Johnson, et Penny Boyes-Braem (1976). „Basic Objects in Natural Categories", *Cognitive Psychology* 8, 382-439.

Rosch, Eleanor, C. Simpson et R.S. Miller (1976). „Structural Bases of Typicality Effects", *Journal of Experimental Psychology: Human Perception and Performance* 2. 491-502.

Rusiecki, J. (1985). *Adjectives and Comparison in English,* New York: Longman.

Russell, Bertrand (1992 [1948]). *El conocimiento humano,* Barcelona: Planeta-De Agostini.

Warren, Beatrice (1984a). *Classifying Adjectives,* Göteborg: Acta Universitatis Gothoburgensis, Gothenberg Studies in English 56.

Warren, Beatrice (1984b). „The function of modifiers of nouns". *Quaderni di Semantica,* V, vol 1. June 1984, 111-123.

Whorf, Benjamin Lee (1995 [1956]). *Language, Thought and Reality. Selected Writings of Benjamin Lee Whorf,* John B. Carrol, ed. Cambridge, Mass: The MIT Press.

Índice de autori

AARTS, Jan M.
ADORNO, Theodor W.
AGUD, Ana
BHAT, D. N. S.
BLOOMFIELD, Leonard
BOLINGER, Dwight
BOYES-BRAEM, Penny
CALBERT, Joseph P.
CHOMSKY, Noam
COLEMAN, Linda
CORRALES ZUMBADO, Inmaculada
COŞERIU, Eugeniu
DESCARTES, René
DI CESARE, Donatella
DIK, Simon C.
DIXON, R. M. W.
EIKMEYER, H. J.
ENGELKAMP, Johannes

GECKELER, Horst

GRAY, Wayne

GREENBAUM, Sidney

HEIDEGGER, Martin

HÖRMANN, Hans

HUMBOLDT, Wilhelm Von

JOHNSON, David

JOHNSON, Mark

KATZ, Jerrold J.

KAY, Paul

KONRAD KOERNER, E. F.

LAKOFF, George

LANGACKER, Ronald

LEE, Penny

LEECH, Geoffrey

LEWANDOWSKA TOMASZCZYK, Barbara

LJUNG, Magnus

LLOYD, B. B.

LUCY, John Arthur

MARTÍNEZ DEL CASTILLO, Jesús Gerardo

MERVIS, Carolyn

MEYERSON, Émile

MILLER, R. S.

ORTEGA Y GASSET, José

POTTIER, Bernard

QUIRK, Randolph

RÁBADE, Sergio

REISER, H.

ROSCH, Eleanor
RUSIECKI, J.
RUSSELL, Bertrand
SEARS, Donald A.
SEBEOK, A. T.
SHAKESPEARE, William
SIMPSON, C.
STEIN, Gabrielle
SVARTVIK, Jan
TOMASZCZYK, J.
WARREN, Beatrice
WHORF, Benjamin Lee